Sardinien

Zeit für das Beste!

HIGHLIGHTS | GEHEIMTIPPS | WOHLFÜHLADRESSEN

»Über das Sardinien der Postkarten
und der Touristenzentren all inclusive hinaus
gibt es ein Sardinien voll von Geschichten,
von Geheimnissen, von Farben und Düften ...«

Michela Murgia,
sardische Schriftstellerin,
geboren 1972 in Cabras

BRUCKMANN

Sardinien

Zeit für das Beste!

Herbert Taschler
Udo Bernhart

BRUCKMANN

INHALT

Am Sandstrand von San Giovanni di Posada

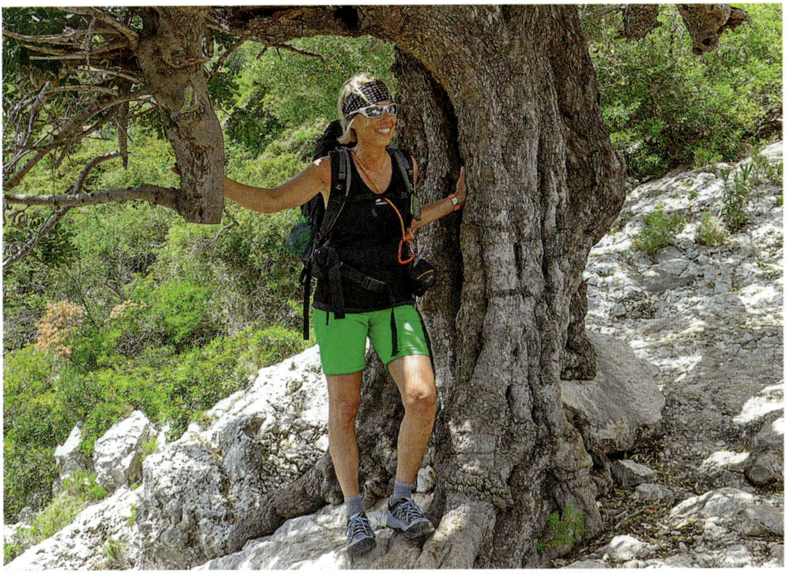

Im Gennargentu-Nationalpark

MEHR WISSEN

Die Burgruine Castello della Fava im Bilderbuchdorf Posada

MEHR ERLEBEN

S. 1: Museo delle Maschere Mediterranee in Mamoiada
S. 2/3: Der Strand von Lu Bagnu zu Füßen von Castelsardo
S. 5 unten: Genuss pur: im Café in Nuoro
Links: Jedes Dorf hat auf Sardinien seine eigene Tracht, die mit Stolz getragen wird.
Rechts unten: Badebucht von Santa Catarina di Pittinuri

DER NORDWESTEN

DAS LANDESINNERE

Villanova, eines der vier Stadtviertel, die Cagliaris historisches Zentrum bilden

REISEINFOS

DAS SOLLTEN SIE SICH NICHT ENTGEHEN LASSEN

❶ Capo Testa (S. 51)

Am nördlichsten Zipfel Sardiniens, wenige Kilometer westlich von Santa Teresa di Gallura, liegt die bezaubernde Halbinsel Capo Testa. Das Wasser leuchtet in allen nur erdenklichen Farben, die Granitfelsen könnten kaum bizarrere Formen annehmen und die Landschaft kaum anziehender sein. Nicht umsonst fehlt Capo Testa in keinem Touristenprogramm.

❷ Golfo di Orosei (S. 74)

Der Golf von Orosei zählt für viele Sardinienurlauber zu einem der faszinierendsten Gebiete auf der Insel. Zwischen der Cala Ginepro im Süden und dem Strand von Berchida im Norden reihen sich naturbelassene Sandstrände, Sanddünen und Felsklippen, wilde Macchia und Pinienhaine aneinander. Mit seinen schroffen Felsen und kleinen Buchten ist der Golf von Orisei ein wahres und beeindruckendes Naturparadies.

❸ Cagliari (S. 102)

Sardiniens Hauptstadt hat sich zum spannenden Schmelztiegel der Insel entwickelt. Hier erlebt man konzentriert die bunte Vielfalt der sardischen Kultur und ihrer Bräuche, ihrer Küche und ihrer Tradition – alles vermischt mit dem rasanten Aufbruch in die

Sardiniens Hauptstadt Cagliari

Die Murales – Wandbilder – von Orgosolo sind als politische Meinungsäußerung zu verstehen.

Moderne. Die einmalige Lage und das besondere Flair der Stadt machen diese zu einem beliebten Touristenmagnet. Cagliari präsentiert sich heute als einladende, quirlig-lebendige Stadt.

❹ Nora (S. 127)

Um das 9. Jahrhundert v. Chr. gründeten die Phönizier auf der Halbinsel Isola del Coltelazzo das antike Nora, die wichtigste phönizische Siedlung auf Sardinien und noch heute eine der größten Attraktionen der Insel. Die Römer besetzten die Stadt im Jahre 238 v. Chr., erhoben sie zum Municipium und machten sie zu einem der bedeutendsten Handelszentren im Mittelmeerraum. Aus der wirtschaftlichen und kulturellen Blütezeit im 2. und 3. Jahrhundert n. Chr. stammen die meisten heute noch zu bestaunenden Überreste dieser einst wohlhabenden Stadt.

❺ Costa Verde (S. 158)

Im teils noch »wilden« Westen laden kilometerlange Sandstrände, die zu den schönsten Sardiniens zählen, sowie beeindruckende Felsklippen zu echtem Urlaub am Meer. Die goldgelb leuchtenden Dünen von Piscinas d'Ingurtosu scheinen kein Ende zu nehmen. Bis zu 60 Meter hoch türmen sie sich hier in der sardischen »Sahara« auf. Eine grüne, von dichter Macchia überwucherte Bergwelt im Hinterland und traumhafte, von Felsen eingerahmte Sandstrände bilden ein großartiges Panorama.

❻ Brunnenheiligtum Santa Cristina (S. 189)

Das Brunnenheiligtum Santa Cristina aus dem 1. Jahrtausend v. Chr. auf der Hochebene von Abbasanta zählt zu den schönsten seiner Art auf Sardinien. Die Nuragher verehrten Quellen und Brunnen als heilige Orte und errichteten dort Kultstätten. Aus der Vogelperspektive ähnelt der Eingang zur Kultstätte einem traditionellen Schlüsselloch. Über eine kleine Vorhalle führen 25 Steinstufen trapezförmig sieben Meter hinab zum Brunnenschacht und der unterirdischen Quelle.

❼ Bosa (S. 192)

Einige Kilometer landeinwärts, nahe an der Mündung des Flusses Temo, liegt das idyllische Städtchen Bosa. Mit seinen schmucken, bunten Häusern, die sich an den Burghügel des über allem thronenden Castello Malaspina schmiegen, zählt die Stadt zu den romantischsten Orten Sardiniens. Bekannt ist Bosa auch durch seinen berühmten Weißwein, den Malvasia di Bosa, einen charaktervollen Weißwein, der von einem knappen Dutzend von Winzern erzeugt wird.

❽ Alghero (S. 206)

»Barceloneta«, das kleine Barcelona, nennen die Einheimischen ihre Stadt an der Westküste Sardiniens. Die mehrere Jahrhunderte andauernde Herrschaft der Katalanen hat ihre Spuren hinterlassen. Spanisches Flair durchzieht die engen Gassen der schmucken Altstadt. Ein Viertel der Bevölkerung spricht noch ihren alten katalanischen Dialekt. Alghero ist anders ...

❾ Reggia Nuragica di Santu Antine (S. 243)

Die Umrisse einer der am besten erhaltenen Nuraghen-Anlagen Sardiniens, jener von Santu Antine im Zentrum der

Ebene von Cabu Abbas, sind schon von Weitem zu sehen. *Sa domu de Su Re* nennen die Sarden die bronzezeitliche Wehranlage: das Haus des Königs. Der Palast liegt einsam zwischen Kornfeldern und Macchiagestrüpp. Vor über 3000 Jahren wurde mit dem Bau der klassischen Dreiecksnuraghe begonnen.

❿ Murales Orgosolo (S. 252)

An die 350 Wandmalereien, die einzigartigen Murales, haben Orgosolo berühmt und zum Wallfahrtsort für Touristen gemacht. Bis vor wenigen Jahrzehnten aber war das Hirtendorf in der Barbagia als das berüchtigtste Banditendorf Sardiniens bekannt. Alte Familienfehden und das Gesetz der Blutrache bestimmten den Alltag. Besuche in der Banditenhochburg mit Mittagessen bei den *Banditi* – bis vor wenigen Jahren standen solche Highlights auf den Programmen vieler Reiseveranstalter.

Nuraghen-Anlage Santu Antine: Der bronzezeitliche Bau gibt den Archäologen Rätsel auf.

WILLKOMMEN
auf Sardinien

Strände wie in der Karibik, die höchsten Dünen und der tiefste Canyon Europas, die Feste und Traditionen, ein Land voll Geschichte, voll von anziehenden Gegensätzen, eine Insel voller Farben und voller Aromen, mit authentischer Küche und spannenden Weinen… Sardinien ist mehr als eine Insel für einen bloßen Urlaub.

»Das Leben in Sardinien ist vielleicht das Beste, das sich ein Mensch wünschen kann: 24 000 Kilometer an Wäldern, Feldern und Küsten tauchen in ein wunderbares Meer ein und stimmen mit dem überein, was ich dem guten Gottvater empfehlen würde, uns als Paradies zu schenken.« Der italienische Liedermacher Fabrizio De André (1940–1999)

bringt seine Liebe zu Sardinien so auf den Punkt. In den 1970er-Jahren kauft er sich auf dem Land bei Tempio Pausania in der Gallura einen *Stazzo*, ein kleines ländliches Anwesen.

Seine Begeisterung für Sardinien ändert sich auch nicht, nachdem er 1979 zusammen mit seiner Lebensgefährtin Dori

Der Sarazenenturm Torre delle Saline wacht über den Traumstrand La Pelosa in Stintino.

Ghezzi in der Gallura von Banditen entführt und erst nach vier Monaten Geiselhaft und Zahlung eines hohen Lösegeldes wieder freigelassen wird. Die Erlebnisse seiner Gefangenschaft verarbeitet er in einer Langspielplatte ohne Titel. Diese wird schnell als *L'Indiano* bekannt. Auf dem Cover ist nämlich ein Indianer abgebildet. De André zieht in den Liedern Parallelen zwischen den Ureinwohnern Amerikas und der Situation der Sarden – zwei Völker, die im Lauf der Geschichte immer wieder unterdrückt wurden, die aber trotzdem stolz auf ihre Identität sind: »[...] Gesellschaften, denen es nicht nur gelungen ist, zu überleben, sondern die gut leben und zufrieden sind mit dem wenigen, das sie haben – materiell und geistig zufrieden [...]«

Verliebt in Sardinien

»Ich habe in Berührung mit dem Volk und den schönsten und wildesten Landschaften gelebt, in die sich meine Seele versenkt hat, und daraus ist meine Kunst entstanden, wie ein Lied, ein Motiv, das sich plötzlich von den Lippen eines primitiven Dichters erhebt.« Italiens erste Literatur-Nobelpreisträgerin und Sardiniens größte Schriftstellerin Grazia Deledda (1871–1936) ist in Nuoro geboren und gibt in ihren Werken tiefe Einblicke in den sardischen Alltag im 19. Jahrhundert.

Typisch sardische Produkte bietet die Cooperativa Agropastorale La Rinascita in Posada.

Der englische Schriftsteller D. H. Lawrence (1985–1930) malt in seinem 1923 erschienenen Reisebuch *Sea and Sardinia* ein ebenso beindruckendes Bild von seiner Reise durch Sardinien – mit humorvollen Beschreibungen der Begegnungen mit Einheimischen und der Schilderung einer eindrucksvollen, wenn auch oft rauen und schroffen Natur. Der Sizilianer Elio Vittorini (1908–1966) kommt 1932 erstmals nach Sardinien. In seinem 1936 veröffentlichten Werk *Viaggio in Sardegna – Sardegna come un'infanzia* (»Sardinien, ein Land der Kindheit«) horcht Vittorini auf die Seele Sardiniens und fühlt sich in seine eigene Kindheit zurückversetzt: »Ich weiß, was es heißt, im Leben glücklich zu sein: Es ist die

Golfo di Orosei im Gennargentu-Nationalpark

wirklich jemandem unterworfen. Weder Karthager noch Römer, Spanier oder andere fremde Herrscher, und schon gar nicht der italienische Staat später, schafften es, sich diese abgelegene Gebirgslandschaft vollkommen untertan zu machen. In der Abgeschiedenheit dieser rauen Landschaft haben sich über die Jahrhunderte hinweg alte Traditionen und Bräuche entwickelt und erhalten wie sonst nirgendwo auf der Insel. Diese sind noch heute vielfach Bestand des alltäglichen Lebens: mit farbenprächtigen Trachten, alten Ritualen und unzähligen Festen.

Gavino Ledda (geboren 1938 in Siligo bei Sassari) beschreibt in seinem autobiografischen Roman *Padre Padrone* (»Mein Vater, mein Herr«) die Geschichte des sardischen Hirtenjungen Gavino und seines übermächtigen Vaters – eine Welt des »archaischen Schweigens und der rohen Gewalt«. Das gesellschaftskritische Werk wurde zum Zeugnis des Widerstandes gegen Unterdrückung und verkrustete, patriarchalische Strukturen. Die Verfilmung des Buches im Jahr 1977 durch die Brüder Taviani wurde mit der Goldenen Palme bei den Filmfestspielen in Cannes ausgezeichnet.

Güte des Daseins, der Geschmack der Zeit, die vergeht und der Dinge, die um uns herum sind.«

Archaische Lebensmuster und Gesellschaftsformen

Die Geschichte Sardiniens birgt mehr Geheimnisse, als all die Tausenden von steinernen Zeugen freizugeben imstande sind. Das gilt nicht nur für die Jahrtausende vor unserer Zeitrechnung. In den abgeschiedenen Hochebenen des Landesinneren ist die Zeit bis vor wenigen Jahrzehnten stillgestanden. Hier haben alte archaische und patriarchalische Lebensmuster und Gesellschaftsformen bis in unsere Tage überlebt. Die stolzen, rebellischen Bewohner haben sich nie

Schon 1961 hatte ein anderer sardischer Film Aufsehen erregt und Auszeichnungen bei den Filmfestspielen in Venedig eingeheimst: die *Banditi a Orgosolo* (»Die Banditen von Orgosolo«) von Vittorio De Seta. Der Schafhirte Michele wird von den Carabinieri unschuldigerweise des Mordes verdächtigt. Er flüchtet in die Berge und wird notgedrungen zum wirklichen Banditen. Der mit Laiendarstellern aus der Barbagia gedrehte Schwarz-Weiß-Film ist ein einfühlsamer Bericht über Menschen und Lebensbedingungen im Zentrum Sardiniens um die Mitte des 20. Jahrhunderts.

Bunte Farben und betörende Gerüche

Wohl kaum jemand, der nach Sardinien kommt, kann sich der einmaligen Atmosphäre der Insel entziehen. Farben prägen die ersten Eindrücke: Blau und Grün in allen Schattierungen stehen für das sardische Meer und seinen Himmel, Weiß und Grau für seine endlosen Strände, Grün-Gelb-Braun für seine faszinierende Landschaft, Grau-Rosa-Schwarz-Silber

für sein Meer aus Steinen, ein schmutziges Weiß für seine riesigen Schafherden, ein kräftiges Rot für seine Korkeichenstämme … Hinzu kommt ein Meer von Gerüchen und Düften: Myrte, Rosmarin und Thymian, mediterrane Macchia und Lorbeer …

Sardinien ist anders: Strände wie in der Karibik, die höchsten Dünen – bei Piscinas im Südwesten der Insel – und der tiefste Canyon Europas – »Le Gole di Su Gorroppu« in den Bergen des Gennargentu –, eine geheimnisumwitterte Vergangenheit, die archaischsten Feste und die ursprünglichsten Traditionen … ein Land voll Geschichte, voll von anziehenden Gegensätzen und Widersprüchen, eine Insel voller Farben und voller Aromen, mit authentischer Küche und

Klettertour im Gennargentu-Nationalpark im Osten Sardiniens

Farbenspiele am Lago di Coghinas in Oschiri, einer Gemeinde in der Provinz Sassari

spannenden Weinen ... Sardinien ist eine Insel, die mehr bietet als »nur« Urlaub.

Die zweitgrößte Insel des Mittelmeeres ist nur 202 Kilometer vom italienischen Festland getrennt. Von Tunesien im Süden trennen die Insel gar nur 184 Kilometer. Im Norden liegt Korsika in Sichtweite, nur zwölf Kilometer und durch die Straße von Bonifacio von Sardinien getrennt. Mit 1,64 Millionen Einwohnern und 68 Einwohnern pro Quadratkilometer ist Sardinien sehr dünn besiedelt. Ein knappes Drittel der Bevölkerung lebt in der Provinz Cagliari.

Die 1800 Kilometer lange Küste ist an vielen Stellen felsig und fällt steil ab. Dazwischen liegen die herrlichsten, unberührten Badebuchten und lange, ausgedehnte Sandstrände, die mittlerweile Besucher aus aller Welt anlocken. Über-

wacht wird die Küste noch heute von einem Netz aus über 100 massiven runden Türmen, die zwischen dem 15. und dem 18. Jahrhundert erbaut wurden, um die Einfälle der sarazenischen Piraten zu verhindern. Das Landesinnere wird von teils wilden, rauen und unzugänglichen Hochebenen zwischen 300 und 1000 Metern Meereshöhe geprägt und bietet zahlreiche reizende Ziele für einen aktiven und spannenden Entdeckungsurlaub. Höchster Berg Sardiniens ist mit 1834 Metern die Punta La Marmora.

Die Geschichte des größten Freilichtmuseums der Welt

Sardinien ist ein einziges und einzigartiges Freilichtmuseum. Auf erste Spuren der Besiedlung stoßen wir in der Altsteinzeit um 8000 v. Chr. Um 4000 v. Chr.

leben die Bewohner bereits vom Ackerbau. Große Gräberanlagen, die *Domus de Janas* oder Feenhäuser, werden errichtet. Gigantengräber, die größten pränuraghischen Kultanlagen auf Sardinien, sind auf der ganzen Insel verbreitete Gemeinschaftsgräber, die bis zu 300 Verstorbene aufnehmen konnten.

Auf die ersten Proto-Nuraghen und Menhire treffen wir zwischen 1700 und 1500 v. Chr. Es folgen große Nuraghen-Komplexe wie Barumini, Santu Antine und Sa Domu e S'Orcu sowie Brunnenheiligtümer. Die Nuraghen-Kultur entwickelte sich während der Bronzezeit aus der Bonnanaro-Kultur und wurde nach den von ihr errichteten Steintürmen, den Nuraghen, benannt. An die 7000 Nuraghen sind über die Insel verstreut – einmalige Zeugen aus Stein, die noch heute viele Rätsel über die weitgehend unbekannten und geheimnisumwitterten Ureinwohner der Insel aufgeben.

Im 9. Jahrhundert v. Chr. bevölkern die Phönizier die Küsten Sardiniens und treiben Handel mit den nuraghischen Stämmen. Ab dem 7. Jahrhundert gründen sie zahlreiche Niederlassungen an den Küsten wie Karali (Cagliari), Nora (Pula), Bythia (Chia), Sulki (Sant'Antioco) oder Tharros bei Oristano. Die von den Phöniziern abstammenden Karthager oder Punier erobern ab 520–510 v. Chr. Sardinien. Punisches und Sardisches verbindet sich in den besetzten Gebieten zu einer Kultur. Die Karthager machen Sardinien zu ihrer Kornkammer und beuten die Erzvorkommen aus.

238 v. Chr. erobern die Römer die Insel. Die lange Herrschaft Roms hinterlässt tiefe Spuren in der Sprache wie bei der Infrastruktur, etwa beim Straßennetz sowie bei Siedlungen wie Porto Torres, Valentia oder Forum Traiani. 534 n. Chr. kommt Sardinien als Provinz des Exarchats von Karthago zum Byzantinischen Reich. Um 900 wird die Insel in die vier Judikate Torres, Gallura, Arborea und Cagliari mit einheimischen Feudalherrschern, den *Giudici*, aufgeteilt.

Arabische Seefahrer bedrohen ab 700 n. Chr. die Insel, plündern die Küs-

Reggia Nuragica di Santu Antine, eine der beeindruckendsten Nuraghen-Anlagen Sardiniens

Blick auf Ozieri, ein Städtchen mit rund 11 000 Einwohnern im Landesinneren

tenstädte und verschleppen Einwohner in die Sklaverei. Anfang des 11. Jahrhunderts ruft der Papst zur Befreiung Sardiniens von den ungläubigen Sarazenen auf. Pisa und Genua vertreiben die Eindringlinge und streiten sich nunmehr um die Vorherrschaft auf der Insel.

Die lange Herrschaft der Spanier

1297 belehnt Papst Bonifaz VIII. Jakob II. von Aragon mit dem Königreich Sardinien. Es folgt eine 400 Jahre währende spanische Unterdrückung. 1403, nach dem Tod von Eleonora d'Arborea, bricht der letzte Widerstand, und das Königreich Aragon erobert ganz Sardinien. Durch die Heirat Ferdinands II. von Aragon mit Isabella von Kastilien entsteht 1479 das Königreich Spanien, und Sar-

dinien wird spanisch. Hungersnöte lösen blutige Aufstände aus, die mit aller Härte niedergeschlagen werden. Cagliari und Alghero werden von einheimischen Sarden entvölkert und mit Kastiliern besiedelt. 1714 fällt Sardinien nach dem Aussterben der spanischen Habsburger mit dem Frieden von Utrecht an Österreich.

1718 wird Sardinien – im Tausch gegen Sizilien – dem Herrscherhaus von Savoyen zugesprochen. Italienisch wird 1760 Schul- und Amtssprache. 1823 wird mit dem Gesetz der *Chiudende* eine Bodenreform erlassen, welche das Gemeindeland demjenigen in Besitz gibt, der es einzäunt. Die Besitzenden werden begünstigt, Hirten und Besitzlose in große Not gestürzt. 1847 endet das Königreich Sardinien als eigenständige Einheit und wird mit dem Piemont vereint. Die er-

18

hoffte Verbesserung der sozialen und wirtschaftlichen Verhältnisse findet nicht statt. 1861 kommt Sardinien mit der Einigung Italiens zum Königreich Italien. Die 1948 neu gegründete Republik Italien räumt Sardinien den Status einer Autonomen Region ein. Diese wird politisch in drei Provinzen unterteilt: Cagliari, Sassari und Nuoro. Im Jahr 1974 kommt die Provinz Oristano neu hinzu. Seit 2005 gibt es vier weitere: Olbia-Tempio, Ogliastra, Carbonia-Iglesias und Medio Campidano. Die italienische Regierung plant zurzeit aber eine Neuorganisation der meisten Provinzen Italiens.

Auch wenn die Amtssprache Sardiniens das Italienische ist, die Sarden sprechen eine eigene Sprache, die *Limba sarda*, eine eigenständige altromanische Sprache, deren Wurzeln im Latein der Römer liegen.

Wirtschaft im Wandel

Viehhaltung und Ackerbau, Fischerei, Mineralienabbau sowie Industrie und vor allem der Tourismus bilden die Standbeine der sardischen Wirtschaft. Sardinien ist zwar heute nicht mehr eine Insel der Hirten wie noch vor wenigen Jahrzehnten. Aber mit über fünf Millionen Schafen spielt die Viehzucht nach wie vor eine große Rolle. Die eigentlichen Einwohner Sardiniens sind somit die Schafe. Keine Diskussion. So lang sind sie schon auf der Insel, dass sich die sardische Rasse fast bis auf die hier lebenden Mufflons zurückverfolgen lässt.

Die »Pecora Sarda« liefert bestes Fleisch und ausgezeichneten Käse. Die Hälfte des italienischen Schafskäses wird auf Sardinien produziert. Zu den traditionellen Zuchttieren gehören auch die sardische Bergziege und die Rinderrasse »Bue Rosso« aus dem Montiferru. Die Pferdezucht sollte ebenfalls nicht unterschlagen werden.

Wein- und Olivenanbau prägen die Landwirtschaft der Insel. Vom angebauten Gemüse werden vor allem die berühmten stacheligen sardischen Artischocken exportiert. Im Campidano-Gebiet wird Getreide angebaut, an der Westküste dominieren Zitrusfrüchte. Im Norden der Insel spielt die Korkproduktion eine wichtige Rolle. So kommt beinahe die gesamte Korkproduktion Italiens aus Sardinien. In den letzten Jahrzehnten haben die Sarden auch den Fischfang für sich entdeckt: Tonnare in

Die eigentlichen Einwohner Sardiniens sind die fünf Millionen Schafe.

19

Das Gold Sardiniens: Olivenhaine in Dolianova

Carloforte und Portoscuso, Langusten in Alghero und Santa Teresa, Meeräschen und Aale in den Lagunen von Oristano, Miesmuscheln in Olbia bereichern das kulinarische Angebot.

Sardinien ist Italiens Region mit den reichsten Mineralvorkommen. Seit dem 18. Jahrhundert werden Blei, Zink, Kohle, Eisen und andere Bodenschätze in gro-ßem Stil vor allem im Sarrabus und im Sulcis abgebaut. Die meisten Bergwerke haben mittlerweile jedoch ihre Tore geschlossen. Faszinierende Industriearchitektur inmitten unberührter Landschaft erinnert heute an den einst wichtigen Wirtschaftszweig. Der Bau von größeren Fabriken begann erst in den 1960er-Jahren – vor allem in Cagliari und Porto Torres mit petrochemischen Anlagen und Raffinerien, in Ottana mit Faserchemie und in Arbatax mit einer Papierfabrik. Meist haben die aus dem Boden gestampften großen Werke mehr zur Zerstörung der Umwelt beigetragen als zu einer gezielten Beschäftigungspolitik. Die Erlöse sind zudem meist von der Insel wieder abgeflossen.

Großen Erfolg hingegen haben kleinere Betriebe im Bereich der neuen Informations- und Kommunikationstechnologien

Mit zahlreichen Volksfesten werden Brauchtum und Tradition lebendig gehalten.

aufzuweisen. Tiscali, das größte unabhängige Telekommunikationsunternehmen in Italien, hat seit 1998 seinen Sitz in Cagliari. Der Schwerpunkt der sardischen Wirtschaft liegt heute allerdings im Tourismus – mit zwei Millionen Ankünften und elf Millionen Übernachtungen im Jahr (2012). 43 Prozent der Gäste kommen heute bereits aus dem Ausland. Im Jahr 2000 waren es gerade einmal 24 Prozent. Neben dem Badetourismus setzt Sardinien in Zukunft vor allem auf einen sanften, naturnahen Tourismus, auf sein faszinierendes Hinterland und seine ausgezeichneten landwirtschaftlichen Produkte. Über 2000 Bed & Breakfasts sowie 700 Urlaub-auf-dem-Bauernhof-Betriebe laden neben zahlreichen Hotelanlagen und Feriensiedlungen dazu ein.

Raubbau und Ausbeutung der vergangenen Jahrhunderte haben jedoch ihre Spuren im wirtschaftlichen Leben Sardiniens hinterlassen, ebenso wie die Wirtschaftskrise der vergangenen Jahre, die, von der sogenannten Finanzkrise ausgehend, gerade die Länder im Mittelmeerraum überdurchschnittlich traf. Über 20 Prozent der Bevölkerung sind arbeitslos. Bei den Jugendlichen beträgt die Arbeitslosenrate über 40 Prozent.

Man(n) hat Zeit: Straßenszene in Baunei in der Ogliastra

Tradition & Brauchtum

Überall auf Sardinien haben sich jahrhundertealte Traditionen, religiöses und weltliches Brauchtum erhalten, werden noch authentisch gelebt und gefeiert. Wer die für die Touristen inszenierten folkloristischen Events auslässt, der stößt das ganze Jahr hindurch auf Veranstaltungen, die tief in die Geschichte und Volksseele der Sarden blicken lassen. Dazu zählen besonders die Riten und Prozessionen rund um Ostern und die Karwoche. Beeindruckende Prozessionen und eigene liturgische Gesänge unter Anteilnahme der gesamten Bevölkerung stehen nicht nur in Cagliari und Alghero, in Castelsardo, Nuoro und Santu Lussurgiu auf dem Programm.

Am 1. Mai wird in Cagliari der Schutzpatron Sant'Efisio mit der größten Pro-

Die Bar der Künstler: Straßenbild in Orgosolo

sche Volksseele ihren intensivsten Ausdruck findet, vor der Tür. Mamoiada mit seinen Mamuthones, Ottana mit seinen Boes und Merdules und Ortotelli mit seinen Thurpos seien stellvertretend für die vielen Karnevalsumzüge im Lande erwähnt. Die Sartiglia in Oristano gilt als eines der farbenfrohsten Reiterfeste der Karnevalszeit. Die Cavalcata Sarda am vorletzten Maisonntag und die Festa dei Candelieri am 14. August in Sassari zählen ebenso zu den wichtigsten Volksfesten Sardiniens.

Musik & Kultur

Quer über die Insel zieht sich ein buntes Netz an musikalischen und kulturellen Veranstaltungen von internationalem Niveau – häufig bei freiem Eintritt und in den einladendsten Winkeln Sardiniens.

In Gavoi steht alljährlich im Juni das Festival Isola delle Storie mit großen Namen der nationalen und internationalen Literatur auf dem Programm. Filmfestivals werden den ganzen Sommer hindurch in San Pietro, in Maddalena, Tavolara, Asinara, Ulassai und Jerzu veranstaltet. Bedeutende Jazzmusiker wie Paolo Fresu, Antonello Salis oder Gavino Murgia stammen aus Sardinien und bereichern die Insel mit internationalen Festivals: Time in Jazz in Berchidda, Ai Confini tra Sardegna e Jazz in Sant'Anna Aresi, das Dromos Festival im Gebiet um Oristano, Cala Gonone Jazz und Rocce Rosse & Blues in Tortoli sowie die European Jazz Expo in Cagliari sind die wichtigsten davon.

zession Sardiniens bis nach Nora getragen. Im Wallfahrtsort San Francesco di Lula wird im Rahmen der Feiern zu einem großen Essen im Freien geladen. In Nuoro pilgern am letzten Sonntag zum Erlöserfest Zehntausende in ihren alten Trachten auf den Monte Ortobene.

Am 16./17. Januar werden in ganz Sardinien die Feuer zu Ehren des heiligen Antonius entzündet. Und dann steht schon der Karneval mit all seinen Veranstaltungen, bei denen die archai-

Steckbrief Sardinien

Lage: Sardinien liegt 202 km vom italienischen Festland entfernt. Von Tunesien im Süden trennen die Insel 184 km. Im Norden liegt 12 km entfernt Korsika – nur durch die Straße von Bonifacio getrennt.

Fläche: 24 093 km^2

Küste: 1848,6 km

Hauptstadt: Cagliari (160 000 Einw.)

Flagge:

Amtssprache: Die Amtssprache ist Italienisch. Die Sarden sprechen eine eigene Sprache, die *Limba sarda*, eine eigenständige altromanische Sprache, deren Wurzeln im Latein der Römer liegen.

Einwohner: 1 658 138 (Stand 2016)

Währung: Euro

Zeitzone: MET und MESZ von Frühsommer bis Herbst

Geografie: Sardinien ist die zweitgrößte Insel des Mittelmeeres. Die Nord-Süd-Ausdehnung der Insel beträgt 270 km, die Ost-West-Ausdehnung 145 km. Die Küste ist an vielen Stellen felsig und fällt steil ab. Dazwischen liegen immer wieder Buchten und ausgedehnte Strände. Das Landesinnere wird von Hochebenen geprägt, die eine Höhe zwischen 300 und 1000 Metern über dem Meeresspiegel erreichen. Höchster Berg ist mit 1834 Metern die Punta La Marmora.

Staat und Verwaltung: Sardinien gehört seit 1861 zu Italien und ist seit 1948 eine Autonome Region mit einer gewissen Selbstverwaltung. Alle vier Jahre wird ein Regionalparlament gewählt, dessen Sitz in Cagliari ist. Die Region ist in acht Provinzen unterteilt: Cagliari (CA), Nuoro (NU), Oristano (OR), Sassari (SS), Carbonia-Iglesias (CI), Medio Campidano (VS), Ogliastra (OG) und Olbia-Tempio (OT).

Wirtschaft: Die Schwerpunkte der sardischen Wirtschaft liegen im Tourismus sowie in der Landwirtschaft. Bekannt ist die Insel für Produkte wie Wein, Käse sowie Getreide und Olivenöl. Im Norden der Insel spielt die Korkproduktion eine wichtige Rolle. 17,5 Prozent der Bevölkerung sind arbeitslos, rund 40 Prozent beträgt die Arbeitslosenrate bei den Jugendlichen.

Religion: 95 Prozent der Bevölkerung gehören der römisch-katholischen Kirche an.

Bevölkerung: Ein knappes Drittel der Einwohner Sardiniens lebt in der Provinz Cagliari. Mit 68 Einwohnern pro km^2 ist Sardinien die am dünnsten besiedelte Region Italiens. Der Anteil der registrierten Ausländer liegt bei 2,2 Prozent.

Geschichte im Überblick

Altsteinzeit. 8000 v. Chr. Erste Spuren der Besiedlung in der Nähe von Perfugas.

Jungsteinzeit. Ab 6000 v. Chr. Keramiken mit einfachen Dekorationen, Waffen und Werkzeuge.

Bonuighinu-Kultur. Ab 4000 v. Chr. Ackerbau und Kult der Muttergöttin Dea Madre. Große Gräberanlagen, die *Domus de Janas* oder Feenhäuser, werden errichtet.

Nuraghen-Kultur. 1700–600 v. Chr. Erste Proto-Nuraghen und Menhire zwischen 1700 und 1500, dann große Nuraghen-Komplexe wie Barumini, Santu Antine und Sa Domu e S'Orcu sowie Brunnenheiligtümer.

Phönizier. Ab 900 v. Chr. Bereits im 9. Jh. v. Chr. bevölkern die Phönizier die Küsten Sardiniens und treiben Handel mit den nuraghischen Stämmen. Ab dem 7. Jh. gründen sie zahlreiche Niederlassungen an den Küsten wie Karali (Cagliari), Nora (Pula), Bythia (Chia), Sulki (Sant'Antioco) oder Tharros bei Oristano.

Karthager. Ab 520–510 v. Chr. Die von den Phöniziern abstammenden Karthager oder Punier erobern Sardinien. Punisches und Sardisches verbindet sich zu einer Kultur. Die Karthager machen Sardinien zu ihrer Kornkammer.

Römer. 238 v. Chr. erobern die Römer die Insel. Die lange Herrschaft Roms hinterlässt tiefe Spuren in der Sprache wie bei den Infrastrukturen, etwa beim Straßennetz sowie bei Siedlungen wie Porto Torres, Valentia oder Forum Traiani.

Die Byzantiner. 534 n. Chr. kommt Sardinien als Provinz des Exarchats von Karthago zum Byzantinischen Reich. Um 900 wird die Insel in die vier Judikate Torres, Gallura, Arborea und Cagliari mit einheimischen Feudalherrschern, den *Giudici*, aufgeteilt.

Sarazenen-Überfälle. Ab 700 n. Chr. Arabische Seefahrer bedrohen die Insel, plündern die Küstenstädte und verschleppen die Einwohner in die Sklaverei. Anfang des 11. Jh. ruft der Papst zur Befreiung Sardiniens von den ungläubigen Sarazenen auf. Pisa und Genua vertreiben die Eindringlinge und streiten sich nunmehr um die Vorherrschaft auf der Insel.

Königreich Aragon. 1297 belehnt Papst Bonifaz VIII. Jakob II. von Aragon mit dem Königreich Sardinien. Es folgt eine 400 Jahre währende spanische Unterdrückung. 1403, nach dem Tod von Eleonora d'Arborea, bricht der letzte Widerstand, und das Königreich Aragon erobert ganz Sardinien. Durch die Heirat Ferdinands II. von Aragon mit Isabella von Kastilien entsteht 1479 das Königreich Spanien, und Sardinien wird spanisch. Hungersnöte lösen blutige Aufstände aus, die mit aller Härte niedergeschlagen werden. Cagliari und Alghero werden von einheimischen Sarden entvölkert und mit Kastiliern besiedelt. 1714 fällt Sardinien nach dem Aussterben der spanischen Habsburger mit dem Frieden von Utrecht an Österreich.

Savoier. 1718 wird Sardinien – im Tausch gegen Sizilien – dem Herrscherhaus von Savoyen zugesprochen. Italienisch wird 1760 Schul- und Amtssprache. Nach Aufständen und Hungersnöten wird 1795 das Bauernheer von Giovanni Maria Angioy bei Oristano vernichtend geschlagen. 1796 flieht König Vittorio Emanuele I. von Turin nach Cagliari. 1815 kehrt er nach Turin zurück. Kronprinz Carlo Felice versucht die Einführung von Reformen, was zu Unruhen führt.

1823 wird mit dem Gesetz der *Chiudende* eine Bodenreform erlassen, welche das Gemeindeland demjenigen in Besitz gibt, der es einzäunt. Die Besitzenden werden begünstigt, Hirten und Besitzlose in große Not gestürzt.

1847 endet das Königreich Sardinien als eigenständige Einheit und wird mit dem Piemont vereint. Die erhoffte Verbesserung der sozialen und wirtschaftlichen Verhältnisse findet nicht statt.

Königreich Italien. 1861 kommt Sardinien mit der Einigung Italiens zum Königreich Italien. 1883 werden die Eisenbahnlinien Cagliari-Sassari und Olbia/Golfo Aranci fertiggestellt.

1921 gründen Veteranen der Brigata Sassari die Sardische Aktionspartei, den Partito Sardo d'Azione, einen Bezugspunkt für viele Sarden. Die Machtübernahme Mussolinis und der Faschismus verhindern jedoch den Erfolg der Partei.

1943 wird Sardinien als wichtiger Militärstützpunkt von den Alliierten bombardiert. In Cagliari werden drei Viertel der Häuser beschädigt oder zerstört.

Republik Italien. Die **1948** neu gegründete Republik Italien räumt Sardinien den Status einer Autonomen Region ein. Bis 1982 gibt es immer wieder zum Teil auch bewaffnete Rebellionen, die oft mit Entführungen verbunden sind.

1949 wird auf Sardinien mit Unterstützung der Rockefeller-Stiftung die Malaria ausgerottet.

1951 gibt es eine letzte Hungersnot.

1962 gründet der Ismaeliten-Prinz Aga Khan das Consorzio Costa Smeralda und läutet das Zeitalter des Jet-set-Tourismus im Nordosten Sardiniens sowie des Tourismus allgemein auf der Insel ein.

2001 werden neben Cagliari (CA), Nuoro (NU), Oristano (OR) und Sassari (SS) vier neue Provinzen gebildet: Carbonia-Iglesias (CI), Medio Campidano (VS), Ogliastra (OG) und Olbia-Tempio (OT).

Bei den Regionalwahlen im Jahr **2014** gewinnt Francesco Pigliaru vom Wahlbündnis Partito Democratico Centro-Sinistra mit 42,45 Prozent der Stimmen und 36 von 60 Regionalratssitzen.

EINE WOCHE AUF SARDINIEN

Wohl kaum jemand, der nach Sardinien kommt, kann sich dem Bann und der einmaligen Atmosphäre der Insel entziehen. Sardinien ist anders: ein Land voll Geschichte,
voll von anziehenden Gegensätzen und Widersprüchen, eine Insel voller Farben und
voller Aromen… Sardinien wartet nur darauf, entdeckt zu werden. Hier einige Tipps
für eine siebentägige Entdeckungsreise durch die faszinierende Mittelmeerinsel.

TAG 1
COSTA SMERALDA UND LA MADDALENA
Wer mit dem Auto nach Sardinien kommt –
die Anreise mit dem Auto garantiert eine maximale Mobilität auf der Insel –, nimmt meist die
Fähre nach Olbia. Hier startet unsere Rundreise.
Von Olbia aus geht es gen Norden ins Zentrum
der sardischen Touristenhochburgen. Die Costa
Smeralda ist Symbol und Inbegriff für Exklusivität
und Luxus. Porto Cervo und Porto Rotondo stehen
auf dem Besuchsprogramm. Dann geht es mit der
Fähre weiter zur schönsten Inselgruppe im Mittelmeer, dem La-Maddalena-Archipel, einem der
faszinierendsten Landschaftsräume Sardiniens.

TAG 2
CASTELSARDO, SASSARI UND ASINARA
Mit besonderem Charme präsentiert sich der
malerische Küstenort Castelsardo auf einer aus
dem Meer aufragenden Felsformation. Sassari,
die zweitgrößte Stadt Sardiniens, zeigt sich als
moderne und pulsierende Handelsmetropole mit
einer lebendigen Altstadt. Vorbei an den beliebten
Stränden von Stintino geht es auf die ehemalige
Strafinsel Isola dell'Asinara, dem einzigartigen
Naturparadies mit den berühmten weißen Eseln.

TAG 3
ALGHERO, BOSA UND ORISTANO
Alghero, die schönste Stadt Sardiniens, lässt
sich in ein paar Stunden wunderbar erwandern.
Etwas weiter im Süden liegt das romantische
Bosa am Temo, dem einzigen schiffbaren Fluss
Sardiniens. Auf dem Weg nach Oristano darf ein
Zwischenstopp am Stagno di Cabras und auf der
Sinis-Halbinsel mit den Ruinen der phönizisch-
punischen Hafenstadt Tharros nicht fehlen.

TAG 4
IGLESIAS UND CARBONIA, SANT'ANTIOCHO, NORO UND PULA

Entlang der Costa Verde geht es vorbei an alten Bergwerksmetropolen in die in einer herrlichen Gebirgslandschaft liegenden Bergarbeiterstädte Iglesias und Carbonia. Sant'Antioco, Sardiniens größte vorgelagerte Insel, sowie San Pietro laden mit traumhaften Badebuchten ein. In Pula und Nora ganz im Süden treffen sich Vergangenheit, Gegenwart und Zukunft.

TAG 5
CAGLIARI

In Sardiniens Hauptstadt konzentriert sich die bunte Vielfalt der sardischen Geschichte, ihrer Kultur und Bräuche, ihrer Küche und Traditionen und vermischt sich mit dem rasanten Aufbruch in die Moderne. Malerische Gassen prägen den morbiden Charme des historischen Zentrums »su Casteddu«.

TAG 6
COSTA REI UND ARBATAX, ORGOSOLO UND NUORO

Entlang der Traumstraßen an der Costa Rei geht es über Solanas und Villasismus gen Norden bis nach Arbatax mit seinen leuchtend roten Porphyrklippen. Dann zweigt die Straße ab ins raue sardische Hinterland. Das Hirtendorf Orgosolo ist durch seine Banditen und einzigartigen Wandmalereien, die Murales, weltberühmt geworden. Nuoro ist die sardische Hochburg der Künstler und Dichter.

TAG 7
VALLE DEI NURAGHI, SANTU ANTINE UND SACCARAGIA

In den Mittelpunkt des einstigen Nuraghen-Reiches, in die Valle dei Nuraghi, führt die letzte Tour. 32 Nuraghen stehen hier und laden zum Eintauchen in die geheimnisvolle sardische Geschichte ein. Die Königsnuraghe Santu Antine bei Torralba überragt alle an Größe. Die ehemalige Abteikirche Santissima Trinità di Saccaragia, die schönste Landkirche Sardiniens, liegt an der Schnellstraße nach Olbia.

DER NORDOSTEN

1 Olbia
Das Tor Sardiniens

Wer für seine Reise nach Sardinien mit der Fähre unterwegs ist, der peilt in den allermeisten Fällen den Hafen von Olbia im Nordosten der Insel an. Die Nähe zum italienischen Festland – nach Civitavecchia sind es gerade einmal 125 Seemeilen – machten den Golf von Olbia bereits für Etrusker, Karthager und Römer zur idealen Anlaufstelle und zu einem der wichtigsten Eingangstore auf Sardinien.

Eigentlich ist es schade, dass die meisten Touristen sofort nach ihrer Ankunft und nach dem Verlassen der Fähre die Stadt Olbia auf schnellstem Weg hinter sich lassen. Die mit 55 000 Einwohnern viertgrößte Stadt Sardiniens präsentiert sich als dynamische Handels- und Industriestadt. Olbia hat zwar nicht allzu viele Sehenswürdigkeiten zu bieten, das ist wahr. Trotzdem strahlt die Altstadt am Golf von Olbia mit ihrem gemütlichen Provinzcharakter einen ganz eigenen Charme aus. Die niederen Häuser in den engen Gassen, die elegant ausgebaute Hafenpromenade, die quirlig-lebendigen Einkaufs- und Flaniermeilen der Stadt, der Corso Umberto I und der Viale Aldo Moro, laden förmlich zum Bummeln, Shoppen und Genießen ohne Stress und ohne Auto ein.

Fausania – Terranova – Olbia

Vorherige Doppelseite: Küstenlandschaft der Costa Smeralda
Mitte: Sicht auf Stadt und Hafen
Unten: In der Hitze des Tages kann man auch auf dem Corso Umberto I in Olbia gelegentlich Schatten finden.

Der Golf von Olbia war schon in vorgeschichtlicher Zeit besiedelt. Der Nuraghe Cabu Abbas auf der 246 Meter hohen Punta Casteddu, das Brunnenheiligtum Sa Testa an der Straße zum Golfo Aranci oder das Gigantengrab Su Monte de s'Ape sind nur einige der markanten Zeugen aus jener Zeit. Be-

Einfach gut!

reits die Etrusker landeten im Golf von Olbia. Die Stadt selbst aber wurde vermutlich erst im 5. Jahrhundert v. Chr. von den Karthagern gegründet. 259 v. Chr. besiegte der römische Konsul Lucius Cornelius Scipio den karthagischen Feldherrn Hanno in einer Seeschlacht im Golf von Olbia und eroberte die Stadt – aber nur für vergleichsweise kurze Zeit. Bereits 50 Jahre später nämlich, im Jahr 210 v. Chr., wurde Olbia im Verlauf des Zweiten Punischen Krieges von den Karthagern zerstört. Bald darauf kehrten die Römer unter Prätor Publius Manlius Verso wieder zurück und bauten die Stadt neu auf. Der Hafen wurde gleichzeitig ausgebaut und Olbia damit zur wichtigsten römischen Hafen- und Handelsstadt auf Sardinien.

Unter byzantinischer Herrschaft erhielt die Stadt den Namen *Fausania*. Im Mittelalter wurde sie in *Terranova* umgetauft und zum Sitz des Judikats Gallura. Bis 1939 war *Terranova* der offizielle Name der Stadt. Für viele Sarden ist Olbia bis heute ihr *Terranòa* geblieben.

Der Hafen von Olbia Marittima

1930 wurden die Hafenanlagen von Olbia an der Isola Fiorita und der Isola Bianca neu ausgebaut und großzügig gestaltet. Heute ist die Stadt stolz auf ihren Fracht- und ihren Passagierhafen, die größten und bedeutendsten der Häfen Sardiniens. Hunderttausende von Touristen kommen jährlich direkt aus Genua, Livorno, Piombino oder Civitavecchia nach Sardinien und setzen hier ihre ersten Schritte auf die Insel. Olbia freut sich zudem über den modernsten Flughafen Sardiniens, der lediglich knappe vier Kilometer vor den Toren der Stadt liegt. Der Bahnhof von Olbia ist Endhaltestelle der Bahnverbindungen von und nach Cagliari und Sassari.

DIE MIESMUSCHELN VON OLBIA

Olbia eilt zu Recht der Ruf voraus, das Zentrum kreativer Miesmuschelzucht und -küche zu sein. In der flachen Bucht vor der Stadt werden die delikaten Meeresfrüchte geerntet, die in Olbia gastronomisch eine wichtige Rolle spielen und immer mehr Liebhaber finden. Die *Cozze* sind mittlerweile zum Symbol der lokalen Gastronomie und Küche geworden. Seit einigen Jahren stehen die Miesmuscheln im Zeitraum Juni/Juli einen Monat lang im Mittelpunkt des Gastronomiefestivals Cozze di Olbia. Mehrere Dutzend Restaurants präsentieren in diesen Wochen eine bunte Vielzahl an Gerichten rund um die *Cozze*, traditionell und kreativ interpretiert: von Vorspeisen über Hauptspeisen bis hin zu fantasievollen Dessertkreationen mit Miesmuscheln und Schokolade. Ausstellungen, Kochkurse, Wettbewerbe und kulturelle Aktionen füllen ein reichhaltiges Rahmenprogramm. www.cozzadiolbia.net

Die Hafenpromenade ist Flaniermeile und beliebter Treffpunkt der Stadtbevölkerung. Hier finden alljährlich auch die zwei großen Volksfeste von Olbia statt. Die Festa Manna de Mesu Maja, die zu Ehren des Stadtpatrons San Simplicio am 15. Mai abgehalten wird, endet mit einem großen Miesmuschelfest, der Sagra delle cozze. Aus den seichten Gewässern des Golfs von Olbia kommen nämlich die besten Miesmuscheln Sardiniens. Ende Juni steht nach der Bootsprozession zu Ehren der Madonna del Mare e San Giovanni ebenfalls ein großes Fischfest an der Hafenmole auf dem Programm.

Direkt am Hafen öffnet auch das futuristisch gestaltete Museo archeologico nazionale di Olbia seine Tore. Ausgewählte Fundstücke laden bei freiem Eintritt auf eine Rundreise durch die Geschichte von Olbia ein. Ein Höhepunkt ist die Ausstellung von einigen im Hafen von Olbia versenkten römischen Schiffen. Diese ist leider nur in den Sommermonaten geöffnet und nur mit Führung zu besichtigen. Wichtigste Sehenswürdigkeit von Olbia ist die aus graugelbem Granit errichtete romanische Basilika San Simplicio aus dem 11./12. Jahrhundert.

Oben: Im Hafen von Olbia: bereit zur Ausfahrt?
Unten: Details, die den Blick lohnen, finden sich auf Sardinien überall …

Infos und Adressen

SEHENSWÜRDIGKEITEN

Nuraghe Cabu Abbas (»Anfang des Wassers«). Der Nuraghe mit herrlichem Ausblick liegt nahe der Stadt auf der 246 Meter hohen Punta Casteddu.

Brunnentempel Sa Testa. Das 4000 Jahre alte Quellheiligtum wurde erst in den 1930er-Jahren entdeckt und ist gut erhalten.

Castello Pedreso. Die Festungsanlage aus dem 11. Jahrhundert ist heute nur noch als Ruine erhalten. Vom Burghügel hat man einen schönen Blick in die Umgebung. Zu Füßen der Burg liegt das Gigantengrab Su Monte e s'Ape.

Römischer Aquädukt Sa Rughitulla. Am Stadtrand stößt man auf die Reste eines sieben Kilometer langen römischen Aquädukts, der das Wasser von Cabu Abbas nach Olbia lieferte.

ESSEN UND TRINKEN

Ristorante Da Paolo. Nettes, einfaches Fischlokal mit freundlicher Bedienung und gutem Essen. Via Giuseppe Garibaldi 18, Tel. 078 92 16 75

Pasticceria Il Viale. Traditionsreiches Lokal für einen Aperitif und den kleinen Hunger zwischendurch. Viale Aldo Moro 425, Tel. 078 95 03 20, www.barpasticceriailvialeolbia.com

ÜBERNACHTEN

Hotel Cavour. Komfortables kleines Hotel im Zentrum von Olbia. Via Cavour 22, Tel. 07 89 20 40 33, www.cavourhotel.it

Hotel Centrale. Gediegenes Ambiente in einem Palazzo aus dem 18. Jahrhundert direkt im Zentrum. Corso Umberto 85, Tel. 078 92 30 17, www.hotelcentraleolbia.it

EINKAUFEN

Corso Umberto und Viale Aldo Moro. Die beiden großen Einkaufsmeilen von Olbia, die sich hervorragend für einen Einkaufsbummel eignen. Hier gibt es zahlreiche Geschäfte, die Bekleidung, Mode, Schuhe und Schmuck anbieten.

Wochenmarkt in Olbia. Jeden Sa 7.30–14 Uhr in der Via San Gallo; jeden Mi auf der Piazza Mercato »Mercato di Campagna Amica«, direkt mit den Produzenten

AKTIVITÄTEN

Tavolara Diving Center. Ein Bezugspunkt für alle Sub-Aktivitäten auf der Insel Tavolara. Località Porto San Paolo-Loiri, Via Molara 4/6, Tel. 078 94 03 60, www.tavolaradiving.it

INFORMATION

www.comune.olbia.ss.it
www.olbiaturismo.it

Ein guter Tipp: das Fischlokal Ristorante Da Paolo in der Via Giuseppe Garibaldi

2 Costa Smeralda
Ein Meer voller Smaragden

Es soll Menschen geben, die von Sardinien nur die Costa Smeralda kennen: ihre Strände mit azurblauem Meer, ihr mondänes Leben, ihre VIP-Lokale und ihr heißes Nachtleben. Die Costa Smeralda zwischen dem Golfo Arancio und Porto Cervo ist Symbol und Inbegriff für Exklusivität und Luxus sowie Treffpunkt für Stars und Sternchen. Die Costa Smeralda ist aber nicht nur den Reichen und Mächtigen vorbehalten. Sie bietet weit mehr …

Noch vor knapp 50 Jahren war die Nordostküste Sardiniens einer der unzugänglichsten und einsamsten Landschaftsstriche der Insel. Monti di Mola (»Backenzähne«), so hieß das Gebiet damals noch. Außer Schafhirten und Bauern verirrte sich niemand in die Gegend mit ihren schroffen Felsrücken und zerklüfteten Küstenabschnitten. Das azurblaue, kristallklare Wasser und die kleinen, romantischen Badebuchten stießen auf kein großes Interesse, waren sie doch zum Teil nur über das Meer zu erreichen.

Vom Hirtenland zum Ferienparadies

Erst ab den 1960er-Jahren sollte sich das ändern. Ein Konsortium um den Ismaeliten-Prinz Karim Aga Khan IV. kaufte den armen Bauern Stück um Stück ihres vermeintlich wertlosen Landes ab. Schlussendlich wurde es ein Küstenstreifen von knapp 50 Quadratkilometern, und plötzlich war alles anders an den menschenleeren Stränden. Luxusvillen und exklusive Resorts wurden aus dem Boden gestampft, Feriensiedlungen, Mode-

Mitte: Blick auf die Isola Tavolara vom Golfo Aranci
Unten: Die hübsche Hafenstadt Golfo Aranci bietet Kultur und Kunsthandwerk.

shops und Nachtlokale für Reiche und Millionäre. Eines muss den Investoren zugutegehalten werden: der Respekt vor Landschaft und Naturschutz. Das internationale Architektenteam vermied harte Eingriffe in die Natur und plante weitgehend nach dem Vorbild der Fischerdörfer im Mittelmeerraum. Marketingexperten sprachen von Fortschritt und Entwicklungshilfe und erfanden den neuen Namen Costa Smeralda, die »Smaragdküste«, für das exklusive Paradies und Refugium für den internationalen Jetset.

Golfo Aranci

Gleich hinter Olbia, an der Landzunge zwischen dem Golfo di Olbia und dem Golfo di Marinella, liegt die hübsche Hafenstadt Golfo Aranci. Der Name des ehemaligen Fischerdorfes leitet sich von Golfo dei Granchi, »Golf der Krebse«, ab und deutet auf den einstigen Reichtum an Krebsen in den Gewässern rund um die Halbinsel hin. Im Fährhafen gehen täglich die Fährschiffe von Sardinia Corsica Ferries vor Anker. Ansonsten ist es aber beschaulich ruhig im Hafenstädtchen.

Die zentrale Via Libertà lädt mit zahlreichen kleinen Geschäften mit typischen Produkten im Angebot und viel Kunsthandwerk zum Bummeln und Shoppen ein. Die Pfarrkirche San Giuseppe macht mit einer besonderen Erscheinungsform von sich reden: An einer Wand sind Flecken aufgetaucht, die angeblich Italiens Volksheiligem Padre Pio ähneln sollen.

Vor der Küste und der unbewohnten Felsinsel Figarolo arbeitet seit einigen Jahren eine Fischfarm. Hier kann man Delfine hautnah erleben. Frischen Fisch gibt's hier täglich in großer Auswahl in der alten Fischersiedlung direkt am Meer. Auf

dem Weg von Olbia nach Golfo Aranci breitet sich ein flacher Küstenstreifen mit kleinen Buchten und feinen Sandstränden aus.

Porto Rotondo

Der »runde« Hafen verdankt seinen Namen der beinahe kreisrunden Bucht, um die herum sich Porto Rotondo ausbreitet. Am luxuriösen Jachthafen treffen sich in der Hochsaison zahlreiche Persönlichkeiten aus Fernsehen, Sport, Politik und Mode. Treffpunkt und Zentrum sind die kleine Piazzetta San Marco und die Piazza Quadra. Geschäfte und Boutiquen, Cafés und Bars reihen sich hier aneinander. Die einladende Kirche von San Lorenzo mit ihren über 200 Statuten ist ein Werk des Künstlers Andrea Cascella. Im vollständig aus Granit erbauten Amphitheater finden die verschiedensten Veranstaltungen statt. Märchenhafte Strände säumen die Küste zwischen dem Golfo di Marinella und dem Golfo di Cugnana. Einen Besuch wert sind auch die kleinen Inseln Soffi und Mortorio vor der Küste. Und nachts warten zahlreiche In-Restaurants und schicke Lokale auf die noblen Gäste. Ein Detail am Rande: In Porto Rotondo hat auch Silvio Berlusconi, der ehemalige italienische Ministerpräsident, in der Villa Certosa eine seiner Sommerresidenzen. Hier empfing er in besseren Zeiten Staatsmänner wie Wladimir Putin oder Tony Blair, Geschäftsfreunde und Showstars – und natürlich jede Menge junger hübscher Frauen.

Porto Cervo

Eine einmalige Küstenstraße mit atemberaubender Aussicht, die *Panoramica*, führt von Porto Rotondo nach Porto Cervo, dem touristischen und gesellschaftlichen Mittelpunkt der Costa Smeralda. Porto Cervo steht im wahrsten Sinn des Wortes für Luxus, Prominente, große Autos und Jachten, für

Oben: Vor dem großen Ansturm: Idylle pur im Hafen von Porto Cervo
Mitte: Villen und Feriensiedlungen an der Costa Smeralda: nicht nur für VIPs und Stars
Unten: Die Restaurants der Costa Smeralda punkten mit ausgezeichneter Fischküche.

Die schönsten Badestrände

A **Olbia – Porto Istana** – Spektakulärer Strand südlich von Olbia an der Landzunge Capo Ceraso. **B** **Olbia – Pittulongu** – An der Küstenstraße nach Golfo Aranci. Familienstrand mit seichtem Wasser. **C** **Golfo Aranci – Cala Moresca** – Traumhafte kleine Badebucht am Golfo d'Aranci – Fußweg zur felsigen Bucht Cala Greca. **D** **Porto Rotondo – Spiaggia di Marinella** – Sandstrand für Familien und Wassersportler. **E** **Porto Rotondo – Spiaggia dei Sassi** – Goldgelber, feiner Sandstrand an der Punta di Volpe mit Blick auf die Inseln Soffi und Mortorio.

F **Porto Rotondo – Spiaggia Ira** – Feinsandiger und gut besuchter Strand. **G** **Arzachena – Spiaggia Liscia Ruja** – Ideal für Familien mit Kindern. **H** **Arzachena – La Celvia** – Große Bucht mit bizarren Granitfelsen und schattigen Pinien, einer der exklusivsten Strände der Costa Smeralda. **I** **Arzachena – Capriccioli** – Kleine, windgeschützte Bucht an der Halbinsel von Capriccioli, Sandstrand und Granitfelsen, Mastixsträucher und wilde Olivenbäume.

J **Arzachena – Spiaggia del Principe** – Der »Strand des Prinzen« – Nur über einen Fußweg von 600 Metern erreichbar. **K** **Arzachena – Piccolo Pevero** – Kleine, verträumte Bucht mit Granitsand zwischen Abbiadori und Porto Cervo. **L** **Arzachena – Cala dei Ginepri** – Zur schönen Bucht führt südlich von Cala Bitta eine steile Asphaltstraße hinab.

M **Arzachena/Cannigione: Tanca Manna** – Badebucht mit grobem Granitsand, Strandliegen und netten Beach-Bars. **N** **Palau – Spiaggia Porto Faro** – Granitsand, klares Wasser und tolle Aussicht auf die Maddalena-Inseln.

O **Palau – Spiaggia Porto Puddu** – Weiter, heller Sandstrand, ein Mekka für Surf- und Wave-Freunde.

Paradiesisch: versteckte Winkel an der Costa Smeralda – hier in Porto Cervo

Costa Smeralda

Schönheit, Glanz und Glamour. Wer hier etwas auf sich hält, lässt sich abends an der Piazetta und in der angrenzenden Edel-Einkaufsmeile, der *Passeggiata*, sehen.

Im Juli findet alljährlich die Porto Cervo Fashion Week statt, bei der sich die Crème de la Crème der Modemarken, darunter Versace, Gucci, Emilio Pucci, Brunello Cucinelli und Missoni präsentieren. Die Gäste tauchen jeden Abend in einzigartige und originale Fashion-Erlebnisse ein (www.destinationcostasmeralda.com). Im September findet jährlich die Segelregatta Rolex Swan Cup statt, die vom Yacht Club Costa Smeralda ausgerichtet wird (www.yccs.it).

Zu einem spannenden Erlebnis gestaltet sich auch ein Bummel am Porto Vecchio, dem alten Hafen, oder an den Molen des Jachtclubs. Hier können nicht nur die schönsten Jachten des Mittelmeers bewundert werden. »Yacht Watching« ist der neue Trend: das Beobachten der Luxusjachten und Segelschiffe samt der dazugehörenden Promis. Nach all dem Trubel tut ein Besuch in Porto Cervos kleiner Dorfkirche Stella Maris gut. Diese thront über dem neuen Hafen und ist zu einem Wahrzeichen der Costa Smeralda geworden. Die schlichte Kirche wurde 1968 im sogenannten neosardischen Stil erbaut und hat im Inneren einige besondere Kunstwerke zu bieten, darunter ein El Greco zugeschriebenes Madonnenporträt sowie die Orgel eines neapolitanischen Meisters aus dem 17. Jahrhundert. Einen herrlichen Rundblick auf den Hafen und die Bucht von Porto Cervo hat man vom Platz vor der Kirche.

Wo die Nacht zum Tag wird

Unter offenem Himmel, bei heißen Rhythmen, schrill und ausgelassen und bis in die frühen Mor-

Nicht verpassen

EIN HAUCH VON LUXUS

Luxusshopping in den edelsten Boutiquen von Porto Cervo – das ist meist nichts für Normalsterbliche. Da überwiegt höchstens die Neugier, und: Schauen kostet ja nichts beim abendlichen Flanieren auf der Piazetta und in der Edel-Einkaufsmeile *Passeggiata*, wo die angesagtesten Mode- und Schmuckmarken auf betuchte Kunden warten. Sympathischer ist die Promenade du Port, eine spannende Mischung aus Geschäften, Kunst und Kultur: mit sommerlichen *temporary shops* wie der Mailänder Design-Galerie Rossana Orlandi, der Londoner Gallery Fumi oder der Antiquariatswunderkammer von Alessandro Stefanini. Die deutsche Stilistin Judith Orlishausen überrascht mit handwerklich angefertigten Schuhen und Taschen, der literarische Salotto della Libreria lädt zum Schmökern, und Auto 900 stellt eine Serie der legendären Vespa aus.

www.promenadeduport.it

Porto Cervos kleine Dorfkirche Stella Maris ist ein Wahrzeichen der Costa Smeralda.

DIE VERBOTENEN INSELN DER COSTA SMERALDA

Geheimtipp

Die kleine Insel Mortorio liegt direkt vor der Küste der Costa Smeralda im Südosten des La-Maddalena-Archipels – weniger als zwei Meilen von der Küste zwischen Porto Rotondo und Porto Cervo entfernt und direkt vor der Cala di Volpe. Die Granitinsel ist unbewohnt und gehört zum Schutzgebiet des Nationalparks. Die höchste Erhebung des felsigen Eilands ist gerade einmal 77 Meter hoch. Mittelmeermacchia und grüne Vegetation prägen das Landschaftsbild auf der Insel, die ein perfektes Habitat für seltene Tierarten bietet. Die wunderschönen Strände der Insel verführen zum Baden, aber Achtung: Mortorio steht wie die Nachbarinseln Mortoriotto, Soffi, Camere, Li Nibani und Bisce unter Naturschutz. Der Zugang mit Booten und der Aufenthalt an Land unterliegen strengen Kontrollen seitens der Forst- und der Umweltschutzbehörden. www.lamaddalenapark.it

genstunden, so wird in den Sommermonaten an der Costa Smeralda täglich gefeiert – exklusiv und teuer, versteht sich. In den vielen Nobeldiscos und zahlreichen mondänen Szenetreffs in Liscia Ruia, Porto Cervo, Marinella oder Porto Rotondo wird nach Mitternacht die Nacht zum Tag. Gesalzene Eintrittspreise und lange Warteschlangen vor den Eingängen gehören zum gesellschaftlichen Spiel. Wer durch die Kontrollen der strengen und unerbittlichen Türsteher schlüpft, kann sich glücklich schätzen. Und kann dann mitten unter bekannten Gesichtern feiern und sein Geld an den Mann bringen. Wer nicht unbedingt großen Wert auf die schicken VIP-Treffpunkte legt, findet ruhigere Plätze auf lockeren Strandpartys bei Drum 'n' Bass, Jungle und Hip-Hop sowie in alternativen Szenelokalen.

Alljährlich im Mai beherbergt das Porto Cervo Wine Festival die besten italienischen Winzer und Etiketten mit zahlreichen Verkostungen, Gourmet-Dinnern und einem Fashion Wine Walk, einem Spaziergang durch die Welt der erlesensten Weine und renommiertesten Modemarken an der Piazzetta von Porto Cervo (www.portocervo winefestival.com).

Infos und Adressen

ESSEN UND TRINKEN

Ristorante Pizzeria Manzoni. Familiär geführtes Lokal mit toller Mittelmeerküche und Pizzeria. Via dei Caduti 14, Golfo Aranci, Tel. 078 94 60 75

Ristorante Da Giovannino. Ausgezeichnete Fischküche, große Weinkarte und perfekter Service – mit Costa-Preisen. Piazza Quadrata 11, Porto Rotondo, Tel. 078 93 52 80, www.ristorantedagiovanninoportorotondo.it

Ristorante Gianni Pedrinelli. Sardische Küche, netter Garten. Località Piccolo Pevero, Porto Cervo, Tel. 078 99 24 36, www.giannipedrinelli.it

Café du Port. Der Treffpunkt am alten Hafen – für einen Kaffee oder einen Aperitif. Località Porto Vecchio, Porto Cervo, Tel. 078 99 23 48

ÜBERNACHTEN

Hotel Abi d'Oru. Elegantes Hotel mit viel Komfort. Località Golfo di Marinella, Porto Rotondo, Tel. 07 89 30 90 19, www.hotelabidoru.it

B & B Il Cervo Dormiglione. Nettes B & B in einer Villa bei Marinella – mit bezahlbaren Preisen. Via del Boma 1, Marina Porto Cervo, Tel. 34 74 30 53 03, www.ilcervodormiglione.com

Hotel Balocco. Elegantes, romantisches Hotel im mediterranen Stil. Località Liscia di Vacca, Porto Cervo, Tel. 078 99 15 55, www.hotelbalocco.it

Hotel Le Ginestre. In die Natur eingebettet, elegantes Ambiente, Privatstrand. Località Pevero, Porto Cervo, Tel. 078 99 20 30, www.leginestrehotel.com

EINKAUFEN

Enoteca Fratelli Azara. Große Weinauswahl und typisch sardische Produkte. Località Abbiadori, Porto Cervo, Tel. 078 99 61 78

I.S.O.L.A. Sardisches Kunsthandwerk mit Qualität. Sottopiazza, Villaggio Fase 1, Porto Cervo, Tel. 078 99 44 28, www.isolaportocervo

AKTIVITÄTEN

BDRI-Bootlenose Dolphin Research Institute. Delfinbeobachtung. Via A. Diaz 4, Golfo Aranci, Tel. 078 91 83 11 97, www.thebrdi.com

Pevero Golf Club. Herrlicher Golfpllatz. Località Cala di Volpe, Tel. 07 89 95 80 00, www.golfclubpevero.com

Ritual – Discoteca. 23–5 Uhr. Baia Sardinia, Località Crucitta, Tel. 078 99 90 32, www.ritual.it

Reggae Pub – Disco/Pub. 23–4 Uhr. Lungomare Cannigione, Località Tancamanna, Tel. 078 98 63 86

Il Pepero – Disco/Bar. 22.30–6 Uhr. Località Cala Piccolo Pevero, Tel. 078 99 44 34, www.ilpepero.it

INFORMATION

www.visitgolfoaranci.it
www.consorzioportorotondo.it
www.arzachena-costasmeralda.it

Eine Luxusjacht gefällig?

3 Arzachena
Die Hauptstadt der Costa Smeralda

Arzachena ist das politische und verwaltungsmäßige Zentrum der Costa Smeralda. Der 13 000 Einwohner zählende Hauptort liegt im Hinterland der Smaragdküste, etwas abseits von Touristenströmen und Jetset. Beschaulicher geht es hier zu – auch wenn die Tourismuswirtschaft seit fünf Jahrzehnten versucht, Arzachena für sich zu gewinnen – und auf der Piazza trifft man abends noch die Einheimischen.

Arzachena liegt auf einem hügeligen, 100 Meter hohen Hochplateau an der SS 125. Von Olbia hierher sind es 25 Kilometer, ebenso weit ist es nach Santa Teresa Gallura, zum Fährhafen nach Korsika. Durch den Bahnhof an der schmalspurigen Bahnstrecke Sassari-Palau wird Arzachena in den Sommermonaten mit dem *Trenino Verde* bedient. Geprägt wird das Gemeindegebiet von Arzachena aber durch seine 80 Kilometer lange, weltweit einmalige Küste am Golfo di Arzachena und an der Costa Smeralda – mit den mehr als 50 traumhaften, frei zugänglichen Stränden. An der Küste liegen die Fraktionen und teils neu entstandenen Touristenhochburgen der Gemeinde: Porto Cervo, Baja Sardinia, Cannigione und Abbiadori.

Zentrum der Gegensätze

Das mittelalterliche *Arzaghena* wurde um 1350 an der Stelle des einst römischen *Turibulum Minor* errichtet: eine Ansammlung von wenigen Häusern, ein kleines Hirten- und Bauerndorf in den entlegenen und einsamen Winkeln der Gallura. *Turibulum Minor* war mit einer gut ausgebauten Straße

Das mittelalterliche Städtchen Arzachena hat sich vom einstigen Hirtendorf zum Zentrum der Costa Smeralda entwickelt.

Besitzerin des Weinguts Vigne Surrau

mit dem Hafen von Olbia verbunden sowie mit der acht Kilometer entfernten Stadt *Elephantaria* auf dem Gebiet des heutigen San Giorgio am Fuße des Granitmassivs Monte Incappiddatu. Dieser wird wegen seiner Pilzform von den Einheimischen auch *Fungo* genannt und hat sich zum Wahrzeichen der Stadt gemausert.

Im späten Mittelalter wurde die zerklüftete, unwirtliche Gegend zum Zufluchtsort von vertriebenen Bauern, politischen Flüchtlingen aus dem nahen Korsika und mit dem Gesetz in Konflikt gekommenen Individuen. Kleine Ansiedlungen, die sogenannten Stazzi, entstanden. Mittelpunkt wurde die 1776 errichtete Landkirche Santa Maria Madonna della Neve. Am zweiten Sonntag im Mai wird die Schutzpatronin von Arzachena alljährlich mit einem großen Fest gefeiert. Am dritten Sonntag im September sind dann die beiden anderen Patrone der Stadt, Sant'Antonio und Sant'Isidoro, an der Reihe und Anlass für ein religiös-folkloristisches Volksfest.

So richtig auf den Kopf gestellt wurde die beschauliche Tradition und Geschichte Arzachenas aber erst in den letzten 50 Jahren – mit der Ent-

VERMENTINO DI GALLURA

Vermentino, der Wein der Gallura, ist eine Weißweinsorte, die ihren Ursprung vermutlich in Spanien oder auf Madeira hat. Angebaut wird die Sorte heute auf Korsika und Sardinien, in Ligurien und zunehmend im Languedoc. Der Wein erhielt im Jahre 1996 als erster Sardiniens die DOCG-Klassifikation mit »kontrollierter und garantierter Ursprungsbezeichnung«. Gekeltert wird er aus der Sorte Vermentino (95–100 Prozent) sowie anderen weißen Sorten (bis fünf Prozent). In der Gallura füllen an die 20 Weingüter den Wein direkt ab. »Ein Wein, der so rau daherkommen kann wie die Felsformationen der sardischen Berge, und dann wieder so üppig, fast opulent, wie die funkelnde Costa Smeralda im gleißenden Hochsommerlicht«, schwärmt ein begeisterter Vermentino-Fan.

Einkauf und Verkostung:
siehe Seite 45 »Einkaufen«.

wicklung der Costa Smeralda hin zum Elite-Tourismuszentrum Sardiniens. Luxusvillen im *Stile smeraldino*, im neuen Architekturstil der Costa Smeralda, prägen mittlerweile auch die hügeligen Außenbezirke der Stadt. In der Altstadt weht aber immer noch ein Hauch der einstigen Gallura.

Rätselhafte »Kultur von Arzachena«

In der Umgebung von Arzachena stoßen wir auf zahlreiche bedeutende Überreste aus der Jungsteinzeit und aus der späteren Zeit der Nuraghen. Die wichtigsten sind die Gigantengräber Lu Coddhu 'Ecchju und Li Lolghi, die Nekropole Li Muri, der Megarontempel Malchittu sowie die Nuraghen La Prisgiona und Albucciu. Hier im Norden Sardiniens machten sich zwei rätselhafte neolithische Kulturen, nach ihren Fundorten Ozieri-Kultur und Kultur von Arzachena benannt, breit. Diese stehen den südkorsischen Kulturen von Cauria und Filitosa kulturell näher als den sardischen Nuraghen. Die acht Kilometer von Arzachena entfernt liegende Nekropole Li Muri, auf deutsch »die Mauern«, zählt zu den wichtigsten Ausgrabungsstätten dieser Epoche. Die fünf großen Grabstätten mit ihren rechteckigen Steinkisten stammen aus dem zu Ende gehenden 4. Jahrtausend v. Chr. In Opferkisten neben den Grabmälern wurden Messerklingen aus Feuer- und Speckstein sowie Schmuck gefunden.

An der Straße nach Sant'Antonio di Gallura stoßen wir auf das Gigantengrab Lu Coddhu 'Ecchju, auch Colle Vecchio, »alter Hügel«, genannt. Das 14 Meter lange Grab wird von einer vier Meter hohen Granitstele bewacht, der größten ihrer Art auf Sardinien. Nicht weit entfernt davon liegt die Nuraghe La Prisgiona, die bedeutendste Nuraghen-Siedlung Nordostsardiniens.

Oben: Alltag auf Sardiniens Straßen: Begegnung mit Schafen
Mitte: Granitstelen bewachen die Tomba dei Giganti Li Lolghi.
Unten: Überreste aus der Jungsteinzeit und aus der Zeit der Nuraghen: die Nekropole Li Muri

Infos und Adressen

SEHENSWÜRDIGKEITEN

Necropoli Li Muri. SP 115 nach Bassacutena.
Tgl. 9–13 und 16–19 Uhr

Tomba dei Giganti Lu Coddhu 'Ecchju.
Tgl. 9–19 Uhr

Tomba dei Giganti di Li Lolghi. SS 427 nach
Calangianus. Tgl. 9–19 Uhr

Tempio Nuragico di Malchittu. An der Straße
von Arzachena nach Olbia. Tgl. 9–19 Uhr

ESSEN UND TRINKEN

La Vecchia Costa. Typische sardische
Gerichte in einladendem Ambiente. Großer
Kinderspielplatz für die kleinen Gäste. Località
La Punga, Arzachena, Tel. 078 99 86 88,
www.lavecchiasosta.it

Agriturismo Lu Branu. Naturprodukte von
bester Qualität und aus eigener Erzeugung. Bei
km 348 auf der SS 125 zwischen Arzachena
und Palau, Tel. 078 98 30 75, www.lubranu.it

ÜBERNACHTEN

Tenuta Pilastru. Einmalige Lage mitten
im Grünen, mit Spa und ausgezeichneter
Küche. Località Pilastru, an der Straße nach
Bassacutena, Arzachena, Tel. 078 98 29 36,
www.tenutapilastru.it

Agriturismo Rena. Netter Agriturismo mit viel
Tradition und typischen Gerichten der Gallura.
Località Rena, Arzachena, Tel. 078 98 25 32,
www.agriturismorena.it

Stazzo lu Ciaccaru. Liebevoll restauriert
mit ländlich-luxuriösem Flair und tollem
Restaurant. Località Lu Ciaccaru, Arzachena,
Tel. 07 89 84 40 01, www.stazzoluciaccaru.it

EINKAUFEN

Cantina Capichera. Ausgezeichnete
Weißweine mit Terroir und Charakter. SS
Arzachena, Sant'Antonio, km 4, Arzachena,
Tel. 07 89 80 62 12, www.capichera.it

Vigne Surrau. Top-Vermentino, besonders
der Cru Sciala. Porto Cervo, Arzachena,
Tel. 078 98 29 33, www.vignesurrau.it

Enoteca Demuro. Große Auswahl an Spitzen-
weinen aus der Gallura. Via Costa Smeralda,
Arzachena, Tel. 07 89 84 40 97.

INFORMATION

www.arzachena-costasmeralda.it

Mario Ragnedda vom Vorzeige-Weingut Capichera in Arzachena liebt seine Arbeit.

4 Der La-Maddalena-Archipel
Die schönste Inselgruppe im Mittelmeer

62 kleinere und größere, meist felsige Inseln bilden den La-Maddalena-Archipel vor der äußersten Nordostküste Sardiniens – ein Naturparadies, wie im Mittelmeer kein zweites zu finden ist. Die Wassertiefe der versunkenen Landbrücke zwischen Sardinien und Korsika ist gering. Das Meer leuchtet das ganze Jahr über in den herrlichsten Farben: smaragdgrün, türkis, azur- und marineblau ...

Seit 1994 steht die Inselgruppe unter besonderem Schutz: Der Parco Nazionale dell'Arcipelago di La Maddalena war der erste Nationalpark Sardiniens. 18 000 Hektar gehören zum Schutzgebiet, davon 5000 Hektar Inseloberflächen und 13 000 Hektar Meeresgebiet sowie eine insgesamt 180 Kilometer lange Küste. Zu den sieben Hauptinseln La Maddalena, Caprera, Santo Stefano, Spargi, Budelli, Santa Maria und Razzoli gesellen sich 55 kleinere Inseln aus Granitfelsen, die meisten unbewohnt. Den nördlichsten Punkt bildet das Atoll der Isola La Presa an der Grenze zu Korsika, die südlichste Spitze bilden die Inseln Soffi und Mortorio in der Costa Smeralda. Nur die beiden größten Inseln des Archipels, La Maddalena und Caprera, sind ganzjährig bewohnt.

La Maddalena

Zu Römerzeiten diente die Inselgruppe als Stützpunkt für die Schifffahrt auf dem Tyrrhenischen Meer. Im 12. Jahrhundert ließen sich Benediktiner-

Oben: La Maddalena, die größte Insel des zauberhaften Archipels vor der Costa Smeralda
Unten: Fischer im Hafen von La Maddalena – ob er wohl bald auf einen Caffè geht? Andererseits, so ein Netz ist groß.

Bärenfelsen am Capo d'Orso

mönche hier nieder. Aber erst im 17. Jahrhundert gründeten korsische Hirten auf der Suche nach Weideflächen eine erste Niederlassung.

1767 legten die Savoyer einen Militärstützpunkt der königlich-sardischen Marine an. Das Militär war es dann auch, das im Laufe der restlichen Geschichte das Schicksal der Insel geprägt hat. Befestigungsanlagen, Strafgefangenenlager, Torpedoboot-Stützpunkte, ein Marinekrankenhaus sowie ein Atom-U-Boot-Stützpunkt der US-Navy haben auf La Maddalena und den umliegenden Inseln deutliche Spuren hinterlassen. Der Abzug der letzten US-Soldaten im Jahr 2008 stürzte die Insel in wirtschaftliche Turbulenzen, die der zunehmende Tourismus nur langsam auffangen konnte. Da nützte auch das für 2009 vom damaligen italienischen Ministerpräsidenten Berlusconi auf La Maddalena geplante G8-Gipfeltreffen der führenden Industriestaaten nicht viel. Dieses wurde kurzfristig ins Erdbebengebiet von L'Aquila in den Abruzzen verlegt.

Bis zu 80 Autofähren pro Tag verbinden in der Hochsaison La Maddalena mit der quirligen Hafenstadt Palau auf dem sardischen Festland.

Nicht verpassen

CAPO D'ORSO

Neben einer Bootsfahrt durch die Insellandschaft von La Maddalena gehört ein Ausflug zum fünf Kilometer von Palau entfernten Capo d'Orso mit seinem Bärenfelsen zum Pflichtprogramm. (Von Palau aus einfach der Beschilderung Capo d'Orso/Roccia dell'Orso folgen.) Der Blick, der sich von hier aus über den gesamten Archipel auftut, ist einfach grandios. Ähnlich wie die Roccia dell'Elefante südlich von Castelsardo ist die Roccia dell'Orso ein gewaltiger, verwitterter Felsmonolith, der – von der richtigen Perspektive aus betrachtet – wie ein riesiger Bär über die Meerenge von Bonifacio wacht. Wind, Sand und Wasser haben die Granitfelsen im Laufe der Jahrtausende geformt – zu Steinskulpturen mit den typisch muschelförmigen Aushöhlungen, den *Tafoni*, wie wir sie nur hier im Nordosten Sardiniens in dieser Vielfalt finden. Die zehn Minuten Fußweg hinauf zum Gipfel des Capo d'Orso lohnen sich.

47

Der Nordosten

Knappe 15 Minuten dauert die Überfahrt. 13 000 Menschen wohnen auf der größten Insel des Archipels in der schmucken Hafenstadt im Süden der Insel. Palazzi aus dem 18. Jahrhundert, Fischerhäuser, enge Gassen und steile Treppen prägen das Bild der Altstadt mit ihren zahlreichen Straßencafés rund um die Piazza Garibaldi. Teils verfallene Militärareale sollten die Besucher großzügig übersehen. Mehr als nur einen Ausgleich dafür bietet die einmalige Panoramastraße, die auf 20 Kilometern rund um die Insel führt.

Caprera

Über einen Damm ist die beinahe unbewohnte Nachbarinsel Caprera, die Insel der Ziegen, mit La Maddalena verbunden. Die bewaldete Insellandschaft mit ihren kargen Weideflächen strahlt eine unglaubliche Faszination aus – von den traumhaften Stränden ganz zu schweigen. Kein Wunder, dass Italiens Freiheitskämpfer und Nationalheld Giuseppe Garibaldi (1807–1882) sich auf Anhieb in die einsame Insel verliebt und 1855 einen Teil derselben gekauft hat. Hier errichtete er seinen Alterssitz Casa Bianca und einen ausgedehnten landwirtschaftlichen Betrieb. Garibaldi wurde in seinem Garten unter einem riesigen Granitblock begraben, sein Anwesen in ein Museum und eine nationale Gedächtnisstätte verwandelt.

Oben: Das Forte Militare thront über der Hafenstadt Palau.
Mitte: Italienisches Nationalheiligtum: das Garibaldi-Museum auf der Insel Caprera
Unten: Auf dem Weg zum Zentrum für Umwelterziehung Borgo di Stagnali im Süden von Caprera

Auf Caprera gibt es ein bekanntes Delfinforschungszentrum (Centro Ricerca Delfini), das die 50 Delfine beobachtet, die sich gemeinsam mit Riesenhaien und Finnwalen in den Gewässern des Naturparks tummeln. Ein Zentrum für Umwelterziehung (Centro di Educazione Ambientale) in der ehemaligen Militärsiedlung Borgo di Stagnali im Süden der Insel lädt Besucher zu einer Reise durch den Lebensraum des Geo-Meer-Parks (Museo Geo-Mineralogico Naturalistico) ein.

Infos und Adressen

SEHENSWÜRDIGKEITEN

Compendio Garibaldino di Caprera. Di–So von 9–20 Uhr. Caprera, Tel. 07 89 72 71 62, www.compendiogaribaldino.it

ESSEN UND TRINKEN

Osteria da Zione. Einladendes Lokal mit traditioneller Küche und frischem Fisch. Via Cairoli, La Maddalena, Tel. 07 89 73 80 60

Ristorante Sottovento. Im historischen Zentrum von La Maddalena: exklusive, leichte Fischküche mit kreativen Gerichten. Via E. Dedolo 9, La Maddalena, Tel. 07 89 73 77 49, www.ristorantilamaddalena.it

ÜBERNACHTEN

Hotel La Conchiglia. Einfaches Hotel in der Nähe der Altstadt. Via Indipendenza 3, La Maddalena, Tel. 07 89 72 80 90, www.hotellaconchiglialmd.com

Hotel Nido d'Aquila. Tolle Hotelanlage an der traumhaften Panoramastraße. Località Nido d'Aquila, SSP 114, La Maddalena, Tel. 07 89 72 21 30, www.hotelnidodaquila.it

Vilaggio Vacanze T.C.I. Sehr exklusives Feriendorf, das seinen Gästen einen herrlichen Privatstrand bietet. Località Punta Cannone, La Maddalena, Tel. 07 89 73 75 42, www.villaggi.touringclub.it

EINKAUFEN

Arte Regalo. Sardisches Kunsthandwerk und Souvenirs. Via Giuseppe Garibaldi 39, La Maddalena. Tel. 07 89 73 61 81, www.arteregalomunerato.com

AKTIVITÄTEN

Mini-Kreuzfahrten *(mini-crociere)*. Zahlreiche Bootsausflüge in den Insel-Archipel werden ab Palau, Santa Teresa di Gallura und Cannigione angeboten. Ausflüge sollte man am Vorabend buchen. Ganztagstouren starten gegen 9.30/10 Uhr. www.flottadelparco.net, www.velieromaria.it

INFORMATION

Parco Nazionale Arcipelago La Maddalena. Via Giulio Cesare 7, La Maddalena, Tel. 078 97 90 21, www.lamaddalenapark.it, www.lamaddalena.com

Autofähren Palau–La Maddalena: www.saremar.it, www.delcomar.it, www.enermar.it

Mit der Fähre gelangt man nach La Maddalena mit seinen bunten Fischerhäuschen.

5 Santa Teresa Gallura
Auf einen Sprung nach Korsika

Die Fähren ins 14 Kilometer entfernt liegende Bonifacio im benachbarten Korsika starten direkt vom schmucken Hafen in Santa Teresa Gallura – am nördlichsten Punkt Sardiniens. Aus dem ehemaligen Fischerdorf hat sich in den letzten Jahrzehnten ein ansehnliches Tourismuszentrum gemausert. Das erkennt man nicht nur an den vielen Luxusjachten, die in der Bucht vor Santa Teresa vor Anker liegen.

Bizarre Granitfelsen prägen die Landschaft am Capo Testa.

An die 40 000 Feriengäste bevölkern in den Sommermonaten das hübsche Städtchen mit seinen knapp 5000 Einwohnern – von denen in der Hochsaison nicht mehr viel zu spüren ist. Die natürliche Hafenbucht Porto Longonsardo bietet beste Voraussetzungen für die Schifffahrt. Das haben schon die Römer erkannt, die aus den Granitsteinbrüchen rund um Santa Teresa ebenso Steine abtransportiert haben wie im späten Mittelalter die Pisaner. Die Säulen im Dom von Pisa stammen aus den Steinbrüchen in der Gallura.

Die Schachbrett-Stadt

Santa Teresa in der heutigen Form entstand allerdings erst vor etwas mehr als zwei Jahrhunderten – am Reißbrett sozusagen. König Vittorio Emanuele I. von Sardinien-Piemont hat 1808 die Stadt gegründet und sie nach seiner österreichischen Gemahlin Maria Teresa benannt. Den Mittelpunkt bildet die Piazza Vittorio Emanuele – nach ihrem Gründer so benannt – mit der Kirche San Vittorio. Von hier aus verzweigen sich schachbrettartig die schmalen Straßen und Gässchen der Altstadt, die

Traditionsgericht der Gallura: *Zuppa Gallurese*

Einfach gut!

heute mit ihren vielen kleinen Cafés und Geschäften eine ganz besondere Atmosphäre ausstrahlen. Im Sommer tummeln sich hier und an der Piazza San Vittorio die Touristen, belagern die Marktstände und nehmen in den lauen Abend- und Nachtstunden die Stadt für sich in Beschlag.

Auf den felsigen Klippen vor Santa Teresa thront die Torre Longosardo, der mächtige kreisrunde Sarazenenturm aus dem 17. Jahrhundert, der über die Hafeneinfahrt in der Bucht wacht. Im Hintergrund leuchtet die imposante Kulisse der hellen Kalkfelsen von Bonifacio. Von hier aus geht es zum Stadtstrand Rena Bianca, einer einladenden Sandbucht, die an den Wochenenden allerdings meist überfüllt ist. Die kleinen Buchten an der felsigen Nordküste Sardiniens eignen sich hervorragend zum Tauchen und Schnorcheln.

Capo Testa

Wenige Kilometer westlich von Santa Teresa Gallura liegt die bezaubernde Halbinsel Capo Testa. Das Wasser leuchtet in allen nur erdenklichen Farben, die Granitfelsen könnten kaum bizarrere und fantasievollere Formen annehmen und die Landschaft kaum spannender und anziehender

ZUPPA GALLURESE
Das traditionelle Gericht der Gallura ist die *Zuppa Gallurese*. Die ehemalige Arme-Leute-Suppe wird heute als Delikatesse serviert.

Für die Zubereitung – für sechs Personen – brauchen wir 500 g getrocknetes Weißbrot, 500 g Frischkäse, 150 g geriebenen Parmesankäse, 1,5 l Fleischbrühe, Petersilie, Pfeffer und Muskatnuss sowie etwas Schmalz. Brot und Käse werden in dünne Scheiben geschnitten, der Parmesan mit Petersilie, Pfeffer und Muskatnuss vermischt. In einem großen, mit Schmalz eingefetteten Topf wird eine Schicht Brot eingelegt, mit dem Frischkäse bedeckt und mit der Parmesanmischung bestreut. Die Reihenfolge wird wiederholt, bis die Zutaten aufgebraucht sind. Das Ganze wird mit der heißen Brühe übergossen und im Ofen bei mittlerer Hitze eine Stunde lang gebacken – bis sich auf der Oberfläche eine knusprige Kruste bildet. Dazu ein frischer Vermentino di Gallura: einfach köstlich!

51

sein. Nicht umsonst fehlt Capo Testa in keinem Touristenprogramm. Gleich an der schmalen Landverbindung zur Halbinsel liegt der Strand von Rena di Levante, ein langer, weißer Sandstrand, der von felsigen Klippen eingerahmt wird. Er ist ideal sowohl für Familien mit Kindern als auch für Liebhaber der Unterwasserwelt. Der Strand Rena di Ponente liegt auf der anderen Seite des Dammes, der auch »Strand der zwei Meere« genannt wird.

Die felsige Halbinsel lässt sich am besten zu Fuß erforschen. Spazierwege und Stege führen durch die macchiabedeckte Landschaft, vorbei an antiken Steinbrüchen. Zwischen den Felsen trifft man noch auf bearbeitete Granitblöcke aus römischen Zeiten. Und dann locken zwischen zauberhaften Granitformationen versteckte Buchten, die außerhalb der Hochsaison am reizvollsten sind.

Valle di Luna

Einen ganz besonderen Zauber übt das »Tal des Mondes«, die Valle di Luna auf Capo Testa, aus. In den 1970er-Jahren wurde es als Tal der Hippies bekannt. In den zahlreichen Naturhöhlen und spektakulären Gesteinsformationen siedelten sich Blumenkinder und Aussteiger gleichermaßen zwischen den Felsen des geheimnisumwitterten Tales an. Seinen Namen hat das Tal von den berüchtigten Vollmond-Festen, die hier in den wilden Jahrzehnten der Hippiehochkultur gefeiert wurden. Nur wer das Tal einmal bei Vollmond erlebt, der kann den besonderen Zauber der Gegend nachvollziehen: Licht und Schatten schaffen eine einzigartige Atmosphäre, bringen Mystik und Magie in die verzauberte Granitlandschaft. Heute ist das Campen sowohl hier als auch auf der gesamten unter Naturschutz stehenden Halbinsel offiziell streng verboten.

Oben: Der Leuchtturm versteckt sich hinter den Granitfelsen: am Capo Testa.
Unten: Im Tal der Hippies: Totem in der Valle di Luna

Infos und Adressen

SEHENSWÜRDIGKEITEN

Bronzezeitsiedlung Lu Brandali. Nuraghen-siedlung Tomba dei Giganti – Lu Brandali aus dem 9. bis 10. Jahrhundert v. Chr.

San Pasquale. Kleiner Ort, etwa zehn Kilometer Richtung Palau, mit herrlichem Panoramablick von Santa Teresa bis Porto Rafael.

ESSEN UND TRINKEN

Ristorante S'Andira. Blick nach Korsika, frischer Fisch und Sushi – am Strand von Santa Reparata. Via Orsa Monore 1, Tel. 07 89 75 42 73, www.sandira.it

Ristorante La Lampara. Tolles Fischlokal mit aufmerksamem Service. Via Pertini 6, Santa Teresa Gallura, Tel. 07 89 74 20 93

ÜBERNACHTEN

Hotel Corallaro. Einladendes Strandhotel direkt an der Rena Bianca. Santa Teresa Gallura, Tel. 07 89 75 54 75, www.hotelcorallaro.it

B & B La Casa sulle Bocche. Einladendes B & B mit Blick nach Korsika. Via Romagna 8, Tel. 39 27 65 96 81, www.lacasasullebocche.it

Camping La Liccia. Ruhig und in toller Lage, mit netten Holzbungalows. Località La Liccia, SP 90, km 59, Tel. 07 89 75 51 90, www.campinglaliccia.com

EINKAUFEN

Casa dell'Artigianato. Große Auswahl an sardischem Kunsthandwerk und Souvenirs. Via Cavour 12, Tel. 07 89 75 46 79

AKTIVITÄTEN

Festival Musica sulle Bocche. Inselübergreifendes Jazzfestival zwischen Santa Teresa und Bonifacio in der letzten Augustwoche. www.musicasullebocche.it

Centro Benessere di Terme del Porto. Entspannende Behandlungen in einem tollen Wohlfühl-Center. Porto Turistico, Tel. 07 89 74 10 78

Acquapark Isola Rossa. Spaß für die ganze Familie. Località Isola Rossa, Trinità d'Agultu, Tel. 079 68 50 88, www.acquapark-isolarossa.it

INFORMATION

www.comunesantateresagallura.it

Wohnen in Santa Teresa di Gallura: mit orientalischem Flair

6 Tempio Pausania
Thermalquellen und Korkeichen

Das historische Zentrum der Gallura liegt auf einer knapp 600 Meter hohen Hochebene am Fuße des Monte Limbara. Die 14 000 Einwohner zählende Stadt punktet mit einladender Kleinstadtatmosphäre und ist vor allem bei den Sarden als Luftkurort beliebt. Rund um den Monte Limbara lockt Natur pur zu Wanderungen und Ausflügen, während die Korkeiche Symbol der Landschaft der zentralen Gallura ist.

Tempio Pausania ist geografisch und auch historisch das Zentrum der Gallura und eine der beiden Hauptstädte der Provinz Olbia-Tempio. Die Ursprünge der Stadt reichen zurück in die Römerzeit, die hier am Fuße des 1360 Meter hohen Monte Limbara ihre Spuren hinterlassen hat. Korkeichenwälder und Weinberge prägen die Landschaft rund um Tempio Pausiana. Die Verarbeitung der Korkeichen und die Weinwirtschaft zählen neben dem Granitabbau und dem Tourismus zu den wichtigsten Wirtschaftszweigen der inneren Gallura.

Mineralwasserquellen und Luftkurort

Das Stadtbild von Tempio Pausania ist vom 18. und 19. Jahrhundert geprägt. Die Palazzi und Bürgerhäuser im Zentrum sind vorwiegend aus dem hellen Granit der Umgebung gebaut, die Straßen rund um die zentrale Piazza Gallura und die Piazza San Pietro noch weitgehend gepflastert. Besonders reizvoll ist die Via Roma mit ihrem geschäftigen Treiben. Die Kathedrale San Pietro hat ihre Ursprünge im 15. Jahrhundert, ihre heutige Form

Mitte: Im Bergdorf Sant'Antonio di Gallura
Unten: Dorfidylle in der Gallura: Man muss keine Angst vor zu vielen Touristen haben.

Tempio Pausania

aber erst im frühen 19. Jahrhundert erhalten. An der Piazza stehen ebenso das
mittelalterliche Oratorio del Rosario und
die Kirche San Pietro. Im kleinen Bahnhof
der Stadt ist die Schalterhalle mit Ölgemälden
des berühmten sardischen Künstlers Giuseppe Bia-
si aus den 1930er-Jahren ausgeschmückt. Von hier
starten in den Sommermonaten Nostalgiefahrten
mit der Schmalspurbahn, dem *Trenino Verde.*

Am Ende der Via Garibaldi lockt der schattige
Kurpark Parco delle Rimembranze. Im Viale della
Fonte Nuova, der beliebten Promenade der Stadt,
trifft man auf Thermalquellen, ebenso wie bei
den Fonti di Rinaggiu, an die das Thermalzentrum
der Stadt angrenzt. Die Mineralwasserquellen sind
vor allem bei Nierensteinerkrankungen und Harn-
wegsentzündungen angesagt und trugen wesentlich zur Entwicklung als Luftkurort mit bei.

Aber auch die alten Gebäude der Korkeichenver-
arbeitung prägen das Stadtbild. So manche von
ihnen sind mittlerweile zu Relikten der Industrie-
archäologie geworden. In den 1960er-Jahren wurde in Tempio Pausania die Stazione sperimentale
del sughero gegründet, ein wissenschaftliches
Institut für die Forschung rund um den Kork von
europäischer Bedeutung. Hier hat das Museo storico delle Macchine del Sughero seinen Sitz und
dokumentiert anschaulich die Verarbeitungs-
methoden der letzten Jahrhunderte. Calangianus
gleich in der Nähe beherbergt auch die einzige
Fachschule für Korkverarbeitung in Italien.

Soweit das Auge reicht: Korkeichen

Korkeichen sind das Wahrzeichen der inneren Gallura. 80 Prozent der italienischen Korkproduktion
kommen aus Sardinien. Das rund acht Kilometer

Nicht verpassen

**AUF DEN SPUREN
DER KORKEICHEN**

Der qualitativ hochwer-
tigste Kork Sardiniens
wird in der Gallura produziert. Korkeichenwälder bilden
einen wesentlichen Wirtschaftsfak-
tor und werden entsprechend gepflegt. Eine kleine Rundreise durch
die Welt der Korkeichen in der Gallura wird zum spannenden Erlebnis. Als Ausgangspunkt empfiehlt
sich Tempio Pausania. Durch dichte Wälder geht es nach Aggius,
weiter nach Luras und durch ein
ruhiges Tal nach Calangianus, ins
Zentrum der Korkverarbeitung.
Wahre Naturidyllen mit Schafherden unter den rot leuchtenden
Korkeichen sind im Programm
inbegriffen. Ein Mittagessen in
einem Agriturismo auf dem Weg,
der Besuch einer Korkfabrik oder
des Museums der traditionellen
Korkverarbeitung in Tempio Pausania sowie der Kauf einiger Souvenirs aus Kork gehören zum
Rahmenprogramm. Übrigens:
Sughero ist der Kork, *Sughereto*,
das ist der Korkeichenwald.

nordöstlich von Tempio Pausania gelegene Städtchen Calangianus ist das Zentrum der sardischen Korkindustrie. Sobald die Stämme der Korkeiche einen Umfang von 30 bis 40 Zentimeter erreicht haben – der Baum ist da bereits an die 20 bis 25 Jahre alt –, wird zum ersten Mal die Rinde geschält. Die nackten Stämme leuchten rostrot in der braungrünen Umgebung – ein beeindruckendes Bild. Etwa zehn Jahre dauert es, bis neue Rinde nachgewachsen ist und wieder geerntet werden kann. Acht- bis zehnmal kann eine Korkeiche insgesamt geschält werden. Die Korkplatten werden nach der Ernte getrocknet, dann gekocht, gepresst und wieder getrocknet.

Für Wein- und Sektkorken werden die besten Qualitäten verarbeitet. Die zweite Wahl wird zu Fußbodenkork oder Tapeten verarbeitet, der Rest als Dämmmaterial oder Granulat verwendet. Aber auch die Souvenirindustrie hat das Naturmaterial für sich entdeckt und lockt mit zahlreichen Artikeln: von Kork-Bilderrahmen bis zu Kork-Postkarten und Korkschachteln reicht das umfangreiche Angebot. Neben der Ernte der Korkrinden werden die Wälder auch als Weiden für Schafe, Rinder und Schweine genutzt.

Oben: Die Piazza del Popolo im Luftkurort Tempio Pausania ist in der Mittagshitze mitunter recht verwaist.
Unten: Berchidda: steinerne Zeugen längst vergangener Zeiten

Infos und Adressen

SEHENSWÜRDIGKEITEN

Museo storico delle Macchine del Sughero.
Museum für Korkverarbeitung. Via Limbara 9,
Tempio Pausania, Tel. 079 67 22 69,
www.sardegnacultura.it

Museo Etnografico Olivia Carta Cannas.
Geschichte, Tradition und Kultur der
Gallura – von 1600 bis heute. Lizu 6, Via
Monti Assaddu, Aggius, Tel. 079 62 10 29,
www.museodiaggius.it

Museo Galluras »della femina agabbadora«.
4000 spannende Objekte aus der lokalen Kultur.
Via Nazionale 35a, Luras, Tel. 079 64 72 81,
www.galluras.it

ESSEN UND TRINKEN

Ristorante Il Giardino. Traditionelle Küche aus
der Gallura. Via Cavour 1, Tel. 079 67 12 47

Trattoria La Gallurese. Bodenständige Küche.
Via Novara 2, Tel. 07 96 39 30 12

Ristorante Li Naccari. Feines Lokal im
Geburtshaus des Musikers Gavino Gab-
riel – mit Spezialitäten aus Land und Meer.
Localita'Scarracciana, SS 33, km 6,5,
Tel. 34 77 01 10 25

ÜBERNACHTEN

Petit Hotel. Galluresische Gastlichkeit im
Herzen von Tempio Pausania. Piazza Alcide
De Gasperi 9/11, Tel. 079 63 11 34, www.
petit-hotel.it

**Boutique Hotel Sardinia L'Agnata di De
André.** Ein Ort, um die Seele baumeln zu
lassen. Località Agnata, Tel. 079 67 13 84,
www.agnata.it

Agriturismo Stazzo La Cerra. Galluresischer
Bio-Bauernhof in herrlicher Lage am Monte
Limbara. Località La Cerra, SS 133, km 12,5,
Tel. 079 67 09 72, www.agriturismolacerra.it

Hotel Pausania Inn. Mitten im Grünen,
mit Pool und großem Park. SS 133, km 1,
Tel. 079 63 40 37, www.hotelpausaniainn.com

EINKAUFEN

Cantina Gallura. Typische Weine aus der
Gallura. Via Val di Cossu 9, Tempio Pausania,
Tel. 079 63 12 41, www.cantinagallura.net

AKTIVITÄTEN

Carrasciali Timpiesu. Berühmter historischer
Fasching im Zentrum von Tempio Pausania.
www.carnevaletempiese.it

Time in Jazz. Internationales Jazz-Festival in
Berchidda im August – gegründet und inspiriert
von Paolo Fresu. www.timeinjazz.it

INFORMATION
www.pausania.net

Nach einer Wanderung ist eine Einkehr im Rifugio am Monte Limbara eine gute Sache.

DER OSTEN

7 Baronia & San Teodoro
Die beliebtesten Urlaubsziele Sardiniens

Traumhafte, kilometerlange Strände, versteckte Buchten, glasklares, tief azurblaues Meer, ein weitgehend naturbelassenes Hinterland und ein komfortables Feriendorf nach dem anderen – das bietet die Ostküste Sardiniens südlich von Olbia. Die einmalige Landschaft vom Capo Ceraso bis San Teodoro ist eingebettet in das große Naturschutzgebiet Area marina protetta di Tavolara e Punta Coda Cavallo.

Die Staatsstraße 125 führt von Olbia an der Küste nach Süden, durch das Gebiet der Baronia. Ihren Namen verdankt der wunderschöne Landschaftsabschnitt zwei von den Spaniern im 15. Jahrhundert zu Feudalherren ernannten Baronen, denen die Ländereien gehörten – das »Land der Barone« eben. Auf der Fahrt trifft man nicht gerade auf viele gewachsene Ortschaften. Dafür reiht sich eine Feriensiedlung an die andere – mit jedem nur erdenklichen Angebot und Komfort. Während die Strände nördlich von Olbia an der Costa Smeralda vielfach den Reichen und VIPs vorbehalten sind – dafür sorgen schon die Preise –, bieten die südlich von Olbia gelegenen Küstenabschnitte – bei weitgehend gleichen landschaftlichen Reizen – Urlaubsmöglichkeiten für jedermann.

Porto San Paolo

Porto San Paolo lädt gleich zu Beginn mit seinen Stränden und Buchten ein. Vom Hafen aus starten täglich Boote zu Ausflugsfahrten durch das Naturschutzgebiet und zu den beiden Inseln Tavolara – eine beeindruckende, sich aus dem

Vorherige Doppelseite: Trekkingtour im Nationalpark Cala Luna im Golfo di Orosei
Oben: Am Capo Coda Cavallo: Der Blick auf die Isola Tavolara ist etwas, was man nicht so schnell vergessen wird.

Baronia & San Teodoro

Meer erhebende 550 Meter hohe und sechs Kilometer lange Kalkfelsenbastion – und Molara, eine runde Granitinsel. Zwischen San Paolo und San Teodoro führen zahlreiche kurze Stege und Spazierwege zu versteckten Badebuchten und feinsandigen Stränden zwischen den rötlich schimmernden Granitfelsen der Küste. Porto Brandichini – das häufig auch als »Tahiti des Mittelmeers« bezeichnet wird – oder Punta Coda Cavallo etwa sind nur zwei von vielen, die einen Besuch wert sind.

San Teodoro

San Teodoro mit seinen knapp 5000 Einwohnern liegt eine halbe Autostunde südlich von Olbia. Das ehemalige Fischerdorf hat sich mittlerweile zu einem der beliebtesten Tourismuszentren an der Ostküste entwickelt. Über 100 000 Gäste tummeln sich in den Augustwochen an den zahlreichen Stränden der Stadt, darunter viele Jugendliche. Diese wissen besonders das quirlige Nachtleben der Gegend zu schätzen. Zahlreiche Bars, Pubs und Discos sorgen für exzellente Stimmung bis in die Morgenstunden.

Der Ort selbst gruppiert sich um die beiden zentralen Plätze, die Piazzetta Gallura und die Piazza Mediterraneo mit ihren zahlreichen Geschäften und Einkehrmöglichkeiten. Trotz der großen Touristenscharen hat die Stadt ihre ländlich-mediterrane Atmosphäre bewahrt. Große, anonyme Beton-Bettenburgen sind hier kaum zu finden. Dafür sind zahlreiche schmucke Feriensiedlungen und nette Villen mit gepflegten Gärten an der Tagesordnung.

Vielseitigkeit ist die wahre Stärke von San Teodoro. Neben Meer und Strand locken zahlreiche Ausflugsmöglichkeiten in die nähere Umgebung. Golf,

Nicht verpassen

SAN TEODORO BY NIGHT

San Teodoro ist – neben Strand und Meer – vor allem für sein Nachtleben beliebt. Das Angebot ist breit gefächert: In den zahlreichen Kneipen, Bars und Diskotheken wird für Stimmung und Unterhaltung gesorgt. Zu einem Aperitif trifft man sich etwa im Ambra Day in Cala d'Ambra, im Caffè delle Rose mit der »schönsten Panoramaterrasse der Welt«, im Capo Coda Cavallo oder im exklusiven Bal Harbour. Tolle Discostimmung herrscht im Ambranight, wo die besten DJs Italiens auflegen, im La Luna, im Ripping mit seiner großen Freiluft-Disco oder im Buddha del Mar direkt im Zentrum von San Teodoro. Adressen: Siehe S. 63

Wer den Tag etwas gemütlicher ausklingen lassen will, der trifft sich unter den Palmen an der Piazza Mediterraneo oder an der Piazza Gallura zu einem Eisbecher oder einem Glas Wein und lässt sich vom abendlichen Flair treiben.

San Teodoro: Die Piazza erwacht in den Abendstunden zum Leben.

Tennis, Reiten, Mountainbike, Wandern und Klettern stehen auf dem Programm – ebenso wie spannende Spaziergänge durch das Marschgebiet des Stagno di San Teodoro mit seiner bunten Vogelwelt mit Flamingos, Greifvögeln, Reb- und Blässhühnern.

Strände, soweit das Auge reicht

In erster Linie bekannt ist San Teodoro aber natürlich für seine Strände: für Isuledda, Cala d'Ambra, La Cinta, Punta Aldia, Lu Impostu, Baia Salinedda, Cala Suaraccia, Cala Ginepro und wie sie alle heißen. La Cinta ist mit seinem feinen, weißen Sand, dem flach abfallenden Ufer und dem türkisblauen Wasser der beliebteste Strand von San Teodoro. Am drei Kilometer langen Küstenabschnitt ist rund um die Uhr etwas los. Geboten wird hier alles, was man sich an Freizeit- und Wassersport am Meer wünschen kann. Vor allem Familien mit Kindern sind hier am richtigen Ort, denn Langeweile wird hier nicht aufkommen.

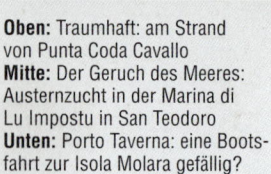

Oben: Traumhaft: am Strand von Punta Coda Cavallo
Mitte: Der Geruch des Meeres: Austernzucht in der Marina di Lu Impostu in San Teodoro
Unten: Porto Taverna: eine Bootsfahrt zur Isola Molara gefällig?

Wer Einsamkeit und Ruhe sucht, der ist allerdings mit anderen Zielen besser beraten. Lu Impostu etwa steht mit seiner halbmondförmigen Bucht und den Dünen im Hintergrund für beschaulichere Meeresstimmung.

Infos und Adressen

SEHENSWÜRDIGKEITEN
Istituto delle Civiltà del Mare – Museo del Mare. Archäologisches und naturkundliches Museum zur Welt des Meeres. Mo–Fr 11–13 und 16–19 Uhr, Via Niuloni 1, Tel. 07 84 86 61 80, www.icimar.it

ESSEN UND TRINKEN
Ristorante L'Ea Cana. Aufmerksamer Service, gute Weine, gute einheimische Küche. Località Monte Petrosu, Via Nazionale 15, Tel. 07 84 83 50 91, www.ristoranteleacana.com

Pasta allo Scoglio. Guten Appetit!

Ristorante Da Nardino. Ausgezeichnete Meeresküche. Via San Francesco 4, Tel. 07 84 86 52 35, www.nardino.com

ÜBERNACHTEN
Due Lune Resort Golf & Spa. Golf Club Puntaldia, 9-Loch-Golfplatz mit tollem Club House und Spa-Center. Località Punta Sabatino, Tel. 07 84 86 40 75, www.duelune.com

Camping San Teodoro La Cinta. Ideale Lage nahe am Strand, Bungalows. Via del Tirreno 89, Tel. 07 84 86 57 77, www.campingsanteodoro.com

EINKAUFEN
Mercatino serale Coclearia. Abendmarkt ab 20 Uhr in den Straßen des Zentrums: sardische Produkte, Mode, Souvenirs …

AKTIVITÄTEN
Tipps für das Nachtleben
Ambra Day – Bar. Via Sardegna 20, Tel. 39 39 99 53 38, www.ambraday.it

Caffe' Delle Rose. Via Coda Cavallo, Tel. 07 84 83 42 43, www.caffedellerosesardegna.it

Beachbar Restaurant Bal Harbour. Via Stintino, Tel. 34 52 26 25 12, www.balharbour.it

Ambranight – Disco. Cala d'Ambra, Tel. 39 39 99 64 69, www.ambranight.it

Luna Glam Club. Località Stirritoggiu, Tel. 393 99 39 64, www.lunaglamclub.com

Ripping Club Discoteca. Via Sardegna 15, Tel. 34 08 37 69 75, www.ripping.it

Buddha del Mar – Discoteca. Via Toscana 1, Tel. 34 95 14 07 94

INFORMATION
www.santeodoroturismo.it
www.visitsanteodoro.com

Hinweisschilder aus Korkeichen – einmal etwas anderes

8 Posada
Das Bilderbuchstädtchen

Arabische Seeräuber und Saubohnen, Schatten spendende Pinienwälder und blaugrün schimmerndes Meer, endlose, feinsandige Strände, fantastische Sonnenaufgänge und der Duft mediterraner Macchia, Gebirgsseen, alpine Berglandschaften und Höhlengräber … der westliche Küstenstreifen Sardiniens zwischen Budoni, Posada und Siniscola bietet alles, was man sich für einen richtigen Meerurlaub nur wünschen kann.

Wenn man auf der SS 125, der Orientale Sarda, weiter nach Süden fährt, stößt man wenige Kilometer nach San Teodoro in einer ziemlich flachen Umgebung auf das Städtchen Budoni mit seinen 5000 Einwohnern. Endlose Sandstrände, Meer und viel Natur haben auch Budoni zu einem der beliebten Ferien- und Badeorte an der Ostküste gemacht. Bis zu 70 000 Gäste beleben in der Hochsaison Strände, Hotels und Feriensiedlungen. Vor allem die Cala di Budoni mit ihrem weißen Sand, den hohen Dünen und der Pineta, dem großen Pinienwald, der im Sommer so herrlich Schatten spendet, freut sich über großen Zulauf. Mehrere gut ausgerüstete Campingplätze laden längs der Küste zu naturnahem Urlaub. Porto Ottiolu wartet mit einem großen Jachthafen und gut ausgebauten Infrastrukturen auf. In den herrlichen Gewässern des Tyrrhenischen Meers vor Budoni sind vor allem Schnorcheln und Tauchen angesagt. 1998 wurde hier der Weltrekord im Tiefseetauchen aufgestellt.

Das Bilderbuchstädtchen Posada ist nicht zu übersehen. Mitten im Mündungsgebiet des Flus-

Mitte: Die Bilderbuchstadt Posada mit dem Castello della Fava
Unten: Der alte Sarazenenturm am Strand von Posada bei Sonnenuntergang, ein Bild der Beständigkeit

Regionaltypisches im »La Siniscolese«

ses Posada steht ein riesiger, markanter Felsblock aus Kalkstein. An der Spitze ragt der massive Turm der Burgruine von Posada in den Himmel. Zu ihren Füßen schmiegt sich das 3000-Seelen-Dorf an den Felshügel. Mittelalterliches Flair breitet sich in den engen Gassen und steilen Treppen des malerischen Zentrums aus. Hier ist vieles noch so, wie es seit Jahrhunderten gewachsen ist. Die Pfarrkirche San Antonio stammt aus dem 13., die Chiesa Vergine del Soccorso aus dem 16. Jahrhundert.

Burg der Saubohne?

Wahrzeichen des Städtchens ist sein Castello della Fava, das hoch oben alles dominiert. Die – wörtlich übersetzt – »Burg der Saubohne« ist im 12. Jahrhundert von den Pisanern erbaut worden und war dann Sitz der Richter von Arborèa. Ab dem 15. Jahrhundert, mit Beginn der Herrschaft der Aragonier, residierten hier die Barone als Feudalherren über die Baronia. Von der einst viel umkämpften Burg sind heute nur noch einige Wehrmauern erhalten, die Zisternen sowie der rund 20 Meter hohe, quadratische Wehrturm. Nach wie vor aber ranken sich Legenden um den Namen der Burg. Eine davon sei nicht vorenthal-

Nicht verpassen

SINISCOLA

Siniscola liegt sechs Kilometer landeinwärts am Fuße des Monte Albo. Gemüsegärten und Olivenhaine prägen die weite Flusslandschaft. Die Stadt mit ihren 12 000 Einwohnern ist Verwaltungszentrum der Baronia, Schulstadt und Behördensitz. Über einen Mangel an Stränden kann sich Siniscola ebenfalls nicht beklagen: Bekannt sind vor allem La Caletta, Santa Lucia, Sa Petra Ruja, Capo Comino und Berchida.

Von Siniscola führt eine serpentinenreiche Straße mit Panoramablick an den Hängen des Monte Albo hinauf nach Sant'Anna und Lula mit seinem hochverehrten Franziskus-Heiligtum. In den höheren Lagen wechselt die Macchia in eine Berglandschaft, die an die Alpen erinnert. An Sehenswürdigkeiten gibt es hier: die Höhle Sa Prejone e s'Orcu, die Nuraghen-Siedlung bei Berchida und die Gigantengräber Su Picante und Su 'Itichinzu.

ten: Einst haben arabische Piraten die Burg belagert und wollten sie aushungern. In ihrer letzten Not griffen die Burgherren zu einer List. Sie fütterten eine Taube mit den letzten Saubohnen und ließen sie fliegen. Die Belagerer fingen sie ein und öffneten ihren vollen Magen. Beim Anblick der vielen Saubohnen ließen sie von der Belagerung ab und zogen von dannen – in der Überzeugung, die Burg sei noch voll an Vorräten.

Strände, Seen, Berge ...

Orvili, Su Tiriarzu und San Giovanni zählen wohl zu den beliebtesten Stränden von Posada. Orvili mit seinem grobkörnigen Sand und seinen beeindruckenden Dünen ist mehrere Kilometer lang und liegt gleich in der Nähe der Flussmündung. Su Tiriarzu mit seinem feinen Sandstrand erstreckt sich hinter den Feuchtgebieten Tondu und Longo. San Giovanni liegt im gleichnamigen Ortsteil, knapp zwei Kilometern von Posada entfernt. Ein aragonesischer Turm wacht über den Strand mit seinem großen Pinienwald. Ferienwohnungen, Villen und Hotels haben sich an den Randgebieten von Posada angesiedelt.

Zehn Kilometer weiter westlich im Hinterland liegt der Lago di Posada, ein großer, von Kiefernwäldern umgebener Stausee. Der See ist ein beliebtes Ausflugsziel vor allem für die Einheimischen. Im Frühjahr lädt er zum Baden ein, wenn sein Wasser wärmer ist als das Meer unten am Strand.

Oben: Eingebettet in grüne Kiefernwälder liegt der Lago di Posada.
Mitte: Einsames Glöcklein: die Kapelle in San Giovanni di Posada
Unten: Spaziergänger am Strand von San Giovanni di Posada. Ob sie wohl Muscheln suchen?

Eine lohnenswerte Wanderung führt in 40 Minuten auf den 174 Meter hohen Monte Longu bei La Caletta. Mitten in einer duftenden mediterranen Macchia-Landschaft überrascht der »Berg« mit einer tollen Aussicht auf das Schwemmland des Fiume di Posada, die weite Küstenlandschaft vor Posada und das Hinterland.

Infos und Adressen

SEHENSWÜRDIGKEITEN
Castello di Fava. Tgl. 9.30–13 und 15.30–
19.30 Uhr, Tel. 34 74 80 14 21

ESSEN UND TRINKEN
Trattoria La Scarpetta. Familiär geführte
kleine Trattoria mit ausgezeichneter Küche.
Via Antonio Gramsci 19, Strada per La Caletta,
Tel. 07 84 85 43 23, www.trattorialascarpetta.it

Trattoria Locanda da Marco e Caterina.
Nette Atmosphäre, gutes Essen, faire Preise.
Viale Mario Melis, Tel. 07 84 85 45 82,
www.marcoecaterina.it

Ristorante Pizzeria Su Nuraghe. Am Strand
von San Giovanni – viel Platz und viel los.
San Giovanni, Piazza Sardegna 1, Tel. 34 85 73
38 10, www.ristorantesunragheposada.it

Fuffuraju. Frischer Fisch, Fleisch vom Grill,
locker und gemütlich. Località La Caletta,
Via Livorno 67, Siniscola, Tel. 07 84 81 20 69,
www.fuffuraju.com

ÜBERNACHTEN
Hotel Sale. Kleines Hotel mit freundlichen
Zimmern im Zentrum von Posada. Via Vittorio
Veneto 2, Tel. 07 84 85 44 08, www.posada.it

Hotel Sa Rocca. Unterhalb der mittelalterlichen Festung im historischen Ortskern.
Piazza Eleonora D'Arborea, Tel. 07 84 85 41 39,
www.hotelsarocca.com

Hotel Ristorante Donatella. Gepflegte Hotelanlage mit Restaurant und Pizzeria. Via Gramsci,
Tel. 07 84 85 41 45, www.hoteldonatella.it

Villaggio La Mandragola. Gut ausgerüstete Feriensiedlung in unmittelbarer Nähe
zum Meer. Località Santa Lucia, Viale dei Pini,
Siniscola, Tel. 07 84 81 91 19, www.villaggio
mandragola.com

EINKAUFEN
Enoteca Carlo Farris. Historisches Lokal
mit großer Weinauswahl und guter Beratung.
Località La Caletta, Via Livorno 6/8, Siniscola.
Tel. 07 84 81 03 69, www.enotecasarda.com

AKTIVITÄTEN
Andejos. Moutainbike- und Trekkingtouren
ins Hinterland. Località Ofricatu, Siniscola,
c/o Agriturismo Puntalizzu, SS 125, km 255,5,
Tel. 07 84 81 91 96, www.andejos.com

INFORMATION
www.comune.posada.nu.it

Einladend gemütlich: bodenständige Küche in der Trattoria La Scarpetta

SARDINIENS KÜCHE

Identität und Genuss

»Der Inbegriff für die Identität eines Gebietes ist seine Küche«, schreibt Michela Murgia, die heute bekannteste junge Schriftstellerin Sardiniens. »Egal, wo wir hingehen, wir wollen überall die typischen Sachen der Gegend essen – wobei die wirklich typischen Gerichte meist nur jene sind, die die Menschen zu Hause für sich selbst zubereiten.«

Bis vor einem halben Jahrhundert sei in Sardinien an Typischem vor allem der Hunger zu Hause gewesen, ist die junge sardische Autorin überzeugt: »Die lange Periode an Armut hat bei den Sarden ein geradezu rituelles Verhältnis zum Essen entwickelt, welches an die oberste Stelle das Teilen stellt. Jedes Essen im Haus wird geteilt, immer und überall und mit jedem, der dazustößt.« Das ist wohl das Geheimnis der sardischen Gastfreundschaft. Wer einmal bei einer sardischen Familie zum Essen eingeladen ist, der kommt aus dem Staunen und aus der Vielfalt der angebotenen Spezialitäten nicht mehr heraus.

Die typischen Gerichte Sardiniens weisen meist ins Landesinnere, bestehen aus Pasta, Gemüse und Fleisch. Schaf, Schwein und Rind gehören mit ihrer Qualität zum Besten, was Italien zu bieten hat. Gemüse und Getreide sind von mediterraner geschmacklicher Vielfalt geprägt, ebenso wie das Olivenöl, das beinahe jedes Gericht anreichert. Den

Typische sardische Pasta: *Malloreddus*, kleine Gnocchi aus Hartweizengries

Fischfang haben die Sarden im Laufe der Geschichte meist den Einwanderern aus Ligurien, Kampanien und Spanien überlassen. Diese ergänzen die Speisekarte des heutigen Sardiniens mit Thunfisch und Meeräschen, mit Bottarga und Langusten.

Im Mittelpunkt der sardischen Küche steht das Brot in seinen vielfältigen Ausdrucksformen: *Pane Carasau* – aus Hartweizen, hauchdünn und zweimal gebacken – ist das typische Brot der Hirten. *Carasau Guttiau* wird mit Olivenöl und Salz gewürzt. *Pane Pistoccu* ist krokanter und fester und wird vor dem Verzehr mit Wasser oder Olivenöl aufgeweicht. *Civraxiu* oder *Moddizzosu*, große, rustikale Brotlaibe, sind das Brot für den Alltag.

Culurgiones, die gefüllten Ravioli aus der Ogliastra, *Malloreddus*, die kleinen Gnocchi aus Hartweizengries, und *Fregola*, kleine Nudeln ähnlich dem Couscous, zählen zu den traditionsreichsten sardischen Pasta-Gerichten. *Porceddu*, das gebratene und mit Myrthenzweigen gewürzte Milchschwein, sowie Lammbraten und Spezialitäten vom berühmten Bue Rosso aus dem Montiferru zählen zu den beliebtesten Fleischspeisen.

Und dann kommt die große Vielfalt an Käsespezialitäten an die Reihe: *Pecorino Sardo*, *Pecorino Romano* oder *Fiore Sardo* sind Interpretationen des einzigartigen sardischen Schafskäses. *Casu Axeddu* ist ein Frischkäse vom Schaf oder von der Ziege, ebenso einzigartig wie die frische Ricotta.

Nicht zu vergessen sind die unzähligen Süßigkeiten, bei denen jede Ortschaft ihre jeweils eigenen Spezialitäten zu bieten hat: mit Mandeln und Nüssen, Pinienkernen, Honig und Traubenmost, mit Sultaninen und Zuckerglasur, mit Zitrusfrüchten und Frischkäse. Besonders geeignet als Mitbringsel ist der Honig Sardiniens in all seinen faszinierenden Geschmacksrichtungen: Orangen, Eukalyptus, mediterrane Macchia, Kastanien und Erdbeerbaum ...

Cannonau, Carignano oder Monica, Vermentino, Nuragus, Malvasia und Vernaccia – Sardinien hat auch mit seinen Weinen einiges zu bieten. Die roten Cannonau und Carignano aus dem Sulcis-Gebiet sowie der weiße Vermentino aus der Gallura zählen zu den wichtigsten und bekanntesten Weinen der Insel. Den Cannonau haben der Legende nach die Spanier mit auf die Insel gebracht. Er ist mit dem spanischen Garnacha und dem französischen Grenache identisch und wird in ganz Sardinien angebaut. Neuere Forschungen versuchen zu beweisen, dass der Cannonau auf Sardinien seine Wurzeln hat und von dort aus nach Spanien und Frankreich exportiert worden ist. Am besten gedeiht der füllige Wein mit seiner Kraft und seinen reifen Aromen in der bergigen Provinz Nuoro.

Pecorino wird aus Schafsmilch hergestellt und in verschiedenen Reifegraden angeboten.

Das Weingut Tenute Sella & Mosca in Alghero produziert qualitätsvolle Rot- und Weißweine.

Der Carignano aus dem Sulcis ist mit der Rebsorte Carignan in Südfrankreich verwandt. Im Südwesten der Insel werden gerbstoffreiche, strukturierte Weine mit vielen Fruchtaromen produziert. Der beste weiße Vermentino mit seinem ganz eigenen Geschmacksprofil kommt aus der Gallura. Frische Fruchtigkeit mit angenehmer Tiefe prägt den typischen Weißen Sardiniens.

Unbedingt probiert werden müssen aber auch urtypisch sardische Weine wie der rote Monica di Sardegna, die weißen Nuragus di Cagliari und Vernaccia di Oristano sowie der süße Malvasia di Bosa mit manch ausgezeichneten Spitzen. Geprägt ist der sardische Weinmarkt vor allem von einfachen, ehrlichen Weinen, die gut zu den leckeren Gerichten der Insel passen.

Nicht zu vergessen ist das sardische Bier Ichnusa, ein frisches, schmackhaftes Lagerbier. Und zum Abschluss eines jeden Essens gehört natürlich der typische Mirto, der rote oder weiße Likör aus den Früchten und Blättern der Myrte oder ein süßer Limoncello aus Zitronen.

Aranzada mit Orangenschalen und Mandeln

71

Der Osten

9 Orosei
Ferienort mit Geschichte und Kultur

Orosei, das historische Zentrum der Baronia, liegt in einer fruchtbaren Tiefebene zwischen dem Meer und den östlichen Ausläufern des 805 Meter hohen Monte Tuttavista. Das historische Zentrum strahlt noch heute etwas von seiner einstigen Macht und Stellung im Mittelalter aus. Zahlreiche Kirchen und noble Bürgerhäuser aus der Zeit zwischen dem 15. und 18. Jahrhundert prägen das Bild der umtriebigen Stadt.

Der Monte Tuttavista – man kann den Namen mit »alles sehen« oder »Sicht auf alles« übersetzen – ist der Hausberg von Orosei und des auf seiner Rückseite liegenden Galtelli. Und er wartet gleich mit einer besonderen Überraschung auf. Wind und Wetter haben im Lauf der Jahrhunderte auf einer Höhe von 635 Metern einen fast 40 Meter hohen, freistehenden Felsbogen in den porösen Kalkstein gemeißelt: den Sa Pedra Istampada – mit faszinierendem Ausblick auf das Tal des Cedrino und die Berge des Hinterlandes. Eine asphaltierte Straße führt bis kurz vor das beeindruckende Naturschauspiel. Die anschließende kurze Wanderung lohnt sich.

Seit der Jungsteinzeit besiedelt

Die Gegend rund um Orosei war bereits in der Jungsteinzeit zwischen 4000 und 3000 v. Chr. besiedelt, dies bezeugen mehrere *Domus de Janas*. An die bronzezeitliche Nuraghen-Kultur erinnern die Nuraghen Nurache'e Portu, Rampino und Sa Linnarta. Die Etrusker betrieben Tauschhandel mit

Oben: Hinterhofstimmung in Orosei, dem historischen Zentrum der Baronia
Unten: Versteckte Winkel in der Altstadt von Orosei, jeder Blick um eine Straßenecke kann Überraschungen bieten.

72

Im Parco Naturale di Biderosa

den Einwohnern des fruchtbaren Cedrino-Tales, und die Römer tauften den Ort *Fanum Orisi*. 1326 zogen die Spanier des Hauses Aragon in Orosei ein und führten die Feudalherrschaft ein. Bis zu ihrer Abschaffung im Jahr 1846 gehörte Orosei zur Baronia di Galtellì y Encontrada de Orosei.

Die Wirtschaft in der Umgebung von Orosei war über die Jahrhunderte hinweg von Landwirtschaft geprägt. Das Mündungsdelta des Cedrino wurde immer wieder überschwemmt und lieferte dadurch fruchtbares Ackerland. Nach Ausrottung der Malaria und der Regulierung des Flusses Cedrino startete Orosei ab den 1950er-Jahren rasch in eine neue Entwicklung. Man begann mit dem Marmor- und Granitabbau und entwickelte eine Industrie, die hochwertig verarbeitetes Gestein in alle Welt exportiert. Ab den 1970er-Jahren erfolgte dann auch der Aufbruch in den Tourismus.

Kirchen und Palazzi

Die Piazza del Popolo bildet das Zentrum von Orosei. Mit ihren Palmen und Blumen erweckt sie den Eindruck eines großen Gartens, um den sich die wichtigsten Gebäude der Stadt reihen. Allen

Geheimtipp

PARCO NATURALE DI BIDEROSA

Das 800 Hektar große Naturreservat Parco Naturale di Biderosa liegt im Golf von Orosei, für viele Sardinienurlauber eines der faszinierendsten Gebiete und Naturerlebnisse der Insel. Zwischen der Cala Ginepro und dem Lagunensee Sa Curcurica im Süden sowie dem Strand von Berchida im Norden reihen sich fünf weiße, naturbelassene Sandstrände aneinander. Sanddünen und Felsklippen, wilde Macchia und Pinienhaine durchziehen das Gebiet und grenzen die einzelnen Strandabschnitte ein. Türkisblau leuchtet das Wasser, weiß der Sand, rosa die Felsklippen und grün die Umgebung – ein einmaliges Erlebnis für die ganze Familie. Allerdings: Man darf nur mit Erlaubnis zu den einmaligen Sandstränden. Der Naturpark steht unter Aufsicht der Forstbehörde, die täglich nur eine begrenzte Anzahl an Fahrzeugen durchlässt. Fußgänger und Radfahrer haben allerdings freien Zutritt.

voran dominiert im Norden des Platzes die Pfarr-kirche San Giacomo Maggiore mit ihren leicht arabisch geprägten Einflüssen und den kleinen Kuppeln auf den Dächern sowie ihrem barocken Inneren. An die Apsis angelehnt ist die Kapelle Santa Croce aus dem 17. Jahrhundert, während sich auf der anderen Seite des Platzes das baro-cke Oratorium Del Rosario und die Kapelle Delle Anime befinden.

Von der Piazza del Popolo ausgehend startet ein gut ausgeschilderter Rundweg durch das historische Orosei, ein *Itinerario storico*. Der Weg führt zur Piazza Sant'Antonio mit dem ehemaligen Kloster aus dem 15. Jahrhundert und der Kloster-kirche Sant'Antonio Abate samt angrenzendem Krankenhaus. Im Klosterhof steht noch ein pisa-nischer Wachturm. Herzstück des Stadtviertels Palatzos Betzos mit seinen alten Palazzi ist die Piazza Asproni. Vom ehemaligen mittelalterlichen Schloss steht nur noch der Turm mit dem alten Gefängnis Sa Preione Vezza. In einem Adelshaus in der Via Musio ist das Museo Giovanni Guiso mit historischen Puppentheatern aus dem 18. bis 21. Jahrhundert sowie einer umfangreichen Pri-vatsammlung untergebracht. Auf dem Weg nach Galtelli kommt man am bekannten Wallfahrtsort Madonna del Rimedio vorbei. In der Nähe der Mündung des Cedrino steht die Landkirche Santa Maria 'e Mare aus dem 12. Jahrhundert, von der aus alljährlich am letzten Sonntag im Mai eine große Bootsprozession startet.

Orosei gehört zum Nationalpark Golfo di Orosei und Gennargentu. In der Umgebung finden sich zahlreiche schöne Strände, darunter die Marina di Orosei, Sas Linnas Siccas und die etwas nörd-licher gelegene Cala Liberetto. Ein wahres Natur-paradies ist der südlich gelegene Golfo di Orosei mit seinen schroffen Felsen und kleinen Buchten.

Oben: Die Capella delle Anime an der Piazza del Popolo im Zen-trum von Orosei
Mitte: Hübsch am Baum, intensiv im Geschmack: *Nespole* (Mispeln)
Unten: Mittelalterliche Märtyrer-Fresken in der Klosterkirche Sant'Antonio Abate

Infos und Adressen

SEHENSWÜRDIGKEITEN

Parco Oasi di Biderosa. Schönes Schutzgebiet mit Bilderbuch-Badestränden, Sanddünen, Felsklippen, wilder Macchia und Pinienhainen. Via Del Mare Località S'Isula, Eingang SS 125, km 236,5, Tel. 33 31 79 83 35, http://oasibiderosa.com

Museo dei Teatrini in Miniatura »Don Giovanni Guiso«. Kunstmuseum mit Puppentheater und Webarbeiten. Im Sommer tgl. 10–12 und 19–22 Uhr, Via G. Musio, Tel. 07 84 99 70 84

ESSEN UND TRINKEN

La Taverna. Tische im Freien an der Piazza in der Altstadt, gute Küche. Piazza Marconi 6, Tel. 33 85 64 65 89

Su Barchile. Sardische Tradition wird hier groß geschrieben, herzliche Gastfreundschaft – für alle, die länger bleiben wollen, gibt es auch Zimmer zu mieten. Via Mannu 5, Tel. 078 49 88 79, www.subarchile.it

Trattoria Pizzeria Villa Fumosa. Netter Platz im Grünen mit regionaler und mediterraner Küche. Via del Mare, Tel. 07 84 99 10 44, www.villafumosa.it

Trattoria S'Hostera. Einfaches, schlichtes Ambiente – schmackhafte sardische Küche. Via Grazia Deledda 56, Tel. 38 07 01 43 55, www.shosteraorosei.it

ÜBERNACHTEN

Hotel Anticos Palathos. Stilvoll renoviertes Herrenhaus mit eleganter Atmosphäre und viel Flair. Via Nazionale 55–57, Tel. 078 49 86 04, www.anticospalathos.com

Albergo Diffuso Mannois. Originelle Zimmer in verschiedenen Gebäuden im Zentrum von Orosei. Via G. Angioy 32, Tel. 07 84 99 10 40, www.mannois.it

Camping Cala Ginepro. Gut ausgerüsteter und gepflegter Platz mit herrlichem Strand. Località Cala Ginepro 100, Tel. 078 49 10 17, www.campeggiocalaginepro.com

Camping Il Golfo. Natur und Ruhe, viel Schatten und nette Bungalows für alle, die nicht zelten wollen. Flacher Strand, geeignet für Familien mit kleinen Kindern. Località Cala Liberotto, Via Marzellinu 1, Tel. 078 49 10 36, www.campeggioilgolfo.com

AKTIVITÄTEN

Porto di Cala Gonnone. Jachthafen mit 120 Stellplätzen. Tel. 078 49 32 61

INFORMATION

www.orosei-proloco.com
www.oroseiturismo.it

So eine Trekkingtour im Nationalpark Cala Sisine macht ganz schön hungrig.

10 L'Ogliastra
Ein echter Geheimtipp

Die Provinz Ogliastra erstreckt sich südlich vom Gennargentu-Gebirge in Richtung Ostküste Sardiniens. Das Gebiet ist vor allem im Hinterland rauh, gebirgig und teils unzugänglich. Der Flumendosa hat mit seinen Nebenflüssen tiefe Schluchten in die Kalklandschaft gegraben. Die Küste fällt teilweise steil ins Meer ab, die versteckten Badebuchten sind oft nur vom Meer aus erreichbar. Tortolì und Lanusei sind die Zentren der nur spärlich besiedelten Gegend.

Die Ogliastra zählt ohne Zweifel zum »anderen« Sardinien, zu einer der ursprünglichsten Gegenden der Insel. Vielfach wird die Region noch als Geheimtipp gehandelt, als ein Landstrich, den es noch zu entdecken gilt. Der Gast trifft hier nicht auf überfüllte Strände, schicke Hotels und VIP-Aufläufe. Der Blick schweift an der zentralen Ostküste über eine unversehrte, abwechslungsreiche Landschaft mit schroffen Bergketten und teils steilen, unzugänglichen Küstenstreifen. Ebenso vielfältig und abwechslungsreich wie die Landschaft sind hier die Möglichkeiten der Urlaubsplanung: Wassersport und Badeurlaub oder Trekking und Klettern? In der Ogliastra hat der Gast die Qual der Wahl.

Baunei und Santa Maria Navarrese

Helle Felsklippen aus Kalkgestein prägen den Norden der Ogliastra. Rötlich gefärbte Porphyrfelsen drücken im Süden der Gegend ihren Stempel auf. Dazwischen lockert schwarzes Vulkan-

Mitte: Typische Gebirgslandschaft in der Ogliastra
Unten: Im hoch gelegenen Baunei ist die Zeit stehen geblieben.

L'Ogliastra

gestein das Bild etwas auf. Wir beginnen die Reise im Norden. Das Dorf Baunei liegt vor der malerischen Kulisse einer hohen Kalkformation. Und am Strand ragt eine beeindruckende Kalksteinpyramide, die Pedra Longa, 130 Meter hoch senkrecht aus dem Wasser. Klettersteig und Tauchkurs gibt es hier unmittelbar nebeneinander. Einzigartige Küstenabschnitte wie die Cala Biriola, Portu Petrosu, Cala Mariolu oder Cala Sisine liegen vor der Haustür.

Das beschauliche Santa Maria Navarrese zählt zu den beliebtesten Küstenorten der Ogliastra. Seinen Namen verdankt der Ort einer Principessa di Navarra, die aufgrund eines Gelübdes im Mittelalter den Bau der schlichten, der Madonna geweihten Landkirche gefördert hat. Ein jahrhundertealter, über zehn Meter hoher Oleaster, ein wilder Olivenbaum, steht neben der Kirche. Nur Zufall, dass sich der Name Ogliastra vom Oleaster ableitet? Der Hausstrand von Santa Maria Navarrese liegt direkt vor dem Ortszentrum und besteht aus weißem, mit Kies und Steinen durchzogenem Sand. Da er sanft ins Meer abfällt, ist er für Kinder bestens geeignet. Ausflugsboote starten zu den Höhlen und Grotten entlang der Küste und zu den kleinen Traumbuchten, die nur vom Wasser aus zu erreichen sind.

Tortolì und Lanusei

Landschaftliche Schönheit und einmalige Küsten haben auch Tortolì, mit über 10 000 Einwohnern die größte Gemeinde der Ogliastra, zu einem viel besuchten Touristenort gemacht. Der Nuraghen-Komplex S'Ortali 'e Su Monti in der Ebene hinter dem Strand von Orrì vor Tortolì ist nur einer der zahlreichen archäologischen Schätze, die die Ogliastra zu bieten hat. 1995 wurde im Zentrum von Tortolì, in der ehemaligen Markthal-

Einfach gut!

IS CULURGIONIS D'OGLIASTRA

Die Ogliastra ist bekannt für ihre kulinarischen Traditionen. Diese knüpfen an ihre Ursprünge in Viehzucht und Ackerbau an. Es handelt sich um eine arme Küche mit einfachen Zutaten. Diese werden aber so geschickt verarbeitet, dass köstliche, schmackhafte Gericht entstehen. Die Rezepte für die Zubereitung einiger Gerichte, wie etwa jenes der traditionellen *Is Culurgionis*, wurden von Generation zu Generation weitergegeben. *Is Culurgionis* sind große Ravioli, eine Art Maultaschen, die mit Kartoffeln, Schafskäse und Minze gefüllt sind. Der hauchdünne Teig wird aus Mehl und Wasser zubereitet. Die kreisrund ausgestochenen Teigstücke werden gefüllt und dann mit der Hand zu Getreideähren ähnelnden Taschen geformt. Serviert wird die Spezialität, die einst nur an Feiertagen aufgetischt wurde, mit einer frischen Tomatensauce und geriebenem Schafskäse: etwa in der Trattoria Nuova Verace in Lanusei oder im Ristorante Il Pozzo in Santa Maria Navarrese.

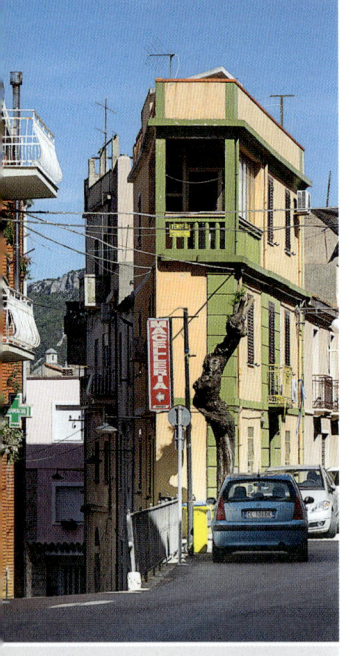

le, das Museum für zeitgenössische Kunst Su logu de s'Iscultura gegründet. Im Innenbereich gibt es wechselnde Ausstellungen. Der prägende Außenbereich bezieht die Straßen des Ortes und das Umland mit ein, wobei sich die großen Skulpturen der internationalen Künstler perfekt in den landschaftlichen und kulturellen Kontext der Ogliastra einfügen. Das Museum mit seinem Kulturpark setzt sich sehr anschaulich mit den neuesten Theorien und Praktiken im Bereich Stadtskulptur und Umweltskulptur auseinander und konfrontiert Gäste und Einheimische mit aktuellen Fragen der zeitgenössischen Kunst.

15 Kilometer südwestlich von Tortolì liegt Lanusei, die zweite Provinzhauptstadt der Ogliastra. Die Stadt wurde bereits im frühen Mittelalter in den Berghang gebaut und bietet einen herrlichen Panoramablick bis hinaus aufs Meer. Steineichen- und Kastanienwälder umgeben die Stadt, darunter der uralte Steineichenwald Bosco di Selene, in dem sich ein Nuraghen-Dorf verbirgt.

Oben: Herrlicher Panoramablick von Tortolì: hinaus aufs Meer
Unten: Enge Gassen und steile Pfade prägen das verträumte Baunei.

Das Hinterland der Ogliastra erkundet man am besten mit dem *Trenino Verde*, der historischen Schmalspurbahn, die am Hafen von Arbatax startet und über 159 Kilometer durch die bezaubernde Landschaft der Ogliastra auf einer der schönsten Strecken Europas bis nach Mandas führt.

Infos und Adressen

SEHENSWÜRDIGKEITEN

Museo d'Arte contemporanea Su logu de s'Iscultura. Zeitgenössisches Kunstmuseum. Tgl. 10–12.30 und 17–20 Uhr, freier Eintritt, Corso Umberto 36, Tortolì, Tel. 07 82 60 07 00

ESSEN UND TRINKEN

Ristorante Il Pozzo. Sardische Küche mit viel Fisch und herrlicher Terrasse zum Meer. Viale Plammas 5, Santa Maria Navarrese, Tel. 07 82 61 50 39

Nuova Verace. Klassische sardische Küche mit Panoramablick. Viale Europa 73, Lanusei, Tel. 078 24 07 25

Einfach die Seele baumeln lassen: Fahrt mit dem *Trenino Verde*

ÜBERNACHTEN

Hotel Santa Maria. Gepflegtes Hotel mit netter Atmosphäre und Privatstrand. Viale Plammas 30, Santa Maria Navarrese, Tel. 07 82 61 53 15, www.albergosantamaria.it

Hotel Agugliastra. Kleines, feines Hotel im Zentrum der Stadt. Piazza Principessa di Navarra 27, Santa Maria Navarrese, Tel. 07 82 61 50 05, www.hotelagugliastra.it

Hotel Belvedere. Gemütliches kleines Hotel im Zentrum der Stadt. Via Umberto 22, Lanusei, Tel. 078 24 21 84, www.belvederelanusei.it

Camping Villaggio Cigno Bianco. Schöne Lage, Bungalows, beliebt bei Seglern und Surfern. Località Spiaggi di Orrì, Tortolì, Tel. 07 82 62 49 27, www.campingcigno bianco.it

EINKAUFEN

Culurgionis e Coccois. *Pastificio artigianale* mit hausgemachter Pasta und Nudelwaren, Brot und Spezialitäten. Via Piemonte 11/A, Tortolì, Tel. 07 82 62 21 56

AKTIVITÄTEN

Festival Rocce Rosse & Blues. Internationales Musikfestival Juli–Sept. in Arbatax, Tortolì, Santa Maria Navarrese und Hinterland mit Pop, Rock, Reggae, Country, Jazz und natürlich Blues. www.roccerosse.it

Trenino Verde. Schmalspurbahn von Arbatax nach Mandas – fährt nur im Sommer, auch Tagestouren. Auskunft: Tel. 070 58 02 46, www.treninoverde.com

Flamar Vacanze. Bootsausflüge und Entdeckungsreisen durch die Ogliastra. Via del Carrolante, Tortolì, Tel. 32 97 88 80 00, www.flamarvacanze.com

INFORMATION

www.turismo-ogliastra.it

11 Arbatax
Lichtspiele in der Ogliastra

Arbatax mit seinen beeindruckend roten Porphyrfelsen ist der bekannteste Ferienort der Ogliastra. Das 700 Einwohner zählende ehemalige Fischerdorf auf dem Capo Bellavista hat nicht viel zu bieten. Dafür zählt hier das Wenige aber umso mehr: Natur pur! Das Schauspiel der leuchtend roten Porphyrklippen und des türkisblauen Meeres ist nicht nur für Fotomotive zu gebrauchen. Erst recht, wenn die Abendsonne die Gegend mit einem betörenden Licht verzaubert.

Die vielen Besucher verdankt Arbatax in erster Linie seinem gut ausgebauten Fährhafen mit Verbindungen nach Genova und Civitavecchia. Vom Touristenhafen starten zahlreiche Ausflugsboote in die einzigartige Umgebung entlang der Küste. Vom Meer her kommend verstrahlt Arbatax überhaupt am intensivsten all seine Reize: Die wie kleine Kathedralen in den Himmel aufragenden rötlichen Felsklippen, die bunten Fischerhäuser am Strand, die granitgraue Chiesa Stella Maris am Hafen, der alte aragonesische Wachturm San Gemiliano im Südwesten – es ist ein einzigartiges Schauspiel, das sich vor einem auf dem »Kap der schönen Aussicht« auftut.

Für den Namen sorgten die Araber

Genuesische Fischer sollen einst das Dorf gegründet haben. Seinen exotischen Namen verdankt der Ort aber den Arabern. Von *Arba at Ashar* wird er abgeleitet, vom »vierzehnten Turm«, einem von vielen in einer langen Reihe von Verteidigungs-

Mitte: Porphyrspitzen ragen in den Himmel: die roten Felsen von Arbatax.
Unten: Einsame Badebucht an den Küsten der Ogliastra

türmen aus der Zeit der Spanier. Die alten Fischerhäuser des Zentrums schmiegen sich an die bewaldeten Hänge des Capo Bellavista. Auf der Südseite des Kaps sind die modernen Touristensiedlungen entstanden. Über dem Dorf thront weithin sichtbar der große Leuchtturm von Capo Bellavista – mit einem Zubau, der an ein Hotel erinnert. Eine Straße führt dort hinauf, militärisches Sperrgebiet stoppt die Besucher aber leider schon ein Stück vorher. Der 360-Grad-Rundumblick lohnt den Aufstieg: Vom Hafen über die Küste, von Arbatax nach Santa Maria Navarrese, von Tortolì bis zu den Berghängen von Lanusei reicht das Panorama. Zwischen den Schiffen am Hafen startet die nostalgische Schmalspurbahn *Trenino Verde* zu ihrer Tour ins Hochland der Ogliastra.

Felsentor und Strände

Die kleinen Badebuchten und Strände der Ogliastra bieten alles, was das Herz eines Wassersportlers oder Sonnenanbeters begehrt. Einzigartig ist die Bucht Cala Goloritzé, die vom Meer aus problemlos, ansonsten in einer einstündigen Wanderung über einen steilen Pfad hinab erreichbar ist. Die Bucht wurde 1995 zum Monumento Nazionale Italiano ernannt. An ihrem Eingang heißt ein majestätisches Felsentor die Badegäste willkommen. Kilometerlang schlängelt sich der Lido di Orrì hin, einer der gepflegtesten Strände Sardiniens. Der Strand von Torre di Barì in Barisardo wird von einem Felsenriff mit Wachtturm geteilt. Der nördliche Teil *Mari de is ominis* war einst den Männern vorbehalten, der südliche *Mari de is femunas* war das Meer der Frauen. Cea bei Barisardo ist ebenfalls ein hübscher Sandstrand, eingerahmt von roten Felsen und Wacholderbüschen. Coccorocci schließlich ist der größte Kieselsteinstrand Sardiniens. Die Steinchen erzeugen Geräusche, wenn sie von den Wellen bewegt werden.

Infos und Adressen

ESSEN UND TRINKEN
La Capannina. Fischmenüs direkt am Strand. Spiaggia di Ponente, Arbatax, Tel. 32 90 26 72 24

Del Porto. Frischer Fisch und Meeresfrüchte stehen auf der Karte. Via Bellavista 14, Arbatax, Tel. 07 82 66 74 72

Ristorante Trattoria Da Angelo. Gastfreundliche Trattoria mit guter sardischer Küche. Via Piemonte 15, Tortolì, Tel. 07 82 62 35 33

ÜBERNACHTEN
Hotel la Perla. Schönes Hotel in Strandnähe mit großem Garten und Wellness-Abteilung. Viale Europa 15, Arbatax, Tel. 07 82 66 78 00, www.hotel-laperla.com

Hotel La Bitta. Direkt am Strand, stilvoll und in neosardischem Baustil. Arbatax, Tel. 07 82 66 70 80, www.hotellabitta.it

Camping Telis. Direkt am Strand, viel Schatten und einladende Wohnhäuser. Località Baia di Porto Frailis, Arbatax, Tel. 07 82 66 71 40, www.campingtelis.com

INFORMATION
www.arbatax.eu
www.turismo-ogliastra.it

Am Eingang der Cala Goloritzé

DER SÜDOSTEN

12 Sarrabus – Muravera
Kletterpartien und Zitrushaine

Sarrabus nennt sich der Gebirgszug, der sich parallel zur Ostküste im südöstlichsten Zipfel Sardiniens ausbreitet. Schroffe, von Macchia und Bäumen bewachsene Felsen in den verschiedensten Farbtönen kennzeichnen das Gebiet mit seinen zahlreichen Möglichkeiten zum Wandern und Sportklettern. Villaputzu und Muravera hingegen bieten alle Voraussetzungen für einen erholsamen Urlaub mit viel Strand und Wasser.

Villaputzu und Muravera sind mit San Vito zu einer großen gemeinsamen Feriendestination zusammengewachsen. Die drei Ortschaften im Mündungsdelta des Flusses Flumendosa liegen mitten in einer fruchtbaren Gegend. Orangen- und Zitrushaine, Ölbäume und Weinberge prägen das Bild. Dazwischen breiten sich fischreiche Binnengewässer und Lagunenseen aus. Es ist nicht verwunderlich, dass die Gegend schon seit Urzeiten besiedelt ist. In unmittelbarer Umgebung sind die archäologischen Funde von Piscina Rei, die Nuraghen Scalas und Asoru sowie die Menhire von Cuili Piras zu besichtigen.

Muravera und sein Fest der Zitrusfrüchte

Landwirtschaft, Fischzucht, Handwerk und Tourismus – das sind die vier Pfeiler, auf denen die Wirtschaft von Muravera, der wichtigsten Gemeinde des Sàrrabus, fußt. Die Sagra degli agrumi im April lockt alljährlich Zehntausende Besucher zu einem großen Fest, bei dem die Zitrusfrüchte von Muravera im Mittelpunkt stehen. Die Zitronen,

Vorherige Doppelseite: Etwas einsam und verlassen: der Sarazenenturm am Capo Carbonara
Oben: Fruchtbar und saftig grün: Landschaft am Fluss Flumendosa
Unten: Die Sagra degli Agrumi ist ein fröhliches Zitrusfrüchte-Fest in Muravera.

Sarrabus – Muravera

Orangen und Apfelsinen von Muravera sind bei Kennern als die besten Sardiniens geschätzt.

Drei große Fischereibetriebe – in San Giovanni, Colstrai und Feraxi – führen die alte Fischereitradition der Gegend fort, wobei auch die Austernzucht eine wichtige Rolle spielt. Als typisches Handwerk der Gegend gelten die Korbflechterei sowie die Webkunst. Körbe und geflochtene Gebrauchsgegenstände in allen nur erdenklichen Variationen stehen ebenso zum Verkauf wie gewebte Teppiche und verschiedene Textilien. Für einen florierenden Tourismus schließlich sorgen zusätzlich die nahen Traumstrände, die Vielfalt der reizvollen Landschaft sowie das reiche archäologische Erbe der Gegend.

Im Zentrum Muraveras sind, ähnlich wie im benachbarten Villaputzu, noch einige traditionelle Häuser mit arabischem Einschlag zu sehen: weiß getüncht, ebenerdig, aus Lehm und Kalkstein gebaut, ohne Fenster nach außen und voll auf den Innenhof ausgerichtet. Den Mittelpunkt von Muravera bildet die spätgotische Pfarrkirche San Nicola. Die Pfarrkirche San Giorgio in Villaputzu hingegen ist in typisch gotisch-katalanischem Stil erbaut worden. Bekannt sind auch die romanische Kirche San Nicola di Quirra und das gleichnamige Castello di Quirra.

Ein Dutzend Strände und sieben Brüder

Südlich von Villaputzu und Muravera erstrecken sich endlos lange, helle Sandstrände: Porto Tramatzu, Porto Corallo, San Giovanni, Torre Salinas, Colostrai, Feraxi und Porto de S'Illixi – bis hin zum Felsenriff von Capo Ferrato. Bei der Auswahl ist selbst in der Hochsaison meist überall noch ein

Geheimtipp

DIE LAUNEDDAS – SARDISCHE MUSIKTRADITION

Die Gegend rund um Muravera ist bekannt für ihre Launeddas, ein 3000 Jahre altes sardisches Blasinstrument. Die traditionellen Launeddas sind aus drei Holzstangen mit unterschiedlicher Länge zusammengesetzt – ein »Einfach-Rohrblatt-Instrument, bestehend aus drei Pfeifen, die simultan in Zirkuläratmung geblasen werden«, so heißt es in der Fachsprache. Schon die Nuraghen kannten das Musikinstrument. Eine bei Ittiri gefundene Bronzefigur stellt einen Launeddas-Spieler dar. Launeddas werden in verschiedenen Größen und Stimmungen verwendet und in verschiedenen Kombinationen gespielt. Aufbewahrt werden die ziemlich langen Instrumente traditionell in Lederköchern, den »Straccasciu«. Die Launeddas werden – mit ihren oftmals melancholischen Melodien – bei den traditionellen Festen immer gespielt.

Festival delle Launeddas. Alljährlich im August, Villaputzu. Tel. 070 99 70 13, www.comune.villputzu.ca.it

Oben: Murales in Villaputzu nehmen gerne spielerisch bekannte Vorbilder auf: Hier »picassot« es.
Unten: Die Pfarrkirche San Giorgio in der Ortschaft Villaputzu wurde in typisch gotisch-katalanischem Stil erbaut.

ruhiges Plätzchen zu finden. Gleich hinter der Küste breiten sich mehrere größere Lagunenseen aus, die für Flora und Fauna der Gegend wichtig sind, darunter Stagni Saline, Colostrai und Feraxi. In diesen einmaligen Naturoasen können in den Morgenstunden Flamingos und Stelzenläufer, Blässhühner und Stockenten beobachtet werden.

Ein Ausflug in die entgegengesetzte Richtung ist an heißen Sommertagen zu empfehlen. Die Straße zweigt bei San Priamo rechts ab landeinwärts Richtung Cagliari. Bald nach dem Passo Arcu 'e Tidu geht es links rein zum Parco Sette Fratelli, dem Park der »sieben Brüder« – benannt nach den sieben markanten Granitspitzen, die über das Waldgebiet hinausragen. Der 62 km^2 große Park liegt auf einer durchschnittlichen Höhe von 800 Metern, wobei der Monte Ceraxia mit 1016 Metern der höchste der »Brüder« ist. Wanderwege unterschiedlicher Schwierigkeitsgrade führen durch das Waldgebiet. Schattige Picknickplätze laden zum Rasten. Tipps und Vorschläge zu den Wanderrouten gibt es im Forstamt und Info-Zentrum Sette Fratelli, wo auch ein Museum über den sardischen Hirsch untergebracht ist. Für den Rückweg ist die atemberaubende Panoramastraße SS 125 über Cagliari zu empfehlen.

Infos und Adressen

ESSEN UND TRINKEN

Trattoria Su Talleri. Frischer Fisch und Meerestiere toll zubereitet. SS 125, Kreuzung Porto Corallo, Villaputzu, Tel. 070 99 75 74

Trattoria Il Falconiere. Klassisch sardische Küche mit Blick aufs Meer. Località Torre Salinas, SS 125, km 57,4, Muravera, Tel. 070 99 91 56, www.ilfalconiere.net

ÜBERNACHTEN

B & B Il Portico. Herrenhaus aus dem 18. Jahrhundert, geschmackvoll und stilecht restauriert. Via G. Marconi 117, Muravera, Tel. 07 09 93 08 18, www.bbilportico.it

B & B Su Pasiu. Ein einladend traditionelles Herrenhaus im Zentrum von Muravera. Via Speranza 8, Muravera, Tel. 34 84 74 57 06, www.bed-and-breakfast-costarei.com

Camping Porto Corallo. Großzügig angelegt, mit Bungalows und Animationsprogramm. Località Porto Corallo, Villaputzu, Tel. 070 99 70 17, www.portocorallocamping.it

Camping Torre Salinas. Netter Platz, mit großem Angebot und Bungalows. Località Torre Salinas, Via dei Fenicotteri, Muravera, Tel. 070 99 90 32, www.camping-torre-salinas.com

EINKAUFEN

Il Telaio. Handwerklich angefertigte Webwaren aus Naturstoffen. Via Roma 131, Muravera, Tel. 07 09 93 10 92

Sa Bresca Dorada. Typisch sardische Produkte direkt vom Bauernhof: Honig, Konfitüren, Mirto, Schnäpse und Liköre. Località Cann'e Frau, Muravera, Tel. 07 09 94 91 63, www.brescadorada.it

AKTIVITÄTEN

Parco Sette Fratelli. Eines der schönsten Familienwander- und Mountainbike-Gebiete Sardiniens – mit Botanischem Garten und Hirschmuseum. Eingang SS 125, km 30,1. Öffnungszeiten des Forstamtes: im Sommer tgl. 8–19 Uhr

Festival delle Launeddas. Ein einmaliges religiös-kulturelles Festival mit Launeddas-Spielern aus allen sardischen Schulen. Villaputzu. Tel. 070 99 70 13, www.comune.villputzu.ca.it

Sagra degli Agrumi. Fest der Zitrusfrüchte im April in Muravera, Tel. 070 65 74 28, www.sagradegliagrumi.com

INFORMATION

www.comune.muravera.ca.it
www.visitmuravera.it

Patron Giorgio Carta serviert im Restaurant Su Talleri *Sarago alla Vernaccia*.

13 Gerrei – Armungia
Das Museumsdorf im Gebirge

Armungia, das kleine Dorf in der Gebirgsregion Gerrei, hat nur knapp 500 Einwohner – und sich trotzdem einen Namen gemacht: als Dorf der Museen. Zum gut erhaltenen Nuraghen-Komplex mitten im Dorf gesellen sich das ethnografische Museo Sa domu de is Ainas, die Schlosserwerkstatt Bottega del Fabbro, das Geburtshaus des Schriftstellers Emilio Lussu und der dichte Steineichenwald Is Forredas vor den Toren Armungias.

Galilla war einst der Name der Gegend, *Galillensi* waren die Schäfer, die das Gebiet bevölkerten. Die Region Gerrei ist auch heute noch eine der am wenigsten bevölkerten Gegenden Sardiniens. Sie erstreckt sich von der Barbagia im Norden bis zur Ogliastra im Nordosten und vom Sàrrabus-Gebiet im Südosten bis zur Trexenta-Gegend im Westen. Die Flüsse Flumendosa und Rio Domu haben tiefe Schluchten in die Gebirgsregion gegraben. Der 1069 Meter hohe Monte Serpeddì und der 970 Meter hohe Monte Genis überragen das Gebiet. Die dichten Wälder werden von Wildschweinen, Rehen, Hasen und Rebhühnern bevölkert.

Eine Nuraghe als Mittelpunkt des Ortes

Mitte: Um seine Nuraghe herum hat sich Armungia, das Dorf der Museen, entwickelt.
Unten: In der Bottega del Fabbro ist die Werkstatt eines Hufschmiedes eingerichtet.

Eigentlich ist ganz Armungia ein großes Museum, was sowohl Kultur, Geschichte und Tradition als auch das tägliche Leben im Bergdorf und im Gerrei bezeugen. Die alten Gebäude und Häuser sind genauso mit ins Museumsleben einbezogen wie die Gassen rund um die Nuraghe von Armungia. Das gibt es nirgendwo sonst auf Sardinien: eine noch gut erhaltene Nuraghe, um die herum sich ein Dorf gebildet hat. Ein Gang führt ins Innere des jahrtausendealten Gemäuers mit einer über acht Meter hohen Decke im Tholos-Stil. Von dort führt eine Treppe hinauf auf die Terrasse.

Das Museo Etnografico Sa Domu de Is Janas hat seinen Sitz im alten Palazzo Comunale. Es beherbergt 600 Ausstellungstücke aus der Bauernkultur des Gerrei: alte Trachten, Wolle- und Leinenverarbeitung, Weben und Brotbacken, die Landwirtschaft, Viehzucht und das Handwerk ... Erklärungstafeln mit historischen Informationen, Dokumente und Fotos begleiten den Museumsrundgang.

Altes Handwerk und engagierte Kämpfer

Im Handwerkerviertel des Dorfes, in einem kleinen Steingebäude, ist die Werkstatt eines Hufschmiedes, die Bottega del Fabbro, eingerichtet. Im Erdgeschoss befindet sich die traditionelle Arbeitsstätte mit allem Drum und Dran, im zweiten geht es um das Schmiedehandwerk ganz allgemein sowie um die Geschichte der Famili Vellini, die Mitte des 19. Jahrhunderts für die Arbeit im Bergwerk von Villasalto aus dem Piemont hierher kam.

Armungia ist die Heimatstadt des Autors und Politikers Emilio Lussu (1890–1975). Seinem Leben und Schaffen sowie jenem seiner Frau ist das Museo Emilio und Joyce Lussu in der Casa del Segretario, einem schönen Herrenhaus gewidmet. Fotos, zeitgeschichtliche Dokumente, eine Bibliothek mit dem literarischen Werk sowie eine Kunstausstellung führen in das Leben des antifaschistischen Protagonisten der Geschichte des 20. Jahrhunderts und seiner engagierten Gemahlin Joyce Salvadori ein.

Infos und Adressen

SEHENSWÜRDIGKEITEN
Museumspool Armungia:
Museo Etnografico Sa Domu de Is Janas, Piazza Municipio – Museo Emilio und Joyce Lussu, Via Emilio Lussu – Bottega del Fabbro – Nuraghe Armungia. Juni–September Mi–So 10–13 und 16.30–20 Uhr, Tel. 07 09 58 90 11, www.armungiamusei.it

ESSEN UND TRINKEN
Osteria di Paolo Perella. Traditionelle Rezepte aus der sardischen Landküche – mit Qualität und Kultur. Corso Repubblica 8a, Villasalto, Tel. 070 95 62 98

Muresinas Ristorante Rurale. Typisches Lokal mitten im Grünen, freundlicher Service und bodenständige Küche. SP 27, km 9,3, Villasalto, Tel. 33 87 62 35 11

Ristorante Pizzeria Interacquas Ballao. Ländliches Lokal im Tal des Flumendosa mit typisch sardischer Küche. Località Interacquas, Ballao, Tel. 34 91 99 10 92, www.interacquas.altervista.org

ÜBERNACHTEN
B & B Casa Lussu. Sardinien hautnah erleben in einem originalen B & B auf dem Land – mit alter Webetradition. Via Guglielmo Marconi 22, Armungia, Tel. 33 98 14 17 86

INFORMATION
www.comune.armungia.ca.it

14 Costa Rei
Einfach die Seele baumeln lassen

Die Costa Rei im äußersten Südosten Sardiniens ist im wahrsten Sinne des Wortes eine Küste für Könige – auch wenn der Name nur scheinbar von »König« kommt. Zehn Kilometer feinster Sandstrände am Stück, vom Capo Ferrato im Norden bis zur Cala Sinzias im Süden, werden nur durch kleine Buchten und Felsklippen unterbrochen. Sanfte Hügel mit grüner Macchia leuchten im Hintergrund – mit markanten Granitfelsen mittendrin.

In Tourismusprospekten wird die Costa Rei häufig als Königsküste bezeichnet. Das *Rei* der Traumküste kommt aber nicht vom *Re*, dem »König«. Ganz im Gegenteil. *Rei* bezieht sich auf *colpevole* (»schuldig«) – *Costa dei Colpevoli* (»Küste der Schuldigen«) – Bezug nehmend auf die 30 Strafgefangenen aus Cagliari, die 1876 erstmals an der Küste gelandet sind.

Wo die Malaria regierte

Der Landstrich war bis vor 150 Jahren nur spärlich von Hirten und Bauern besiedelt, große Teile der Ebene waren ein von Malaria verseuchtes, unwirtliches Gebiet. In der kleinen Ortschaft Castiadas wurde dafür eine große Strafkolonie gegründet. Bis 1952 schufteten die Gefangenen hier und legten im Schweiße ihres Angesichts die letzten Sümpfe trocken, um das Land urbar zu machen. Mit niedrigen Kaufpreisen und Steuervergünstigungen wurden daraufhin Bauern in die Schwemmlandebene gelockt, um hier mit intensivem Ackerbau und Viehzucht zu beginnen.

Die Colonia Penale in Castiadas erzählt die Geschichte der ehemaligen Strafkolonie.

Costa Rei

Einfach gut!

Zwei Jahrzehnte später begann abermals ein Aufschwung – diesmal zu einem der beliebtesten Touristenziele Sardiniens, damit wurde zugleich ein neues Kapitel der Geschichte Costa Reis in die Wege geleitet.

Das 1500-Seelen-Dorf Castiadas erzählt heute noch die Geschichten der Sträflinge, die das Gelände trockengelegt und in fruchtbares Ackerland verwandelt haben. Ein Teil der Strafkolonie wurde restauriert und zum Museum, dem Museo del Territorio, umgestaltet. Das Museum liegt im Direktionsflügel der ehemaligen Strafkolonie und dokumentiert die Geschichte des Gefängnisses, lokale Traditionen und das Leben der Gefängnisinsassen werden vorgestellt. Besichtigt werden können auch die Hochsicherheitszellen und die Villa des Direktors.

Urlaub für wirklich jeden Geschmack

Eine historisch gewachsene Ortschaft gibt es entlang der Costa Rei eigentlich nicht. Die sucht man vergebens. Dafür ist der Großteil des Küstenabschnittes durchgehend verbaut. Feriensiedlungen und Villenviertel sind seit den 1970er-Jahren zuhauf aus dem Boden gewachsen und reihen sich aneinander – nicht immer ganz im Einklang mit der Natur. Dafür ist die Costa Rei zumindest vor großen Beton-Bettenburgen weitgehend verschont geblieben. Das Urlaubsangebot ist vielseitig: Wer Ruhe und Erholung sucht, der ist hier genauso gut aufgehoben wie die Liebhaber von Wassersport, Fun und Action. Segler und Surfer fühlen sich hier genauso wohl wie Taucher und Schnorchler. Für Familien mit Kindern könnten die Voraussetzungen für einen Badeurlaub an diesem Küstenstrich ohnehin nicht besser sein.

SA PRAZZIRA & SA PEZZA DE CRABA

Menschen und ihre Gegend lernt man am besten durch ihre Küche kennen. Einfach, aber ganz auf die Frische und Qualität der Produkte konzentriert, so präsentiert sich die Küchentradition im Südosten Sardiniens. Typische Spezialitäten sind *Sa Prazzira* und *Sa Pezza de Craba.* Auberginen, Tomaten, Pilze, Kartoffeln, Basilikum, Knoblauch und Olivenöl werden in einem Teig wie eine Pizza gebacken und tragen zum intensiven Geschmack der *Sa Prazzira* bei. *Sa Pezza de Craba* hingegen ist ein traditioneller Ziegenbraten – und Anlass für ein jährliches großes Volksfest im Juli in San Vito. Überhaupt: Die zahlreichen Feste und Feiern in den Ortschaften sind die beste Gelegenheit, um die Spezialitäten der Gegend zu verkosten. Im August lädt Villaputzu zur Sagra dei Ravioli e dei Malloreddus.

Zu typisch bodenständiger sardischer Landküche lädt der Agriturismo Sa Marighedda in der Località Malocu in Castiadas ein.

91

Oben: Sandstrände an der Costa Rei: Hier findet jeder seinen Platz.
Mitte: Strandimpressionen an der Cala Marina in Castiadas
Unten: Entspannung und Spaß am Strand, das geht auch außerhalb der heißen Jahreszeiten.

In den letzten Jahren hat sich besonders im landwirtschaftlich geprägten Hinterland eine willkommene Entwicklung angebahnt: Immer mehr Bauernhöfe laden zum Urlaub mitten im Grünen und zum Eintauchen in Alltag, Kultur und Tradition der Gegend. Vor Ort bieten viele auch ihre Produkte – vom Wein bis zum Honig, vom Gemüse bis zum Schafskäse, von den Zitrusprodukten bis zu heimischen Spezialitäten – zum Verkosten und natürlich zum Kauf an.

Die schönsten Strände

Die Strände zählen mit zu den schönsten, die Sardinien zu bieten hat. Weißer Sand, azurblaues, kristallklares Meer, ein traumhaft grünes Hinterland – da kann einfach niemand widerstehen. Porto Pirastu mit seinem naturbelassenen Sandstrand liegt an der Südseite des Vorgebirges von Capo Ferrato mit seinen Granitriffen.

Hier im Norden der Costa Rei geht es auch in der Hochsaison meist ruhiger zu als etwas weiter südlich. Es folgen die langgezogene Spiaggia Piscina Rei und die bekannte Spiaggia Costa Rei, die sich direkt an den bewohnten Zentren entlangziehen und in den Sommermonaten ziemlich überfüllt sind. Weiter Richtung Süden liegen zwei kleinere, geschützte Buchten dicht nebeneinander: die Spiaggia Santa Giusta und die Cala Sant'Elmo. In den von Granit- und Lavafelsen eingefassten und von Ginster und Wacholder umrahmten Buchten vermischt sich ganz zauberhaft der Duft von Meer und Macchia. Hier schließen sich die Cala Monte Turno und die Spiaggia San Pietro an. Den südlichen Abschluss der Costa Rei bildet die Cala Sinzias, ein knapp zwei Kilometer langer, feiner Sandstrand – eingerahmt von rot leuchtenden Granitfelsen und saftig grüner Macchia.

Infos und Adressen

SEHENSWÜRDIGKEITEN

Museo del Territorio. Geschichte und Kultur des Territoriums sowie der Sträflingskolonie. Juni–Sept. tgl. 9–13 und 16–24 Uhr, Colonia Penale, Castiadas, Località Praidis, Tel. 070 99 45 03 07

ESSEN UND TRINKEN

Ristorante Sa Cardiga e Su Pisci. Hervorragender Ruf, ausgezeichnete Küche mit Fleisch und Fisch. Piazza Sardegna 10, Monte Nai, Tel. 070 99 11 08, www.samurta.com

Agriturismo Sa Marighedda. Rustikales Lokal mit bodenständiger sardischer Landküche. Località Malocu, Castiadas, Tel. 33 81 11 64 60, www.samarighedda.com

Ristorante L'Aragosta. Familienbetrieb mit solider mediterraner Fischküche. Località Costa Rei, Via Cristoforo Colombo 1, Tel. 070 99 11 18, www.laragostacostarei.it

ÜBERNACHTEN

Hotel La Villa del Re. Raffinierter Luxus, absoluter Komfort, Privatstrand und Gourmetrestaurant. Località Su Cannisoni, Castiadas, Tel. 07 07 75 30 09, www.lavilladelre.com

Affittanze Sa Murta. Villen, Ferienhäuser und Appartements in mediterraner Umgebung sowie nah am Meer zu vermieten. Piazza Sardegna 10, Castiadas, Tel. 070 99 11 08, www.samurta.com

Hotel Albaruja. Ruhiges, gepflegtes Bungalowhotel in Strandnähe. Via Cristoforo Colombo, Monte Nai, Tel. 070 99 15 57, www.albaruja.it

Limone Beach Resort. Große, gut organisierte Campinganlage mit allem Drum und Dran. Località Cala Sinzias, Tel. 070 99 50 35, www.limonebeach.it

EINKAUFEN

L'Emporio. Handgefertigte Webarbeiten und Textilien vom Feinsten und in großer Auswahl. Colonia Penale, Castiadas, Tel. 07 09 94 70 05

AKTIVITÄTEN

AllDive Rei Diving Service. Das Tauchzentrum an der Costa Rei, mit Tauchkursen und Exkursionen. Località Costa Rei, Tel. 34 66 97 14 55, www.reidiving.com

Sardinia Charter. Bootsausflüge, Bootsverleih, Segelschule Wasserski und Windsurf. Località Sant'Elmo, Tel. 34 54 39 67 21, www.sardiniacharter.it

INFORMATION

www.aptcostarei.com
www.prolococastiadas.it

Alte Ölmühle in der Strafkolonie Colonia Penale in Castiadas

15 Villasimius
Tourismushochburg mit Meeresschutzgebiet

Das einstige kleine Fischerdorf Villasimius im äußersten Südosten der Insel hat die gleiche Entwicklung hinter sich wie die meisten Orte an der Ostküste Sardiniens. Ab den 1970er-Jahren werdem mehrere Tausend Jahre alte Lebensumstände radikal verändert. Der Tourismus entdeckt die herrlichen Strände und das glasklare, azurblaue Meer und prägt fortan den Werdegang der Gegend – hin zu einem der beliebtesten Ferienzentren der Insel.

Die Besiedlungsgeschichte des südöstlichsten Zipfels Sardiniens reicht zurück bis in die prenuraghische Zeit. Später haben Nuragher, Phönizier und Punier sowie Römer ihre Spuren hinterlassen. Villasimius als Dorf im heutigen Sinn ist aber erst Mitte des 19. Jahrhunderts von Fischern gegründet worden. Ein Fischerdorf blieb es dann auch bis zu seiner Entdeckung durch die Tourismusindustrie vor knapp fünf Jahrzehnten. In der Hochsaison gibt es in den alten Gassen des Ortszentrums kaum ein Durchkommen, wenn sich Jung und Alt auf der kleinen Piazza oder am großen Hafen treffen und sich vom quirligen Treiben an den überfüllten Hauptstränden erholen.

Fortezza Vecchia und Museo Archeologico

Auf einem Felsvorsprung auf dem Weg zum Capo Carbonara steht die alte Festung von Villasimius, die Fortezza Vecchia, deren Ursprünge auf das 14. Jahrhundert zurückgehen. Im 16./17. Jahrhundert wurde die Anlage zum Schutz vor den Einfäl-

Mitte: Am Strand von Villasimius, einem der beliebtesten Ferienzentren Sardiniens
Unten: Die Fortezza Vecchia von Villasimius ist definitiv ein lohnendes Ziel für eine kleine Wanderung.

len der Sarazenen mit einem massiven, sternförmigen Befestigungsbau, einem Mauerring und einer Anlage mit vier Türmen erweitert. In der Fortezza ist heute ein internationales Kunstzentrum untergebracht. Im Zentrum steht die sehenswerte Dauerausstellung Enemigos de la Fè, pirati e difensori costieri, in der es um die »Feinde des Glaubens, Piraten und die Verteidigung der Küsten« geht. Da wird die Geschichte der Pirateneinfälle an den sardischen Küsten zwischen dem 16. und 19. Jahrhundert recht anschaulich dargestellt.

Das Museo Archeologico von Villasimius hat seinen Sitz in einem Herrenhaus aus dem 19. Jahrhundert. Hier werden Funde aus der Nuraghen-Zeit bis ins späte Mittelalter ausgestellt. In der Sala del Mare werden die Unterwasserfunde an der Küste von Villasimius präsentiert. Die Sala del Santuario und die Sala del Territorio sind dem Heiligtum von Cuccureddus und der phönizischen und römischen Epoche gewidmet. Zu sehen sind auch die Überreste sowie die Ladung eines im 15. Jahrhundert vor der Küste bei der Isola dei Cavoli gesunkenen spanischen Schiffes.

Den aus Granitsteinen erbauten Sarazenenturm von Porto Giunco erreicht man auf dem Weg nach Capo Carbonara. Mitte der 1960er-Jahre, als Ernst Jünger sich hier auf die Suche nach einem einfachen Leben machte und seinen Roman *Am Sarazenenturm* schrieb, ging es in der Gegend sicherlich noch um einiges beschaulicher zu.

Moderner Jachthafen und bezaubernde Strände

Der moderne Jachthafen von Villasimius bietet 750 Booten Platz und ist Ausgangspunkt für Ausflüge zu den vor der Küste liegenden Inseln oder

Geheimtipp

AM CAPO CARBONARA

Das Vorgebirge Capo Carbonara, der südöstlichste Punkt Sardiniens, zieht sich lanzenspitzenförmig von Villasimius ins Meer hinaus. Herb und wild ist die Gegend, mit schillernden Felsen und duftender Macchia. Ein einmaliges Gebiet für Spaziergänge, Wanderungen und Exkursionen – wenn man die heißesten Stunden des Tages meidet. Als Ausgangspunkt empfiehlt sich Porto Giunco. Über den langen Sandstrand, der den Stagno di Notteri vom Meer trennt, erreicht man die Torre del Giunco mit herrlicher Aussicht. Auf der Isola dei Cavoli lädt ein gut ausgebauter Wanderweg zum Erforschen der besonderen Flora und Fauna der Insel. Für Taucher ein absolutes Muss sind die Punta La Guardia, Madonna del Naufragio und die Reste des 1943 gesunkenen Dampfschiffes *Egle*.

Informationen und Kartenmaterial: www.ampcapocarbonara.it

zu Tauchexkursionen zu den vor der Küste gesunkenen Schiffen. Das Meer hier ist bei Tauchern für seine vielfältige und einzigartige Unterwasserflora und -fauna beliebt.

Die felsige Isola Serpentara mit ihren bizarren Granitblöcken und ihrer üppigen Mittelmeermacchia erinnert in ihrer Form an eine Schlange, einen *Serpente*. Von der Torre di San Luigi aus hat man einen herrlichen Ausblick auf die gesamte Küstenlandschaft von Villasimius. Die Insel gehört ebenso wie die Isola dei Cavoli und die gesamte Küste rund um Capo Carbonara zum 1999 ausgewiesenen Meeresschutzgebiet Area marina protetta Capo Carbonara. Navigation, Fischfang und Tauchen unterliegen den von der Parkverwaltung auferlegten Regeln und sind in einigen Gebieten verboten.

Die kilometerlangen Sandstrände von Villasimius sind besonders für Familien mit Kindern geeignet. Cala Pira, Punta Molentis, Simius und Porto Giunco laden an der Ostküste zum Badespaß. Im Golfo di Carbonara sind es vor allem die Traumstrände Del Riso – mit den reiskorngroßen Quarz-Granitkieseln –, Campulongu und Campus. Der 34 Hektar große Lagunensee von Notteri auf der Landzunge von Capo Carbonara trocknet in den Sommermonaten meist aus. In der feuchten Jahreszeit fühlen sich hier zahlreiche Flamingos wohl.

Oben: Bunte Ferienhäuser am Strand von Villasimius
Unten: Natur pur lädt zum Staunen und zum Genießen ein.

Infos und Adressen

SEHENSWÜRDIGKEITEN

Fortezza Vecchia. Dauerausstellung über die Geschichte der Pirateneinfälle auf Sardinien, Tgl. 10–13 und 16–21 Uhr, Piazza Gramsci 1, Villasimius, Tel. 07 07 93 02 71, www.villasimiusweb.com

Museo archeologico. Barrierefreies Museum mit kostenlosen Führungen, tgl. 10–13 und 16–18 Uhr, Via A. Frau 5, Tel. 07 07 93 02 90, www.villasismusweb.com

ESSEN UND TRINKEN

Ristorante Carbonara di Frau. Große Auswahl an Fischgerichten, nettes Ambiente, guter Service. Via Umberto I, Tel. 070 79 12 70, www.ristorantecarbonaravillasimius.com

Osteria Il Moro. Klassische sardische Küche in gepflegtem Ambiente, großer Garten. Villaggio dei Mandorli, Via Cagliari 24, Tel. 070 79 81 80

BELIEBTE TREFFPUNKTE AM ABEND

Bar Toma Toma. Piazza Gramsci 1, Tel. 070 79 12 33

Garibaldi Bar Lounge. Via Garibaldi 1, Tel. 360 62 01 58

Disco-Club-Ristorante Lo Sciabecco. SP 17, km 39,5 nach Cagliari, Tel. 070 79 15 12, www.sciabecco.it

Gelateria Amore Mio. Hausgemachtes Eis in großer Geschmacksvielfalt. Via del Mare 86, Tel. 34 76 07 46 05

ÜBERNACHTEN

Hotel Su Sergenti. Zentral gelegenes, nettes kleines Drei-Sterne-Hotel. Viale Matteotti, Tel. 070 79 20 01, www.hotelsusergenti.com

Villaggio Spiaggia del Riso. Gepflegte Einrichtung direkt am Meer mit viel Schatten, Restaurant und Animation. Località Campu-longu, Via degli Aranci 2/A, Tel. 070 79 10 52, www.villaggiospiaggiadelriso.it

EINKAUFEN

Pasticceria La Perla. Pasticceria mit fabelhaften Süßspeisen und Backwaren aus der sardischen Tradition, denen man nur schwer widerstehen kann. Via del Mare 104/106, Tel. 070 79 13 26, www.pasticcerialaperla villasimius.com

AKTIVITÄTEN

Harry's Tours. Schlauchbootvermietung, Tauchgänge, Tauch- und Segeltörns. Porto Capitana, Porto Villasimius, Tel. 33 83 77 40 51, www.harrystours.com

Tanka Golf & Country Club. Golfplatz eingebettet in eine zauberhafte Landschaft mit Traumblick. Località Elmas, Viale degli Oleandri 7, Tel. 34 28 85 62 44, www.atahotels.it

INFORMATION

www.villasismusweb.com
www.villasimius.org

Da lässt es sich aushalten: Strandbar in Porto Giunco.

16 Solanas
Panoramastraßen und Badebuchten

Vom Golfo di Carbonara bei Villasismus bis zum Golfo di Quartu vor den Toren von Cagliari erstrecken sich über 40 Kilometer Küste: teils wild, felsig und unzugänglich, meist aber mit reizvollen Buchten sowie einladenden Stränden. Gleich hinter dem Capo Boi, bis zu dem das Meeresschutzgebiet von Capo Carbonara reicht, liegt das Dorf Solanas, ein beliebter Ferienort der Cagliaritaner.

Die Küstenstraße von Villasismus nach Cagliari zählt zu den landschaftlich eindrucksvollsten Sardiniens. Gleich nach Villasismus zweigt die Straße ab ins Hinterland und umrundet das Gebirgsmassiv am Capo Boi. Immer wieder öffnet sich der Blick über die atemberaubende Steilküste hinaus aufs Meer und hinab zu kleinen, versteckten Buchten zwischen den Granitfelsen. Mediterrane Macchia und die eindrucksvollen Ausläufer der Gebirgskette der Sette Fratelli prägen das Bild landeinwärts.

Die kleine, hübsche Gemeinde Solanas ist fest in der Hand der Cagliaritaner, die hier mitten im Grünen zahlreiche kleine Ferienhäuser besitzen. Schmale Straßen, ein paar Cafés, Läden und kleine Restaurants – recht viel mehr hat der Ort nicht zu bieten. Braucht er auch nicht. Was hier zählt, sind der feine, einen Kilometer lange weiße Sandstrand von Solanas und das kristallklare Wasser. Der Strand zieht sich bis zum Porto sa Ruxi am Capo Boi mit seinen kleinen Dünen hin, einem Mekka für Surfer und sehr beliebt bei Freunden der Unterwasserjagd und Tauchern.

Oben: Das Gebirgsmassiv am Capo Boi: wild, felsig und teils unzugänglich
Unten: Reizvolle Badebuchten bei Solanas locken mit langen, einladenden Sandstränden.

Richtung Cagliari stößt man schon bald auf die flache Spiaggia Genn'e Mari bei Torre delle Stelle mit ihrem weißen, mittelgroben Sand. Genn'e Mari bedeutet auf sardisch »führt zum Meer«. Der Strand bietet alles, was der Badegast braucht: vom Liegestuhl und Sonnenschirm über Bar und Kiosk bis hin zur Taucherausrüstung.

Die schönsten Badeziele

Weiter geht es auf der Panoramastraße nach Westen, wo bereits nach wenigen Kilometern die Strände von Geremeas mit der gleichnamigen Ortschaft und Mari Pintau warten. Mare Pintau ist mit seinem weißen Sandstrand und der traumhaften Bucht im wahrsten Sinn des Wortes ein Postkartenmotiv, ein »gemaltes Meer«.

Der Kiesstrand von Cala Regina ist mit zahlreichen Felsen bedeckt. Über der kleinen Bucht mit dem azurblauen Wasser thront auf einem Landvorsprung, der schroff ins Meer abfällt, ein spanischer Aussichtsturm. Eukalyptusbäume, Pinien und mediterrane Macchia breiten sich dahinter aus und verbergen die zahlreichen Ferienhäuser und Villen, die sich an die Hänge schmiegen.

Kurz vor Cagliari trifft man auf den Strand Is Mortorius in der gleichnamigen Ortschaft – mit grobem Kies sowie sandigen und felsigen Abschnitten. In den vom Wasser umspülten Riffen leben Seeigel und Napfschnecken. Es folgt der schmale Strand von Marina di Capitana mit seinem feinen, hellen Sand. Gleich dahinter beginnt das Gebiet von Quartu Sant'Elena mit seinen ausgedehnten Lagunenseen und den Vorstadtvierteln von Cagliari. Die Sonne genießen, im Wasser planschen, schwimmen, schnorcheln, tauchen, segeln und surfen … an den Stränden zwischen Villasimius und Cagliari kommt jeder auf seine Kosten.

Infos und Adressen

ESSEN UND TRINKEN

Ristorante Da Barbara. Einfaches Lokal mit ausgezeichneter Fischküche. Strada Provinciale nach Villasimius, Solanas, Tel. 070 75 06 30

Pizzeria Ristorante Il Veliero. Nettes Ambiente, gute Pizza und Restaurantküche. Via Del Mare 2, Solanas, Tel. 070 75 07 58

Ristorante Da Severino. Einladendes Lokal mit bodenständig sardischer Küche. Localita Santa Barbara, Solanas, Tel. 07 07 50 00 14

Pizzeria Miticus. Gute Pizza, nette Atmosphäre. Via IsPranus 32, Solanas, Tel. 34 80 30 35 76

ÜBERNACHTEN

Hotel Via del Mare Solanas. Gepflegtes Hotel mit netten Zimmern direkt am Strand, gutes Restaurant. Via al Mare 55, Solanas, Tel. 070 75 07 05, www.hotelviadelmare.com

Hotel Solanas. Nettes Hotel für einen erholsamen Urlaub, mit Pool. Via Su Portu 32/34, Solanas, Tel. 07 02 35 50 87, www.hotel solanas.net

Hotel Il Monastero. Einladende Hotelanlage, mit Wellness-Zentrum und Reitstall. Via Delle Sequoie 14, SP 17, km 17,3, Località Geremeas, Tel. 070 80 22 00, www.monasterohotel.it

AKTIVITÄTEN

Vanity Beach – Stabilimento Balneare. Kiosk, Bar, Strandeinrichtungen, Pedalò, Gummibooteverleih, Konzerte … Spiaggia Località Solanas, Tel. 39 22 94 12 64, www.vanitybeach.it

CAGLIARI

17 Cagliari
Bunte Vielfalt im Zentrum Sardiniens

Sardiniens Hauptstadt hat sich zum spannenden Schmelztiegel der Insel entwickelt. Hier konzentrieren sich die bunte Vielfalt der sardischen Kultur und ihrer Bräuche, ihrer Küche und ihrer Tradition und vermischen sich mit dem rasanten Aufbruch in die Moderne. Wer Cagliari verstehen will, muss seine Geschichte kennen. Diese ist der Schlüssel zum Eintauchen in seine engen Gassen und modernen Zentren.

Cagliari ist mit knapp 160 000 Einwohnern Sardiniens größte Stadt. Mit all ihren Vorstädten, die sich weit ins Hinterland hinein ausdehnen, bringt es das Ballungszentrum sogar auf über 400 000 Bewohner und damit auf ein gutes Viertel der Inselbewohner. Die Stadt ist Sitz von Regionalparlament und Regionalregierung sowie Verwaltungssitz der wichtigsten Behörden und Ministerien. Der Hafen von Cagliari zählt zu den wichtigsten im Mittelmeerraum und ist zentraler Warenumschlagplatz mit Freihandelshafen. Sein Containerterminal gehört zu den größten Italiens, ebenso wie der Fischmarkt von San Benedetto. Der Hafen bietet Fährverbindungen nach Palermo, Neapel, Arbatax, Civitavecchia und Trapani an.

Der internationale Flughafen Cagliari-Elmas Mario Mameli bindet die Stadt lückenlos ins europäische Verkehrsnetz ein. Zahlreiche international operierende Konzerne haben in Caglieri Niederlassungen und beleben die industrielle Produktion der Hauptstadt. Cagliari ist Sitz der führenden italienischen IT-Firma Tiscali und nimmt im Bereich der neuen Technologien ita-

Vorherige Doppelseite: Essen im Hinterhof: In den Gassen laden kleine Trattorie zum Verweilen ein. **Oben:** Blick über die Altstadt von Cagliari mit dem Casteddu-Viertel **Unten:** Mercato San Benedetto: Einen Besuch wert sind Markthalle und Fischmarkt.

Blick auf Cagliaris Hafen

lienweit eine führende Rolle ein. Cagliari ist aber auch das kulturelle Zentrum Sardiniens, Sitz des Erzbistums Cagliari sowie mit etwa 35 000 Studentinnen und Studenten eine lebendige und gefragte Universitätsstadt. Die einmalige Lage und das besondere Flair der Stadt machen diese zudem zu einem Anziehungspunkt für Touristen.

Wechselvolle Geschichte

Kàralis tauften die Phönizier im 7. Jahrhundert v. Chr. ihre neu gegründete Kolonie auf dem Hochplateau im Süden der Campidano-Ebene. Die Römer machten später ein *Càralis* daraus, und im Mittelalter wandelte sich der Namen in ein *Calaris*, das die Pisaner wiederum in ein *Callari* umwandelten. Die Spanier sprachen den Namen schließlich mit der heute gebräuchlichen Betonung aus, und so blieb es bei Cagliari.

Die erste Besiedlung der Gegend geht auf prähistorische Zeiten zurück. Die Phönizier gründen auf der Landzunge von Sant'Elia und in der Lagune Santa Gilla Niederlassungen. Die Karthager bauen die vorhandenen Strukturen zu städtischen Anla-

gen mit Wirtschaftsstrukturen und religiösen Zentren, wie der Nekropole von Tuvixeddu oder dem Heiligtum Tophet von San Paolo, aus. Ab 238 v. Chr. stülpen die mächtigen Römer ihr architektonisches Stadtkonzept über die alten Anlagen und lassen nicht mehr viele Spuren ihrer Vorgänger übrig. Càralis wird zum wichtigsten römischen Flottenstützpunkt auf Sardinien, und 46 v. Chr. verleiht Caesar den Einwohnern das römische Bürgerrecht. Mit dem Niedergang des Weströmischen Reiches fällt Cagliari im Jahr 455 in die Hand der Vandalen, denen 534 die Byzantiner folgen.

Seeräuber, Spanier und Piemonteser

Nach dem Rückzug des Byzantinischen Reiches bilden sich auf Sardinien im 9. Jahrhundert vier Judikate mit einheimischen Richtern und Feudalherren, an die noch heute das sardische Wappen erinnert. Cagliari wird in dieser Zeit häufig von maurischen Seeräubern überfallen und geplündert, weshalb die Bewohner ihre Stadt verlassen und auf der Lagune von Santa Gilla ihren neuen Sitz Santa Igia gründen.

1258 übernimmt Pisa die Herrschaft in der Stadt und baut den heutigen Schlossberg, den Colle di Castello, zu seinem Machtzentrum aus. 1323 landen die Aragoneser auf Sardinien und übernehmen die Macht im Lande. Eine dunkle Periode in der Geschichte der Stadt beginnt. Die Sarden werden aus allen öffentlichen Ämtern verjagt, ein wirtschaftlicher Niedergang setzt ein, der unter der Herrschaft Spaniens bis 1720 anhält. Dann kommen die Piemonteser unter Vittorio Amedeo II. von Savoyen ins Land und sorgen für einen positiven Wandel im Leben der Stadt. Der Ausbau der Straßen und der öffentlichen Einrichtungen, die Errichtung von Straßenbeleuchtungen, Postwesen

Oben: Flanieren unter den einladenden Arkaden der zentralen Via Roma am Hafen
Unten: Enge Gassen und versteckte Winkel im historischen Zentrum von Cagliari

und Kirchen stehen auf dem Programm.
Die Stadt wird vereint und gewinnt allmählich ein neues Selbstbewusstsein.
Einen letzten schweren Rückschlag erleidet
Cagliari durch die starken Bombardierungen
vom Februar und Mai 1943, welche große Teile
der Stadt dem Erdboden gleichmachen.

Cagliari heute

Cagliari präsentiert sich heute als einladende und
überaus lebendige Stadt. Wer sich vom Meer her
der Stadt nähert, bekommt wohl den unmittelbarsten Eindruck. Gleich am modernen Hafen
öffnen sich eindrucksvolle Bilder, und man kann
gleich ins Alltagsleben von Marina, dem alten
Hafenviertel, eintauchen. Hier herrscht geschäftiges Treiben. Eine Kneipe reiht sich, wie etwa
in der Via Sardegna, an die nächste. Von der einfachen Osteria bis zum Sternelokal reicht die
Auswahl. Unter den hübschen Arkaden der weitläufigen Hafenpromenade Via Roma laden zahlreiche Geschäfte und Boutiquen zum Bummeln,
Shoppen und Flanieren ein.

In den malerischen historischen Vierteln Castello
und Stampace überraschen den Besucher kleine,
verwinkelte Gassen, in die kaum ein Sonnenstrahl
fällt, genauso wie zahlreiche Bauwerke, die an
die wechselvolle Geschichte der Stadt erinnern.
Auf und ab führen Straßen und Treppen über die
zehn Hügel, auf denen die Stadt erbaut ist.

Hoch über der Stadt thront die Burg von Cagliari
mit ihren mächtigen Verteidigungsanlagen. Das
unter der Herrschaft von Pisa gegründete historische Zentrum hat vom Castello auch gleich seinen Namen erhalten. Von hier aus bietet sich eine
der schönsten Aussichten auf Stadt und Golf von
Cagliari. In der Citadella dei Musei, der Museums-

Nicht verpassen

TEATRO LIRICO DI CAGLIARI

Cagliari spielt eine
führende Rolle im sardischen Kulturleben. Das Theater und Opernhaus der Stadt, das
Teatro Lirico di Cagliari, zählt zu
den modernsten im ganzen Mittelmeerraum. Es wurde 1993 nach
Plänen der Architekten Bergamaschi, Ginoulhaic und Galmozzi
anstelle des im Zweiten Weltkrieg
zerstörten Stadttheaters eröffnet.
Geboten werden Opern- und Theateraufführungen sowie Konzerte
von internationalem Niveau. Die
Opernsaison beginnt jedes Jahr
mit einer Erstaufführung, die nicht
nur für die Insel von großem Interesse ist. Im Parkett und in den
Logen finden 1650 Besucherinnen
und Besucher Platz. Im 2011 eingeweihten Parco della Musica vor
dem Theater finden zahlreiche
Freiluftveranstaltungen statt.

Teatro Lirico di Cagliari.
Via Sant'Alenixedda, Cagliari,
Tel. 07 04 08 21, www.teatro
liricodicagliari.it

Am Abend fängt das Leben erst
so richtig an: nächtliches Treiben
auf der Piazza Yenne.

Oben: Blick auf das Quartiere Castello oben auf dem Burghügel
Mitte: Mehr als Folklore: Gelebtes Brauchtum gehört auf Sardinien zum Alltag.
Unten: In der Chiesa Sant'Efisio beginnt alljährlich das größte Volksfest Sardiniens.

zitadelle, werden die wertvollsten Kunstschätze Sardiniens ausgestellt.

Das Fest von Sant'Efisio

Alljährlich in den ersten Maitagen wird Cagliaris berühmtestes Fest, die Sagra di Sant'Efisio, gefeiert, das größte Fest ganz Sardiniens. Auf eine 350-jährige Tradition kann das historische Ereignis bereits zurückblicken. Die tief religiös geprägten Feierlichkeiten finden in Erinnerung an den Märtyrer Efisio, den Schutzheiligen von Cagliari, statt. Der römische Legionär bekannte sich zum Christentum und wurde in Nora von den Römern enthauptet. Trachtengruppen von der ganzen Insel begleiten in ihren historischen Kostümen die feierliche Prozession, die sich zu einem bunten folkloristischen Schmelztiegel verwandelt. Musizierend, tanzend und singend zieht die Prozession stundenlang durch die Gassen der Altstadt – auf einem auf vier Tage aufgeteilten 65 Kilometer langen Parcours bis nach Nora. Prächtig geschmückte Pferde und ihre Reiter begleiten die Prozession ebenso wie geschmückte Ochsengespanne. Das Fest mit der Statue des heiligen Efisio im Mittelpunkt beginnt am 1. Mai in Cagliari, wird an den zwei darauffolgenden Tagen in Pula und Nora fortgeführt und kehrt am vierten Tag zum feierlichen Abschluss wieder nach Cagliari zurück.

Infos und Adressen

ESSEN UND TRINKEN

Ristorante Antico Caffè 1855. Einmaliges Ambiente mit viel Tradition und Qualität im Herzen von Cagliari. Piazza Costituzione 10/11, Tel. 070 65 82 06, www.anticocaffe1855.it

Coccodi – il dolce e il salato. Klein und originell, mit Süßem und Salzigem vom Feinsten – auch für zwischendurch. Via Santa Margherita 9, Tel. 070 67 04 68

Ristorante Dal Corsaro. Elegant und mit Niveau speisen – im Herzen von Cagliari. Viale Regina Margherita 2, Tel. 070 66 43 18, www.dalcorsaro.com

ÜBERNACHTEN

Locanda dei Buoni e dei Cattivi. Gepflegtes B & B sowie viel besuchtes Restaurant im Zentrum. Via Vittorio Veneto 96, Tel. 07 07 34 52 23, www.locandadeibuoniecattivi.it

Hotel Due Colonne. 23 liebevoll ausgestattete Zimmer, nettes Ambiente, professioneller Service. Via Sardegna 4, Tel. 070 65 87 10, www.hotel2colonne.it

Hostel Marina. Einladende Jugendherberge in einem alten Palazzo im Zentrum. Scaletta San Sepolcro 3, Tel. 070 67 08 18, www.hostelmarinacagliari.it

EINKAUFEN

Mercato di San Benedetto. Der größte Fischmarkt Sardiniens mit riesiger Auswahl. Im ersten Stock Obst, Gemüse, Brot und typische sardische Produkte. So geschl., Via Francesco Cocco Ortu 50, Cagliari, Tel. 07 06 77 56 14, www.mercato sanbenedetto.com

L'Enoteca Biondi 1959. Weinhandlung mit guter Beratung und kleinem Speiseangebot für zwischendurch. Viale Regina Margherita 83, Tel. 07 06 67 04 26, www.enotecabiondi.it

AKTIVITÄTEN

Andromeda. Bootsverleih und Bootsausflüge. Corso Vittorio Emanuele 223, Tel. 070 65 27 46

Lugori. Geführte Stadtrundgänge und Ausflüge in die nähere Umgebung. Via Garigliano 2, Tel. 07 07 32 63 71, www.lugori.com

Festa di Sant'Efisio. Vom 1.–4. Mai, seit 1657. Tel. 07 06 77 84 70, www.cagliariturismo.it

INFORMATION
www.cagliariturismo.it

Tradition und Flair: im Antico Caffè 1855

18 Cagliari – Castello
Ein Besuch im historischen Zentrum von Cagliari

Das historische Stadtzentrum von Cagliari breitet sich auf dem dominanten Burghügel der Stadt aus. Die mächtigen Verteidigungsanlagen haben dem Viertel, das noch weitgehend in seiner mittelalterlichen Originalstruktur erhalten ist, seinen Namen gegeben: Castello, oder »su Casteddu«, wie es die Sarden liebevoll nennen. Malerische, verwinkelte Gassen prägen noch heute seinen besonderen, etwas morbiden Charme.

Ausgangspunkt für unseren Besuch im historischen Zentrum von Cagliari ist die zentrale Piazza Matteotti am Hafen. Über den breiten und mit Bäumen gesäumten Largo San Felice kommen wir in die belebte Geschäftsstraße Via Manno, die zur Bastion Saint Remy hochführt. Es geht schon ein wenig bergauf. Dafür erwartet einen oben eine atemberaubende Aussicht über Cagliari und seinen Hafen.

Die Geschichte von su Casteddu

Für die Sarden beginnt hier das eigentliche Cagliari, dessen Geschichte offiziell im Jahr 1217 ihren Lauf nimmt. Benedetta, Richterin des Judikats von Cagliari, muss den Pisanern das Kastrum Karalis abtreten. Die neuen Herrscher schützen die Bastion mit mächtigeren und höheren Mauern. Dann sind Spanier und Piemontesen an der Reihe, bauen Arsenal und Erdwälle, wobei der Burghügel die natürlichen Grenzen der groß angelegten Verteidigungsanlagen festlegt.

Das ehemalige Zentrum der Macht verfällt zusehends, wobei die Bombardements von 1943 dem

Mitte: Eindrucksvoll: Die Silhouette des Castello-Viertels erhebt sich über der Altstadt.
Unten: Auf der Piazza Carlo Alberto im Zentrum des Quartiere Castello

Vom Hafen ins historische Zentrum Castello

Ⓐ Piazza Matteotti – Der zentrale Verkehrsknotenpunkt von Cagliari mit dem Bahnhof der staatlichen Eisenbahnen, dem Busbahnhof und dem wenige Hundert Meter entfernten Fährhafen.

Ⓑ Largo Carlo Felice – Breite, elegante und von Bäumen gesäumte Straße, die vom Hafen ins Stadtzentrum führt.

Ⓒ Via Manno – Belebte Geschäftsstraße und Einkaufsmeile mit vielen Läden und buntem Treiben – ideal für einen Einkaufsbummel.

Ⓓ Bastione di Saint Remy – Die südliche Aussichtsterrasse des Castello-Viertels und beliebter Treffpunkt der Cagliaritaner. Piazza Costituzione

Ⓔ Torre dell'Elefante – Wehrturm aus dem frühen 14. Jahrhundert. In den Sommermonaten 10–14 und 16–20 Uhr, Mo geschl., Via Santa Croce Ecke Via Università, Tel. 07 04 09 23 06

Ⓕ Cattedrale Santa Maria di Castello – Cagliaris Dom und das nobelste Bauwerk des gesamten Castello-Viertels, im 13. Jahrhundert von den Pisanern im gotisch-pisanischen Stil errichtet, ab 1669 umfassend im barocken Stil umgebaut, eine Maßnahme, die auch das Innere der Kirche mit einbezog. Im Sommer tgl. 8–20 Uhr, Piazza Palazzo, www.duomo dicagliari.it

Ⓖ Palazzo di Città – Verschiedene Sonderausstellungen. Im Sommer tgl. 10–21 Uhr. An der Piazza stehen auch der Bischofspalast und der Palast der Vizekönige. Piazza Palazzo 6, Tel. 07 06 77 64 82

Ⓗ Torre di San Pancrazio – In den Sommermonaten 10–14 und 16–19 Uhr, Mo geschl., Piazza Indipendenza, Tel. 07 04 09 23 06

Ⓘ Piazza Arsenale – Cittadella dei Musei – Sitz der bedeutendsten Museen Sardiniens (siehe Seite 112):
• Museo Archeologico Nazionale (9–20 Uhr),
• Pinacoteca Nazionale (9–19.15 Uhr),
• Collezione delle Cere Anatomiche (9–13 und 16–19 Uhr) und
• Museo d'Arte Siamese (10–21 Uhr).
Montags sind alle Museen geschlossen.
www.archeocaor.beniculturali.it,
www.pinacoteca.cagliari.beniculturali.it,
www.museicivicicagliari.it

Viertel den letzten Rest geben. Der Putz an den Hausmauern bröckelt ab, die kunstvollen schmiedeeisernen Balkongitter verrosten. Erst ab den 1980er-Jahren zieht mit kleinen Geschäften, Künstlern und neuen Einwohnern neues Leben in die alten und aufwendig restaurierten Mauern des einstigen Nobelviertels ein.

Aussichtsterrassen und Wehrtürme

Die Bastion von Saint Remy ist die südliche Aussichtsterrasse des Castello-Viertels und der Treffpunkt der Cagliaritaner schlechthin. Der beliebte Platz wurde zwischen 1899 und 1902 im klassizistischen Stil auf die alte Bastion aus der Zeit der Spanier gebaut: mit einer großen, nach Umberto I. benannten Terrasse und einer kleineren, die Santa Caterina gewidmet ist. In den Sommermonaten ist die Bastion an den Wochenenden von Kunst- und Handwerksmärkten und Ständen mit typischen Produkten bevölkert.

Als Teil der ehemaligen pisanischen Befestigungsanlagen haben sich die beiden markanten Türme von Castello, die Torre dell'Elefante und die Torre di San Pancrazio aus dem frühen 14. Jahrhundert, erhalten, Werke des berühmten Architekten Giovanni Capula. Die beiden Türme ähneln sich in der Bauweise und sind an drei gemauerten Seiten ohne Türen und Fenster nach außen. Kleine Schießscharten bilden die einzigen Öffnungen. Die vierte Seite ist ohne Mauer, die Türme sind also offen. Schmale Holztreppen führen zu den vier ebenfalls aus Holz gebauten Plattformen.

Oben: Die Kathedrale Santa Maria di Castello, das nobelste Bauwerk des gesamten Viertels
Mitte: An der Torre dell'Elefante: Wehrturm aus dem frühen 14. Jahrhundert
Unten: Fresko im Dom von Cagliari

Dem kleinen Marmorelefanten über dem Tor hat der Elefantenturm in der Nähe der Universität seinen Namen zu verdanken. Er bildet den Zugang zum Castello-Viertel. 119 Stufen führen hinauf bis zur höchsten Aussichtsplattform. Die Torre San Pancrazio an der Piazza Indipendenza hat ihren Namen von der kleinen Kirche in der Nähe des Turmes und liegt an der höchsten Stelle des Viertels. Zwischen beiden Türmen breitet sich das Gassengewirr von Castello aus.

Der Dom von Cagliari

Das nobelste Bauwerk des gesamten Viertels ist die Kathedrale Santa Maria di Castello, die Bischofskirche des Erzbistums Cagliari, von den Einheimischen einfach »sa Seu« genannt. Das Gotteshaus wurde ursprünglich im 13. Jahrhundert von den Pisanern im gotisch-pisanischen Stil errichtet. Es folgten aber zahlreiche Um- und Ausbauten. Bereits im 14. Jahrhundert wurde die Außenfront im katalanisch-gotischen Stil erneuert. Die Spanier errichteten eine barocke Fassade, die 1933 abgerissen und nach den alten pisanischen Plänen neu errichtet wurde. Noch im Original erhalten sind Teile des quadratischen Glockenturms sowie die Portale der Seitenschiffe. Innen ist der Dom ganz im Barockstil und mit herrlichen Marmorböden ausgestattet. Die Marmorkanzel von Meister Guglielmo da Pisa aus der Mitte des 12. Jahrhunderts, eines der herausragendsten Werke pisanischer Kunst auf Sardinien, stand ursprünglich im Dom zu Pisa und wurde im 14. Jahrhundert nach Cagliari gebracht. Die Krypta beherbergt Grabkammern mit den Überresten von 300 sardischen Märtyrern.

Die Piazza Palazzo vor der Kathedrale ist das historische Zentrum des religiös-politischen Lebens von Cagliari. Neben dem Bischofspalast stehen der Palazzo di Città, dessen Baugeschichte weit ins Mittelalter zurückreicht, das ehemalige Rathaus im neogotischen Stil sowie der Palazzo Viceregio, der Palast der Vizekönige.

Infos und Adressen

SEHENSWÜRDIGKEITEN

Cattedrale Santa Maria di Castello. Mo–Sa 7.30–12 und von 16–18 Uhr, So 8–13 und 16.30–20.30 Uhr, Piazza Palazzo 4, Tel. 070 66 38 37, www.duomodicagliari.it

ESSEN UND TRINKEN

Ristorante Martinelli's. Spannend-innovative Küche. Via Principe Amedeo 18, Tel. 070 65 42 20, www.martinellis.it

Ristorante Luigi Pomata. Ein kreativer Chef und ausgezeichnete mediterrane Küche. Viale Regina Margherita 14, Tel. 070 67 20 58, www.luigipomata.com

ÜBERNACHTEN

Hotel Regina Margherita. Komfort im historischen Zentrum. Viale Regina Margherita 44, Tel. 070 67 03 42, www.hotel reginamargherita.com

B & B Centro Storico. Einladendes B & B im Herzen von Cagliari. Via Manno 1, Tel. 17 82 25 91 35, www.centrostoricoviamanno.it

EINKAUFEN

Cucina.eat di Alessandra Meddi. Osteria, Enoteca, Delikatessengeschäft, Buchhandlung in einem. Piazza Galilei 1, Tel. 07 00 99 10 98, www.shopcucina.it

Arte Sarda. Sardisches Kunsthandwerk direkt am Hafen. Via Roma 49, Tel. 070 66 34 16

INFORMATION

www.cagliariturismo.it
www.beniculturalicagliari.it
www.museicivicicagliari.it

CAGLIARIS MUSEEN
Einzigartige Kunst und Kultur

Das Achäologiemuseum in Cagliari entführt den Besucher in Sardiniens Vor- und Frühgeschichte.

Zwischen Ausstellungen, Museen, Galerien und den verschiedensten Veranstaltungen bietet Cagliari viele interessante Möglichkeiten auf der Suche nach Kunst und Kultur. Die wichtigsten Museen von Cagliari sind im modernen Komplex der Zitadelle der Museen im Castello-Viertel untergebracht – eine ideale Gelegenheit, um die Geschichte und die Kultur Sardiniens ansprechend und überschaubar kennenzulernen.

Cittadella dei Musei – Pinacoteca Nazionale

Die Cittadella dei Musei ist das kulturelle Zentrum der Stadt, ein Museumskomplex, in dem das Archäologische Museum (Museo Archeologico Nazionale, tgl. 9–20 Uhr, Mo geschl. Cittadella dei Musei, Piazza Arsenale 1, Tel. 070 65 59 11, www.museoarcheocagliari.beni culturali.it, www.museoarcheocagliari. beniculturali.it) und die Pinakothek (Pinacoteca Nazionale, tgl. 9–20 Uhr, Mo geschl. Cittadella dei Musei, Piazza Arsenale 1, Tel. 070 66 24 96, www. pinacoteca.cagliari.beniculturali.it), ein Wachsfigurenkabinett sowie ein Museum Siamesischer Kunst (Museo d'Arte Siamese »Stefano Cardu«, Mitte Juni–Mitte Sept. tgl. 10–20 Uhr, Mitte Sept.–Mitte Juni tgl. 10–18 Uhr, Mo geschl., Cittadella dei Musei, Piazza Arsenale 1, Tel. 070 65 18 88, www.museicivicicagliari.it, www.museicivicicagliari.it) und die Schule für Sardische Studien der Universität Cagliari vereint sind.

Die nationale Pinakothek wurde in den 1960er-Jahren von den aus Verona stammenden Architekten Cecchini und Gazzola entworfen. Die Sammlungen im Erdgeschoss zeigen sardische und katalanische Gemälde aus dem 15. und 16. Jahrhundert, größtenteils Werke von Maestro di Castelsardo und Pietro Cavaro, den größten Malern der Spätgotik und Frührenaissance auf Sardinien. Im ersten Stock befinden sich Gemälde aus dem 17. und 18. Jahrhundert. Daneben ist auch eine Fülle traditioneller Schmuckstücke, Textilien, Einrichtungsgegenstände, Waffen und Keramikgefäße ausgestellt.

Museo Archeologico Nazionale

Das in der Citadella dei Musei untergebrachte Archäologiemuseum bietet die umfassendste didaktische Darstellung der Geschichte des sardischen Kulturerbes. Die ausgestellten Fundstücke stammen von Ausgrabungen auf der gesamten Insel und veranschaulichen die wichtigen Zeitabschnitte von der prenuraghischen Vorgeschichte von 6000 v. Chr. bis ins Mittelalter.

Von großer Bedeutung ist die Sammlung der *Bronzetti*, der kleinen Kult-Bronzestatuen aus der Nuraghenzeit, mit einer großen Vielfalt an Darstellungsformen: Krieger mit Bogen oder Schwert, bewaffnete Stammesführer, weibliche Gottheiten, Frauen und Männer bei der Arbeit, aber auch Darstellungen von Tieren wie Stier und Hirsch geben tiefe Einblicke in die soziale Organisation und das religiöse sowie das Alltagsleben der geheimnisvollen Nuraghen.

19 Cagliaris Vielfalt
Römisches Anfiteatro und Strandleben in Poetto

Einen beschaulichen Alltag in den historischen Stadtvierteln, Ruhe und Stille in den vielen Kirchen und Kapellen, buntes Leben im quirligen Hafenbezirk mit seiner großen Auswahl an Geschäften und Kneipen jeder Art, großartige Naturschutzgebiete und Salinen vor den Toren der Stadt sowie kilometerlange, feinkörnige Sandstrände – Cagliari hat mit seiner lebendigen Vielfalt für jeden Geschmack etwas zu bieten.

Aus dem 2. Jahrhundert v. Chr. stammt das römische Amphitheater von Cagliari. Das Theater wurde direkt in den Hang des Colle di Buon Cammino gebaut, die Sitzreihen zum Teil direkt aus dem Stein gemeißelt. Mit 1150 Quadratmetern Fläche ist das Freilufttheater das größte römische Bauwerk auf Sardinien. 10 000 Besucher fanden hier einst Platz, mehr als ein Viertel der gesamten damaligen Bevölkerung des römischen Caralis. Unter dem Motto *panem et circenses* – »Brot und Spiele« – wurden hier neben Theateraufführungen nicht nur Gladiatorenkämpfe mit Mensch und Tier, sondern auch wilde Seeschlachten inszeniert. Die Arena wurde dazu durch unterirdische Kanäle unter Wasser gesetzt. Mit dem Zerfall des Römischen Reiches verlor auch das Anfiteatro zusehends an Bedeutung und wurde seinem Schicksal überlassen. Vom elliptisch angelegten Bau sind heute nur noch die in den Fels geschlagenen Teile erhalten. Mitte des 19. Jahrhunderts wurde das imposante Bauwerk renoviert und teilweise durch eine Holzkonstruktion überdacht. Im Sommer bildet das Amphitheater heute eine faszinierende Kulisse für Konzerte, Festivals und Theateraufführungen.

Direkt in den Hang des Colle di Buon Cammino bauten die Römer ihr Amphitheater.

Lohnendes Ziel: Orto Botanico in Cagliari

Stampace, seine Gärten und Kirchen

Nicht verpassen

Fünf Hektar Parkanlagen und über 2000 verschiedene Pflanzenarten, vorwiegend aus dem Mittelmeerraum, machen den Botanischen Garten von Cagliari zu einer besonderen Naturoase im Herzen der Altstadt. Der Garten wurde 1866 eröffnet und nach seiner Zerstörung während des Zweiten Weltkriegs komplett neu angelegt. Auf dem Gelände befinden sich neben der mediterranen Pflanzenwelt auch Heilpflanzen und eine große Kakteensammlung zwischen archäologischen Fundstätten, eine römische Höhle und Zisterne sowie verschiedene Wasserspiele.

Anfiteatro und Orto Botanico liegen im historischen Stadtviertel Stampace, westlich und unterhalb vom Zentrum Castello. Hier lebt Cagliari seinen Alltag in aller Beschaulichkeit, mit vielen Geschäften und alten Handwerksbetrieben, ohne Palazzi und Monumentalbauten. Dafür gibt es in diesem Viertel neben hübschen niedrigen Häusern in vielen Farben zahlreiche Kirchen: die Jesuitenkirche San Michele (Via Ospedale 2), eine gelungene Mischung aus jesuitischer Architektur und spanischem Barock, die Barockkirche Sant'Anna (Via

Azuni) mit den beiden Glockentürmen und Santa Chiara (Salita Santa Chiara) mit dem dazugehörigen barocken Kloster aus dem 17. Jahrhundert sowie die kleinen Kirchen Sant'Efisio (Via Sant'Efisio), die über der Gefängnisgrotte des Heiligen erbaut wurde, und Santa Restituta (Via Sant'Efisio 14).

Die Via Azuni ist für die Pferderennen berühmt, die hier bis Ende des letzten Jahrhunderts ausgetragen wurden. Die gepflasterte Via Cammino Nuovo, eine belebte Fußgängerzone, führt direkt zur Torre dell'Elefante.

Von Villanova zur Basilika Nostra Signora di Bonaria

Auch in Villanova, dem östlich von Castello gelegenen Stadtteil, geben einige Kirchen den Ton an. Der Viale Regina Elena führt genau an der Rückseite der Stadtmauern von Castello, Kathedrale und Königspalast vorbei zum Kloster San Domenico (Piazza San Domenico 4). Es wurde im 13. Jahrhundert für den ersten Dominikanerorden Sardiniens gegründet und ist eines der schönsten Bauwerke der aragonesischen Gotik in Cagliari. Sehenswert ist der Kreuzgang der Klosterkirche, dessen Süd- und Westseite elegante Meisterwerke der Spätgotik sind.

Über die Via Alghero kommen wir zur Piazza Repubblica mit der Bahnstation der Sardischen Eisenbahnen. Nicht weit entfernt davon liegt die Basilika San Saturno (Piazza San Cosimo). Sie stammt aus dem 6. Jahrhundert und ist das erste Zeugnis frühchristlicher Baukunst in der Region. Die Basilika wurde an der Stelle des Martyriums des aus Cagliari stammenden Heiligen Saturno errichtet. Der Zentralbau mit den vier durch Bögen verbundenen Pfeilern, auf denen die Kuppel auf-

liegt, sowie Überreste der kleinen, viereckigen Apsis gehen auf diese frühe Zeit zurück.

Auf dem Weg zum Poetto, dem Hausstrand Cagliaris, kann man die berühmte Wallfahrtskirche und Basilika Nostra Signora di Bonaria (Piazza Bonaria 2) nicht übersehen. Die Basilika ist der Schutzpatronin der Seefahrer geweiht und eine der symbolischen Stätten von Cagliari. Über der ausladenden Freitreppe erhebt sich auf dem Hügel von Bonaria die von 1324 bis 1326 erbaute Wallfahrtskirche neben einer Nekropole aus römischer und vorrömischer Zeit. Beeindruckend sind die achteckige Kapelle der Apsis und die Statue der Signora di Bonaria auf dem Hauptaltar.

Der Legende nach wurde die Madonna in einer stürmischen Nacht des Jahres 1370 hier in einer Kiste angespült. Als die Anwohner die Kiste öffneten, stellten sie erstaunt fest, dass die Kerze in den Händen der Madonna noch brannte. Die Madonna von Bonaria wurde zur höchsten Schutzpatronin der Seeleute und ganz Sardiniens. Sogar die Hauptstadt Argentiniens soll aufgrund der Verehrung der Conquistadores für die Madonna von Bonaria »Buenos Aires« genannt worden sein.

Oben: Die berühmte Wallfahrtskirche Nostra Signora di Bonaria, Schutzpatronin der Seeleute
Unten: Detail am Straßenrand: Platz für Blumen und für viel Fantasie ist fast überall.

Von Marina nach Poetto

Südlich von Stampace und dem Burgviertel Castello erstreckt sich Richtung Hafen das quirlige Viertel Marina. Das alte Hafenviertel strotzt mit seinen Straßenverkäufern und kleinen Märkten förmlich vor Leben und geschäftigem Treiben. Unter den Schatten spendenden Arkadengängen der Hafenpromenade Via Roma lässt es sich herrlich bummeln, in der Haupteinkaufsstraße Via Manu hervorragend shoppen und in der Via Sardegna mit ihrem unüberschaubaren Angebot an Hafenkneipen, Osterie und Restaurants ausgezeichnet essen.

Poetto, der Stadtstrand von Cagliari, zieht sich über zehn Kilometer am Golf von Cagliari entlang. Durch ausgedehnte Salinen von der Stadt getrennt, reihen sich die endlosen Sandstrände in ein einmaliges Naturschauspiel am Golfo di Cagliari ein.

Hier finden Wasserratten und Sonnenhungrige alles, was ihr Herz begehrt: Tauchen, Segeln, alle Surf-Disziplinen, Motorbootfahren, Beach-Volleyball, Strandfußball und -tennis stehen auf dem Tagesprogramm. Für Unterhaltung ist hier ebenfalls Tag und Nacht gesorgt. Viele kleine Bars, Cafés und urige Fischlokale prägen das Bild entlang der kilometerlangen Uferpromenade. Musik, Discos und Konzerte machen in den Sommermonaten an der »Copacabana« Sardiniens auch die Nacht zum Tag und laden zum ausgelassenen Feiern bis in die Morgenstunden ein.

Oben: Auf den ausgedehnten Salinen vor den Stadttoren fühlen sich die Flamingos wohl.
Mitte: An der Via Roma stehen prächtige Villen.
Unten: Erholung am Hafen von Cagliari: nach einem Spaziergang durch das Hafenviertel Marina

Wer es etwas ruhiger mag, der zieht sich weiter nach Osten in Richtung Quartu Sant'Elena zurück. Ein Abstecher in das Fischerdorf mit seinen herrlichen Stränden lohnt sich auf jeden Fall. Vom Felsvorsprung Is Mortorius hat man einen herrlichen Blick über den Golf von Cagliari.

Infos und Adressen

SEHENSWÜRDIGKEITEN

Anfiteatro Romano. Mai–Sept. tgl. 9–
18 Uhr, Viale Fra Ignazio da Laconi 19,
Tel. 33 82 77 47 90, www.anfiteatroromano.it

**Orto Botanico – Dipartimento di Scienze
botaniche.** Im Sommer tgl. 8.30–18 Uhr,
So geschl., Via Fra Ignazio da Laconi 9/11,
Tel. 07 06 75 35 12, www.ortobotanicoitalia.it

ESSEN UND TRINKEN

Ristorante Is Fradis. Modern, elegant, jung
und innovativ – und immer viel los. Via
Francesco Coco 1/Ecke Via Giuseppe Abba,
Tel. 0 70 66 02 09, www.isfradis.com

Ristorante Italia & Oyster. Bistro, Weinbar
und Enoteca mit vielseitigem Angebot –
im Hafenviertel Marina. Via Sardegna 30,
Tel. 070 65 79 87

Gelateria Stefino. Eine der besten Eisdielen der Stadt, mit großer Auswahl. Via
Giovanni Maria Dettori, Tel. 36 62 71 91 87,
www.stefino.it

ÜBERNACHTEN

THotel. Zeitgenössisches Design und aus-
gewählter Komfort gegenüber dem Opernhaus. Via dei Giudicati 66, Tel. 07 04 74 00,
www.thotel.it

Hotel Panorama. Gepflegtes Hotel in ruhiger
Vorstadtlage, bietet seinen Gästen eine herrliche Aussicht und gute Anbindung an das Zentrum. Viale A. Diaz 231, Tel. 070 30 76 91,
www.hotelpanorama.it

EINKAUFEN

Pasticceria Chez les Negres. Ausgewählte
Spezialitäten – Sardiniens süßer Genuss.
Via Sidney Sonnino 175, Tel. 070 65 49 97,
www.chezlesnegres.it

AKTIVITÄTEN

Discoteca Go-Fish. Weit über die Grenzen
der Stadt hinaus bekannter Nachtclub. Da
ist immer etwas los. Via Giovanni Battista
Venturi 12, Cagliari, Tel. 33 96 90 62 39,
www.youdisco.net

Twist Bar Beach Club. In der Strandbar
Twist in Poetto kann man sich Tag und
Nacht bei Cocktails und Themenpartys
amüsieren. Lungomare Poetto 1, Cagliari,
Tel. 34 82 74 92 36

Caffè degli Spiriti. Perfekt für den abendlichen Aperitif mit herrlicher Aussicht
über die ganze Stadt. Bastione San Remy,
Tel. 07 03 11 03 73

INFORMATION

www.cagliariturismo.it

Ichnusa, das Bier der Sarden, löscht den
ersten Durst an heißen Sommertagen.

20 Dolianova und Campidano
Kornkammer, Olivenhaine und Weinberge

20 Kilometer nordwestlich von Cagliari liegt das von Landwirtschaft geprägte Dolianova – mitten in der fruchtbaren Region Parteolla. Die Gegend hier im Basso Campidano ist Zentrum des Zitrusfrüchteanbaus sowie Kornkammer Sardiniens. Neben Oliven und Obst punktet das Gebiet auch mit der größten zusammenhängenden Weinbaufläche Sardiniens.

Die Ebene des Campidano zieht sich über eine Strecke von über 100 Kilometern vom Golf von Cagliari bis hinauf zum Golf von Oristano und ist bis zu 25 Kilometer breit. Schon der Name Campidano bringt die Geografie der Gegend auf den Punkt: ein flaches, weites Gebiet. Drei Provinzen teilen sich die fruchtbare Ebene unter sich auf: Oristano, Medio Campidano und Cagliari. Aber bereits Phönizier und Römer wussten das fruchtbare Land zu schätzen und bauten hier Oliven, Wein und Korn an.

Olivenöl, Ölmuseum & Ölfestival

Die 10 000-Einwohner-Gemeinde Dolianova bildet das Zentrum des südlichen Campidano. Land- und Viehwirtschaft stehen im Mittelpunkt. Seit jeher von großer Bedeutung ist das Olivenöl aus Dolianova, das zu den gefragtesten Sardiniens zählt. Mehrere Ölmühlen verarbeiten das grüne Gold von Zehntausenden, teils uralten Olivenbäumen. Während der Erntezeit ab November legt sich der intensive Duft frisch gepressten Olivenöls über die

Mitte: Alljährlich wird die Olivenernte mit Spannung erwartet.
Unten: Zeit für Genuss: bei einem erfrischenden Glas Weißwein

Dolianova und Campidano

Stadt. Mitte Dezember lädt Dolianova mit einem großen Fest, dem Girolio d'Italia Dolianova, zur Verkostung des neuen Olivenöls. Und dann gibt es in Dolianova noch das Museo dell'Olio »Sa mola de su notariu«, einst die Ölmühle des Notars Francesco Locci und deshalb nach ihm benannt.

Der Wein im Mittelpunkt

Neben dem Olivenöl nimmt in der Wirtschaft des Campidano auch der Wein eine zentrale Stellung ein. Im Mittelpunkt steht dabei Sardiniens bekanntester Rotwein: der Cannonau. In Spanien ist die Rebsorte als Garnacha, in Südfrankreich als Grenache bekannt. Neuere Forschungen versuchen zu belegen, dass die Rebsorte bereits bei den Nuraghern bekannt war. Der Cannonau zählt jedenfalls zu den ältesten Reben des Mittelmeerraums und steht für fruchtig-samtige, kräftige und gut strukturierte Rotweine. Nach zwei Jahren Reife kommt der Wein als Riserva-Abfüllung auf den Markt. Bereits 1949 wurde die Cantina Sociale von Dolianova gegründet, der heute 660 Winzer ihre Trauben liefern. Private Weingüter wie Argiolas tragen zu einer ausgezeichneten Qualität der Weine aus der Gegend bei.

Geschichte und Kultur

20 Nuraghen sowie das Gigantengrab Sa domu' e s'Orcu umgeben Dolianova. Aus der Zeit der Judikate stammen die Kirchen der beiden Ortsteile Sicci San Biagio und San Pantaleo, aus denen sich 1905 das heutige Dolianova gebildet hat. Besonders beeindruckend ist der einstige, in drei Bauphasen im 12. und 13. Jahrhundert errichtete Bischofssitz San Pantaleo: mit pisanischen, romanisch-gotischen und arabischen Mudejarstil-Einflüssen. Einzigartig ist das Taufbecken aus Sandstein aus dem 5. Jahrhundert.

Infos und Adressen

SEHENSWÜRDIGKEITEN
Museo dell'Olio »Sa mola de su notariu«. Das Olivenölmuseum von Dolianova lädt zu Besichtigungen und Verkostungen. Viale Europa 18, Dolianova, Tel. 070 74 06 51, www.museolio.it

EINKAUFEN
Rund um das Olivenöl:
Frantoio Perra Mariangela. Corso Repubblica 179, Dolianova, Tel. 070 74 35 08
Oleificio Locci. Viale Europa 18, Dolianova, Tel. 070 74 06 51
Fattorie Loddo. Via Conte Boyl 8, Dolianova, Tel. 070 74 07 15, www.oliodolia.com
Copar-Cooperativa Olivicoltori del Parteolla. Via E. Lussu 43, Dolianova, Tel. 070 74 13 29, www.oliocopar.it

Argiolas. Vorzeige-Weingut mit tollem Angebot an Verkostungen und weinkulturellen Veranstaltungen. Via Roma 28, Serdiana, Tel. 070 74 06 06, www.argiolas.it

Cantina di Dolianova. Genossenschaftskellerei von Dolianova. Località Sant'Esu, SS 387, km 17,150, Dolianova, Tel. 070 74 41 01, www.cantinedidolianova.it

AKTIVITÄTEN
Girolio d'Italia Dolianova. Das große Olivenölfest von Dolianova mit Verkostung des frisch gepressten Olivenöls findet alljährlich Mitte Dezember statt. http://giroliodolianova.it

INFORMATION
www.comune.dolianova.ca.it
www.lestradedelvino.com

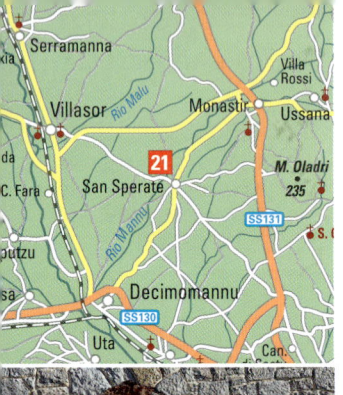

21 San Sperate
Künstlerdorf und Freilichtmuseum

Ein Abstecher nach San Sperate sollte in keinem Urlaubsprogramm fehlen. Das 7000 Einwohner zählende, 20 Kilometer nordwestlich von Cagliari gelegene Dorf zieht das ganze Jahr über Künstler und Kunstfreunde aus aller Welt an. Begonnen hat alles im Jahr 1968 mit dem einheimischen Bildhauer und Maler Pinuccio Sciola. Die fruchtbare Campidano-Ebene ist allerdings schon seit 1800 v. Chr. besiedelt.

Auf Votivbeigaben aus der Bronzezeit, Brunnenheiligtümer, punische Nekropolen und römische Einflüsse stößt man auch in dem an der ehemaligen Römerstraße von Càralis (Cagliari) nach Tharros gelegenen San Sperate. Wegen seiner Geschichte aber kommt wohl kaum jemand in die Gegend. San Sperate ist für seine großflächigen Wandmalereien, die berühmten *Murales,* sowie für seine Kunstinstallationen, Kunstgärten und Kunstveranstaltungen in aller Welt bekannt.

Pinuccio Sciola und der »Muralismo«

San Sperate hat sich in den letzten fünf Jahrzehnten zum sardischen Kunstdorf par excellence entwickelt. Ausgegangen ist alles von Pinuccio Sciola, heute Sardiniens bekanntester Künstler. Der 1942 in San Sperate geborene Maler und Bildhauer gab den Impuls und motivierte die Dorfbevölkerung dazu, ihre Traditionen, ihr Alltagsleben, ihre Träume und Visionen künstlerisch zu verarbeiten und an ihren Hausmauern und Straßen fest-

Mitte: San Sperate ist das sardische Kunstdorf par excellence.
Unten: Kunstinstallationen und Kunstevents haben San Sperate in aller Welt bekannt gemacht.

zuhalten. Weit über 300 Wandmalereien sind es bis heute geworden – eine einzigartige Freiluftgalerie, die die Entwicklung des ehemaligen Bauerndorfes in sozial engagierter Art und Weise einmalig dokumentiert. Die Kunstform *Muralismo* wird als Wandmalerei im öffentlichen Raum verstanden und geht auf die 1920er-Jahre in Mexiko zurück, wo sie sich nach der mexikanischen Revolution Ende der 1940er-Jahre zur Nationalkunst entwickelt hat.

Zeitgenössische Kunst

Auf Schritt und Tritt stößt man in San Sperate auf Kunst. Zur Volkskunst der Einwohner gesellen sich mittlerweile Werke von namhaften Künstlern aus aller Welt, darunter gar einige junge Kunstschaffende, die aus San Sperate selbst stammen. Die von Sciola in San Sperate gegründete Steinmetzschule trägt das ihre zur Förderung von jungen Künstlern bei. Um den *Muralismo* herum gruppieren sich alle möglichen Ausdrucksformen der Kunst: Töpferei, Malerei und Bildhauerei, Literatur und experimentelle Theateraufführungen ... Kreativität in ihren vielfältigen Formen kann in den Gassen, auf den Plätzen und Gärten von San Sperate überall bestaunt werden: Skulpturen, Plastiken und Metallinstallationen, die berühmten Klangsteine oder der Megalith-Garten von Sciolas im Zentrum der Ortschaft.

Auf Kulturveranstaltungen und Kunst-Happenings treffen sich das ganze Jahr über Künstler und Einheimische zum Dialog und zum Kulturaustausch im historischen Stadtzentrum. Beim Kulturfestival Cuncambias Ende Juli präsentieren Künstler aus den Bereichen Musik, Theater und Literatur ihre Beiträge zum Thema Volkskunst. Bei No Arte im Oktober treffen sich Künstler aus aller Welt. Es gibt Handwerk und Kunst zum Anfassen.

Infos und Adressen

ESSEN UND TRINKEN

Pizzeria/Ristorante Ada. Ausgezeichnete Pizza, gut sortierte Wein- und Bierkarte. Via Cagliari 21, San Sperate, Tel. 07 09 60 09 72

Divino Caffè. Für ein gemütliches Frühstück oder ein kleines Menü zwischendurch. Via Cagliari 114/c, San Sperate, Tel. 07 09 60 07 69

ÜBERNACHTEN

B & B La Noria. »Auch Gastfreundschaft ist eine Kunst«, das ist das Motto des einladenden B & B. Via Deximu Beccia, San Sperate, Tel. 39 37 45 55 70, http:// sansperate.com

Hotel Palladium. Gepflegtes Hotel mit Außenpool. 5 Kilometer von San Sperate entfernt. Viale Europa snc, Monastir, Tel. 07 09 16 80 40, www.hotelpalladiumweb.com

EINKAUFEN

Pasticceria artigianale di Cabras Giulio. Süßwaren und Feingebäck. Via Nora 16, San Sperate, Tel. 07 09 60 16 88

AKTIVITÄTEN

Festival der Volkskunst »Cuncambias«. Eine Woche Ende Juli. www.cuncambias.it

No Arte. Internationales Künstlerfestival. Okt., www.paesemuseo.com

INFORMATION

Allgemeine Informationen: www.sansperate.net Veranstaltungen und Events: www.paesemuseo.com Tourismusbüro: www.turismosansperate.com

DER SÜDWESTEN

Der Südwesten

22 Pula & Nora
Jazz im römischen Theater

Herrliche Strände laden zu jeder nur erdenklichen Form von Wassersport und Entspannung ein, charmante Dörfer bieten vielfältige Rückzugs- und Einkehrmöglichkeiten, archäologische Ausgrabungsstätten regen zum Eintauchen in Geschichte und Kultur ein. Der südlichste Zipfel Sardiniens besticht durch Natur und Kultur, Beschaulichkeit und Lebensfreude. In Pula und Nora treffen sich Vergangenheit, Gegenwart und Zukunft.

Wenn wir uns von Cagliari in Richtung Pula und Nora aufmachen, dann geht es die ersten Kilometer durch die weite Binnenseenlandschaft von Cagliari, über eine schmale Landzunge, welche die Salinen vom Meer trennen. Das 7500 Einwohner zählende Pula liegt eine knappe halbe Autostunde entfernt. Die Strände von Cagliari bis hierher nach Pula sollte man besser meiden. Der große Hafen von Cagliari sowie mehrere Industrieanlagen sorgen nicht gerade für beste Wasserqualitäten. Dafür wird's ab Pula so richtig spannend.

Pula liegt in der schmalen Tiefebene zwischen dem nahen Sulcis-Iglesiente-Gebirge im Hinterland, das zum Wandern in herrlichen Macchia-Wäldern einlädt, und dem tiefblauen Golfo degli Angeli mit seinen kilometerlangen Sandstränden im Osten. Pula selbst ist mit seinen engen, verwinkelten Gassen und schmucken Palazzi ein einladender, belebter Tourismusort mit zahlreichen Geschäften, Bars und Restaurants. Die zentrale Piazza im gepflegten Ortszentrum ist ein beliebter Treffpunkt. Hier ist auch am Abend bei Musik und verschiedenen Events immer viel los. Die Open-

Vorherige Doppelseite: Wanderungen an der Küste entlang sind immer ein Erlebnis: versteckte Buchten, Wachtürme; Natur und Geschichte.
Oben: Pula bereitet sich auf sein größtes Fest im Jahr, die Sagra di Sant'Efisio, vor.

Tiefblau und kristallklar: die Bucht von Capo Spartivento mit ihren herrlichen Stränden

Air-Discos und Clubs der Umgebung werden auch von den Cagliaritanern gerne besucht, die hier in den Sommermonaten die Nacht zum Tag machen.

Sehenswert ist in Pula auf jeden Fall das Museo Archeologico »Giovanni Patroni« in einem alten Stadthaus in der Via Vittorio Emanuele. Hier befinden sich viele Fundstücke aus dem benachbarten Nora: antike Teller, Krüge und Münzen, Amphoren, Amulette und Schmuckstücke. Daneben werden auch interessante Exponate aus den nahe gelegenen punischen und römischen Nekropolen ausgestellt.

Die antike Stadt Nora

Um das 9. Jahrhundert v. Chr. gründeten die Phönizier auf der Halbinsel Isola del Coltelazzo das antike Nora, die wichtigste phönizische Siedlung auf Sardinien und noch heute eine der größten Attraktionen der Insel. Die Römer besetzten die Stadt im Jahre 238 v. Chr., erhoben sie zum *Municipium* und machten sie zum Sitz des römischen Statthalters auf Sardinien. Die Stadt wurde zu einem der bedeutendsten Handelszentren im Mittelmeerraum und erlebte seine wirtschaftliche

Nicht verpassen

NOTTE DEI POETI – NORA-JAZZ FESTIVAL – SANT'EFISIO

Während der Sommermonate wird das römische Theater von Nora zur beeindruckenden Kulisse für Freilichtaufführungen und Musikfestivals unter dem Motto »La notte dei poeti – Nacht der Poeten«: Theater, Musik und Tanz mit prominenten Stars stehen auf dem Programm (www.lanottedeipoeti.it, www.vivaticket.it). Ende September eines jeden Jahres werden Nora und sein Amphitheater zur Kulisse für das jeweils hochkarätig besetzte International Nora Jazz Festival:www.norajazzfestival.it.

Vom 2. bis 4. Mai sind Nora und Pula anlässlich der Prozession von Sant'Efisio Ziel für Tausende Pilger, die sich von Cagliari aus im Rahmen der Sagra di Sant'Efisio auf den Weg zur Kirche des Heiligen machen. Nora ist von Pula aus mit den Stadtbuslinien 1 und 2 leicht zu erreichen, verfügt aber auch über genügend Parkplätze.

Oben: Spuren des antiken Nora – im Hintergrund der Sarazenenturm von Pula
Mitte: Die vorletzte Etappe der Sant'Efiso-Prozession von Cagliari nach Nora: die Pfarrkirche von Pula
Unten: Die zentrale Piazza von Pula ist ein beliebter Treffpunkt.

und kulturelle Blütezeit im 2. und 3. Jahrhundert n. Chr. Aus dieser Zeit stammen auch die meisten heute noch zu bestaunenden Überreste dieser einst so wohlhabenden Stadt. Teile der antiken Siedlung sind zwar im Laufe der Jahrtausende im Meer versunken, und von den Phöniziern und Puniern ist nicht mehr viel übrig geblieben, aber aus der römischen Epoche gibt es noch staunenswerte Überreste zu bewundern: das römische Theater mit zehn Sitzreihen, gut erhaltene Wohnviertel, gepflasterte Straßen, Hafenanlagen und Forum, Patrizierhäuser mit faszinierenden Mosaikböden, Thermen, Badehäuser und Tempel, darunter der große Äskulaptempel, das wichtigste Heiligtum der Stadt an der Landspitze Sa punta 'e su koloru, dem »Schlangenkap«, wie die Einheimischen den südlichsten Vorsprung nennen.

An der Spitze der Halbinsel erhebt sich ein Sarazenenturm aus dem 17. Jahrhundert, der auf den Resten der phönizischen Akropolis steht. Der Tempelbezirk ist das markanteste Überbleibsel aus phönizisch-punischer Zeit. Auch das alte Wohnviertel hinter dem römischen Theater weist mit seiner etwas chaotischen Anordnung der Häuser, seinen Hausgrundrissen und Mauerwerkstechniken einige punische Züge auf und wird deshalb auch als »Kasbah von Nora« bezeichnet. Das berühmteste Zeugnis von Nora ist die abstrakte »Stele von Nora«. Sie ist phönizischen Ursprungs, mit jenen von Tharros verwandt und befindet sich heute im Nationalmuseum in Cagliari.

Nora ereilte schlussendlich das gleiche Schicksal wie so manch andere bedeutende Hafenstadt: Mit dem Niedergang des römischen Reiches konnte sich die Stadt schon bald nicht mehr ausreichend vor Piratenüberfällen schützen. Nora verlor rasch an Bedeutung und wurde im 4. oder 5. Jahrhundert aufgegeben.

Infos und Adressen

SEHENSWÜRDIGKEITEN

Nora – Ausgrabungsstätten. Die meisten der hier zu sehenden Überreste stammen aus der Blütezeit im 2. und 3. Jahrhundert, als die Stadt von den Römern bewohnt wurde. Mai–Sept. tgl. 9–20 Uhr, Okt.–April tgl. 9–17.30 Uhr, Tel. 070 92 14 70, www.comune.pula.ca.it

Civico Museo Archeologico »Giovanni Patroni«. Hier finden sich zahlreiche wertvolle Fundstücke aus Nora ausgestellt. Mai–Sept. Di–So 9–20 Uhr, Okt.–April Di–So 9–17.30 Uhr, Corso Vittorio Emanuele 67, Pula, Tel. 07 09 20 96 10, www.comune.pula.ca.it

ESSEN UND TRINKEN

Ristorante Pizzeria Da Giancarlo. Ausgewählte Fisch- und Fleischgerichte, gute Pizza und große Weinauswahl. Via Nora 10, Pula, Tel. 07 09 24 61 64

Ristorante Campidanese Su Furriadrooxu. Klassische sardische Küche in familiärer Atmosphäre. Via XXIV Maggio, S'arruga de su Soddu 11, Pula, Tel. 07 09 24 61 48, www.sufurriadroxu.it

ÜBERNACHTEN

Hotel Su Gunventeddu. Einfaches, familiär geführtes Hotel in Strandnähe. Località Su Gunventeddu, Santa Margherita di Pula, Tel. 07 09 20 90 92, www.sugunventeddu.com

Camping Cala d'Ostia. Idealer Ausgangspunkt für Exkursionen und Wanderungen. Località Cala d'Ostia, SS 195, km 35,7, Tel. 070 92 14 70, www.campingcaladostia.com

Forte Village Resort. Luxuriöses Resort mitten in einem Pinienwald, direkt am herrlichen Traumstrand. Santa Margherita di Pula, SS 195, km 39,6, Tel. 07 09 21 88 18, www.fortevillageresort.com

Die Vergangenheit lässt grüßen: Medusa-Abbild in Nora

EINKAUFEN

Cabai Artigianato. Große Auswahl an sardischem Kunsthandwerk: Keramik, Stoffe, Schmiedeeisen, Lampen … Corso Vittorio Emanuele 18, Pula, Tel. 07 09 24 51 74

AKTIVITÄTEN

Is Molas Golf Resort. Der 27-Loch-Golfplatz Is Molas zählt zu den schönsten und technisch anspruchsvollsten Europas. Località Is Molas, SS 195, Pula, Tel. 07 09 24 10 06, www.ismolas.it

INFORMATION

www.visitpula.info

23 Chia
Traumstrände und Natur pur

Chia ist anders. Der bekannte und beliebte Badeort kommt ohne verwinkeltes historisches Zentrum, ohne bedeutende geschichtliche Bauwerke und Ausgrabungsstätten aus. Chia punktet am südlichsten Zipfel Sardiniens mit seiner wilden Natur, kilometerlangen Sand- und Felsstränden und glasklarem Wasser. Meer und Landschaft sind es, die in die Gegend locken und jeden Gast begeistern.

Die malerische Torre von Chia, der Sarazenenturm aus dem 17. Jahrhundert, hat sich zum Wahrzeichen der Gegend entwickelt. Weithin sichtbar beherrscht er das Panorama der einmaligen Strandlandschaft der weit zerstreuten Feriensiedlungen von Chia. Sogar nachts prägt der hell erleuchtete Turm auf einem Felsvorsprung im Norden weithin das Bild – und erinnert an die Reste der einstigen phönizischen Siedlung *Bithia*, auf dessen spärlichen Überresten er sich erhebt.

Nach Chia, einer Fraktion der Gemeinde Domus de Maria, gelangen wir von Pula aus auf der Panoramastraße entlang der Küste. Eine Bushaltestelle, eine Kreuzung, ein Supermarkt, eine Bar …, das ist schon alles, was das Zentrum von Chia zu bieten hat. Die Ferienhäuser und Hotels verstecken sich in der leicht hügeligen Dünenlandschaft zwischen Wacholdersträuchern, Oleanderbüschen und wildem Rosmarin. Bis zu 30 Meter hohe Dünen wechseln sich ab mit flachen Sandstränden, kleinen Buchten und markanten Felsriffen. Ideale Windverhältnisse sorgen für beste Voraussetzungen für alle nur erdenklichen Wassersportarten. Und mit etwas Glück sieht man draußen im Meer

Mitte: Blick von der Torre di Chia auf die gleichnamige Bucht
Unten: Flamingos in den seichten Gewässern der Bucht von Chia sind ein reizvoller Anblick.

den einen oder anderen Delfin seine Kreise ziehen. Nicht umsonst schwärmen die Prospekte von einem »traumhaften Paradies«.

Dünen und Flamingos

Schmale Sandbänke trennen die Lagunenseen von Chia und Spartivento, zwei einmalige landschaftliche Rückzugsgebiete für Wasservögel aller Art. Die rosa Flamingos sind hier schon längst heimisch geworden und begleiten die Touristen auf den Spaziergängen längs der Binnenseen. Und dann geht ein herrlicher Strand in den nächsten über: Su Giudeu mit seinen zwei kleinen vorgelagerten Inseln, die man zu Fuß erreichen kann, die Buchten Porto Campana und Sa Colonia mit ihren endlosen Sandstränden sowie das romantische Cala Portu mit der Torre von Chia, die man in fünf Minuten zu Fuß vom Strand aus erreicht.

Einzig die 60 Meter hohe Felsklippe des Monte Cogoni unterbricht die nahtlose Reihe der Traumstrände von Chia und versteckt dabei in ihrer Mitte die kleine, einsame Bucht von Cala del Morto. Noch ein relativer Geheimtipp ist die etwas isolierter liegende, in eine Dünenlandschaft mit Wacholdersträuchern und Felsklippen eingebettete und nur zu Fuß von Su Giudeu aus erreichbare Bucht Cala Cipolla – mit idealer Brandung für Wellenreiter und mit ihren zahlreichen Riffen ein Paradies für Taucher. Im Westen bildet der Capo Spartivento eine natürliche »Windscheide«, und mit seinem Leuchtturm den Abschluss der Strände von Chia. Hier wechselt die Landschaft und geht in wilde Felsküsten und unberührte Natur über, nur da und dort von kleinen, nur schwer erreichbaren Badebuchten aufgelockert. Ein bequemer Radweg führt bis zum Aussichtspunkt Capo Malfatano und zur traumhaften Spiaggia di Tuerredda.

Infos und Adressen

ESSEN UND TRINKEN

Ristorante Pizzeria Mirage. Nette Terrasse, bekannt für seine Fischgerichte und Meeresfrüchte. Viale Chia 10, Chia, Tel. 07 09 23 02 49, www.miragechia.it

ÜBERNACHTEN

Chia Laguna Resort. Traumhaft: drei Hotels und Ferienvillen direkt am Strand, mehrere Restaurants. Domus de Maria, Chia, Tel. 07 09 23 91, www.chialagunaresort.com

Hotel Su Giudeu. Kleines, gepflegtes Familienhotel in Strandnähe. Località Capo Spartivento, Chia, Tel. 07 09 23 00 02, www.hotelsugiudeu.it

Campeggio Torre Chia. Gepflegter Campingplatz mit Bungalows in einem großen Wald mit viel Grün. Via del Porto 21, Chia, Tel. 07 09 23 00 54, www.campeggiotorrechia.it

AKTIVITÄTEN

Chia Wind Club. Alles, was man zum Surfen, Windsurfen und Kiten braucht. Direkt am Strand beim Ristorante Dune di Campana. Chia, Tel. 33 57 01 59 59, www.windclub.it

INFORMATION

www.chia.it
www.comune.domusdemaria.ca.it

24 Teulada
Orangenhaine und Karibikflair

Die 4000-Einwohner-Stadt Teulada liegt einige Kilometer von der Küste entfernt im grünen Tal des Riu de Monti. Das beschauliche Bauerndorf im Südwesten Sardiniens ist die zweitgrößte Gemeinde der Costa del Sud und lebt hauptsächlich von Landwirtschaft und Viehzucht. Touristen kommen immer häufiger wegen der zauberhaften Strände, der unberührten Natur und der Ursprünglichkeit der Gegend an die einmalige Südküste Sardiniens.

Die unvergleichliche Costa del Sud, die lebhafte Sulcis-Iglesiente-Region und die karge, einsame Berglandschaft des Sulcis bilden das natürliche Panorama, in das Teulada eingebettet ist. Von Domus de Maria aus führt die Staatsstraße SS 195 durch die Bergwelt nach Teulada – mit wunderschönen Blicken auf die hügelige, weit ausladende Landschaft mit Orangenhainen und Olivenplantagen. Die Punta Sebera ist der höchste Punkt in der Umgebung. Die Gegend ist wie geschaffen für Wanderungen, Erkundungstouren und Ausritte zu Pferd. Ausflüge lohnen sich vor allem in das Waldgebiet Gutturu Mannu mit seiner faszinierenden mediterranen Macchia und seinem jahrhundertealten Baumbestand an Stein- und Korkeichen. Hier erlebt man Natur pur! Höhlen und Grotten laden zu Entdeckungsreisen ein.

Mitte: Der Nuraghe Arresi trennt die beiden der heiligen Anna geweihten Kirchen.
Unten: Zeit für eine kleine Siesta am Dorfplatz muss sein.

Terracotta, Nuraghen und enge Gassen

Der Name Teulada ist römischen Ursprungs und kommt von *tegula*, dem Tonziegel. Die Stadt befand sich einst an der Küste längs der Straße

Traumstrände: Sanddünen an der Spiaggia
Tuerredda in Teulada

von Karalis nach Sulcis und wurde erst
später aus Sicherheitsgründen ins Hinterland verlegt. An die 20 Nuraghen, Brunnenheiligtümer und archäologische Funde aus der
Zeit der Phönizier zeugen von der langen Besiedlungsgeschichte der Gegend. In einer Grotte
des Monte Sa Cona wurden Keramikfragmente
aus der Nuraghen-Zeit gefunden, in Malfatano
die Überreste eines punischen Tophets sowie Reste
des versunkenen Porto di Melqart. Und am Strand
von Piscinni wurde ein alter punischer Steinbruch
entdeckt. In Sant'Anna Arresi stehen zwei der heiligen Anna geweihte Kirchen – und genau mittendrin der Nuraghe Arresi. In nächster Nähe befindet sich eine Quelle aus der Nuraghen-Zeit. Einige
Kilometer außerhalb des Dorfes ist man dabei, den
großen Nuraghen-Komplex Coi Casu freizulegen.

Den historischen Ortskern von Teulada prägen
enge, verwinkelte Gassen. Der Ort wartet mit verschiedensten Einkaufsmöglichkeiten, Trattorien
und Restaurants auf. Die zentrale Piazza lädt zu
gemütlichem Verweilen bei einem Kaffee oder
einem Glas Wein ein. Die Pfarrkirche Madonna
del Carmelo mit ihrer schlichten Fassade im klassizistischen Stil wurde Mitte des 17. Jahrhunderts

Geheimtipp

HANDWERK UND FESTE

Teulada ist bekannt
für seine lebendigen
handwerklichen Traditionen –
Webarbeiten, Stickereien, Kork-,
Leder- und Keramikhandwerk –
sowie für seine Feste und sein
Brauchtum. Die Männertracht von
Teulada etwa unterscheidet sich
stark von anderen sardischen
Trachten und weist starke iberische Einflüsse auf. Anlässlich des
Festes von San Giovanni Battista
Ende Juni werden Feuer entzündet.
Im Juli wird das Fest der Schutzpatronin Madonna del Carmelo
gefeiert und im August jenes von
Sant'Isidoro, dem Schutzpatron
der Bauern. Bei der Sagra del Pane
wird im Innenhof der Casa Baronale Sanjust in Holzöfen traditionelles Brot gebacken und gemeinsam mit den Käsespezialitäten der
Gegend aufgetischt. Und im September treffen sich bei internationalen Festival Scultura e Pietra
(»Skulptur und Stein«) alljährlich
Künstler aus aller Welt in Teulada.

erbaut. Dazu gesellen sich die spätgotische Kirche San Francesco im Zentrum sowie Richtung Küste die kleine Landkirche Sant'Isidoro an der Stelle, wo sich einst das alte Teulada befunden hat. Die Casa Baronale Sanjust, das Herrenhaus der ehemaligen Feudalherren von Teulada, steht gegenüber der Pfarrkirche und lädt heute zu Ausstellungen und verschiedenen Events.

Sand, Felsen, Sonne und Wind

Und dann ist da der einmalige Küstenabschnitt am südlichsten Punkt Sardiniens mit den schönsten Badezielen der sardischen Costa del Sud. Hell leuchtende Sandstrände, schroffe Felsklippen, karibikblaues Wasser, Sonne und kräftiger Wind – was braucht man mehr zum Entspannen, Schwimmen, Surfen, Segeln, Schnorcheln und Tauchen? An der Panoramastraße von Chia nach Teulada liegt die kleine Bucht von Tuerredda mit ihrem fantastischen Panorama, dem frei zugänglichen Strand mit goldgelbem Sand und einem faszinierenden Farbenspiel des Wassers. Der Blick schweift auf die vorgelagerte Felsinsel und lässt Bilder von Robinson Crusoe und Karibikflair wach werden. Weiter in Richtung Teulada reiht sich eine Badebucht an die andere: mit Kieselstränden oder Felsen, ganz nach Geschmack. Besonders einladend ist der gleich unterhalb der Straße gelegene Strand Cala Piscinnì mit seinem weißen Sand. Der viel besuchte Sandstrand von Porto Teulada wird von der Torre Teulada überwacht. Gleich hinter dem kleinen, modernen Jachthafen, der Platz für 130 Schiffe bis 30 Meter Länge bietet, treffen wir auf Porto Tramatzu mit seinen feinen, weißen Sandstränden und freiem Blick auf die Isola Rossa. Hier beginnt der große NATO-Truppenübungsplatz – das Gelände ist gesperrt. In den Sommermonaten sind Durchfahrt und Baden am Strand erlaubt.

Oben: Der Torre di Piscinni wacht über die Landschaft mit ihrer mediterranen Macchia.
Unten: Am Dorfplatz von Teulada: die Pfarrkirche Madonna del Carmelo mit ihrer schlichten Fassade im klassizistischen Stil

Infos und Adressen

SEHENSWÜRDIGKEITEN

Museo Regionale della Pietra. Internationale Werkschau mit über 200 Steinskulpturen. Sa und So 10–13 und 16–19 Uhr, Palazzo Baronale, Museo Civico, Piazza Parrocchia 2, Tel. 07 09 27 20 64

ESSEN UND TRINKEN

Trattoria Da Gianni. Klassische sardische und mediterrane Fischküche in rustikalem Ambiente. Località Porto Budello, Tel. 07 09 28 30 15, www.trattoria-dagianni.it

Agriturismo Matteu. Netter Bauernhof mit herzhafter Landküche inmitten von Olivenbäumen und Orangenhainen, zehn Zimmer. Località Matteu, Tel. 34 85 27 92 10

Ittiturismo Sabor'e mari. Einfach und geschmackvoll, täglich frischer Fisch von den Fischern des Hauses. Località Porto Budello, SP 71, km 24, Tel. 34 71 78 71 54

Agriturismo Is Truiscus. Klassische sardische Landküche von bester Qualität, vier nette Zimmer. Località Is Truiscus, SS 195, km 63,3, Tel. 34 75 77 22 48

ÜBERNACHTEN

Agriturismo Sa Tiria. Gastfreundschaft und gepflegtes Ambiente mit Blick aufs Meer. Ausgezeichnete Käseproduktion. Località Sa Tiria, SS 195, km 67,5, Tel. 07 09 28 37 04, www.satiria.it

Camping Teulada Portu Tramatzu. Gut ausgestatteter Campingplatz mit Ferienhäusern direkt am Strand. Località Portu Tramatzu, Tel. 07 09 28 30 27, www.portu-tramatzu.com

EINKAUFEN

Mei Stefanina – Ricamo tipico. Typische Web- und Stickereiarbeiten aus Teulada. Punt'e Nù e Punt'e a Brodu, Alessandra Marongiu, Tel. 07 09 27 05 77

Su Punt'è Nù. Stickereien auf Leinen und traditionell bemaltes Kunsthandwerk mit Holz und Terracotta. Tel. 34 96 42 57 07

Sa Pipa allutonada. Handwerklich hergestellte, traditionelle Pfeifen aus Holz, Terracotta und Messing. Virgilio Meloni, Tel. 07 09 27 07 87

AKTIVITÄTEN

Der **Speleo Club Santadese** von Teulada und die **Cooperativa Monte Meana** organisieren geführte Touren und Ausflüge in die Bergwelt des Sulcis. Auskünfte: Tel. 07 81 95 57 41

Blue Brothers Scuba Center. Alles, was es zum Tauchen und Schnorcheln braucht, Ausrüstung und Kurse für Einsteiger. Località Su Portu Nou, Tel. 34 07 54 02 05, www.bluebrotherscubacenter.host2c.com

INFORMATION

www.comune.teulada.ca.it
www.inteulada.it

Lokal mit Blick ins Grüne: Da säße man gerne.

25 Parco Nazionale del Sulcis
Natur, Geschichte und herrliche Weine

Eine einzigartige landschaftliche Vielfalt von den Küsten bis ins Landesinnere prägt das Gebiet des Sulcis Iglesiente im Südwesten Sardiniens. Ein ideales Ziel zu jeder Jahreszeit – für einen Urlaub ganz im Zeichen des Sports oder der Natur, der Freiheit und Ruhe oder des Abenteuers: mit endlosen Wäldern mit faszinierender Flora und Fauna, Sandstränden, Dünen und hohen Felsklippen, Wasserfällen und Grotten ... die einmalige Südküste Sardiniens.

Die Hauptverkehrsader ins Sulcis von Cagliari aus ist die Staatsstraße 130, die Iglesiente. Aber auch über die Staatsstraße 195, die Sulcitana sowie über die Provinzstraße 2, die Pedemontana, oder die Gemeindestraße von Domus de Maria aus durch die Naturschutzgebiete Is Cannoneris, Puta Sebera und Gutturu Mannu erreichen wir bequem das Berggebiet des Sulcis. Der Parco del Sulcis ist mit seinen knapp 70 000 Hektar der größte Nationalpark Sardiniens. Eingegrenzt wird der Park vom Tal des Flusses Cixerri im Norden, der Hochebene von Villaperuccio, Giba und Narcao im Westen, der Küstenlandschaft von Capoterra und Villa San Pietro im Osten und jener von Pula und Santa Margherita sowie vom Golf von Teulada im Süden. Granit und Glimmerschiefer, Vulkangestein und Kalkstein prägen das Gebiet der Monti del Sulcis. Der Is Caravasius ist mit seinen 1116 Metern Meereshöhe der höchste Gipfel der Gegend, gefolgt vom Monte Nieddu mit 1113 Metern und dem Monte Arcosu mit 948 Metern. Die Steineichen-

Mitte: Ein weiter Blick belohnt die Mühsal so mancher anstrendenden Wanderung.
Unten: 1650 Meter lang sind die berühmten Topfsteinhöhlen von Is Zuddas.

wälder des Sulcis zählen zu den größten Europas, ebenso wie die endlose mediterrane Macchia mit Wacholder, Ginster, Zistrosen, Johannisbrot- und Erdbeerbäumen, Wildoliven, Myrten- und Mastixsträuchern. Von den zahlreichen hier lebenden Tierarten ganz zu schweigen.

Felsenhöhlen und Stammeshäuptlinge

In den verstreuten Felsenhöhlen und unterirdischen Grotten der Gegend haben bereits im Neolithikum zwischen dem 6. und 4. Jahrtausend vor Christus Menschen Zuflucht gesucht. Wertvolle Fundstücke und »Zeitzeugen« sind Werkzeuge mit den ältesten anthropomorphen Bildern auf Sardinien, Keramikfragmente, Schwerter und Bronzestatuen aus der Nuraghen-Zeit, darunter der berühmte Stammeshäuptling Capotribù – mit 39 Zentimetern die größte bekannte Bronzestatue aus dieser Zeit, oder der Steinschleuderer Fromboliere und der Ringkämpfer Lottatore, die im Nationalmuseum in Cagliari zu bewundern sind. Eine der größten archäologischen Stätten Sardiniens ist die Nekropole Montessu am Hang eines Trachythügels in Villaperuccio mit über 40 Felsengräbern. Im Zentrum stehen das Grab der Spiralen, die Tomba delle spirali, und das Grab der Hörner, die Tomba delle corna. Nicht weit entfernt ragen riesige Menhire, darunter der fünf Meter hohe Monolith Su Terrazzu, in den Himmel.

Die Grotten von Is Zuddas und Santadi

Die berühmten Grotten von Is Zuddas mit einer Gesamtlänge von 1650 Metern befinden sich im Kalkgesteinsmassiv des Monte Meana auf 236 Metern Meereshöhe. An die 500 Meter davon sind

Einfach gut!

CARIGNANO DEL SULCIS

Das Sulcis-Gebiet ist für seine großartigen Weine aus den Rebsorten Vermentino, Nuragus oder Carignano bekannt. Aus der seit Jahrhunderten in Südsardinien heimischen Carignano-Traube gewinnen mehrere Weingüter Weine von einzigartigem Charakter – neben Rosato einen Rosso, Superiore und eine Riserva. Vor allem die 1960 gegründete Genossenschaftskellerei Cantina di Santadi hat sich dem Carignano del Sulcis verschrieben. Mit dem Terre Brune, einer Traubenauslese aus Kleinparzellen mit über 100-jährigen Stöcken, hat sie den Carignano weltweit bekannt gemacht. Probieren Sie einmal einen Carignano del Sulcis zu einem Hasenbraten mit Artischocken!

Cantina Sociale Santadi. Via Cagliari 78, Santadi, Tel. 07 81 95 01 27, www.cantinasantadi.it
Cantina Giba-6Mura. Via Is Pascais 18, Giba, Tel. 07 81 68 97 18, www.6mura.com
Cantina Mesa. Località Su Baroni, Sant'Anna Arresi, Tel. 07 81 96 50 57, www.cantinamesa.it

auch für Touristen begehbar: darunter herrliche
unterirdische Säle und Tropfsteinhöhlen wie der
Orgelsaal mit seinen Stalagmiten und Stalaktiten,
die an Orgelpfeifen erinnern, oder der beeindruckende Theatersaal und der mit außergewöhnlichen Aragoniten ausgestaltete Saal der Exzentrik.
In der Weihnachtszeit lädt im Orgelsaal eine Krip-
pe mit Trachytskulpturen von Giovanni Salidu zum
Besuch. In der näheren Umgebung verdienen auch
die Grotte von Pirosu, ein ehemals unterirdisches
nuraghisches Heiligtum, die Grotta del Campa-
naccio, die »Glockengrotte«, und die Grotta della
Capra, die »Ziegengrotte«, einen Besuch. Geöffnet werden diese Grotten nur für Führungen des
Vereins der Höhlenforscher von Santadi.

Die Weinstadt Santadi

Das von der Landwirtschaft geprägte Städtchen
Santadi liegt in einer fruchtbaren Ebene und bildet das Zentrum des Parco Naturale del Sulcis. Der
Rio Mannu teilt die Stadt in zwei Teile: in Santadi
Basciu und Santadi 'e Susu. Die Pfarrkirche San
Nicolò aus dem 15. Jahrhundert bildet das Zentrum des höher gelegenen, mittelalterlich geprägten Stadtteils. In der Ortsmitte lädt das Casa Museo Sa Domu Antiga, die Rekonstruktion eines
typischen Hauses des Sulcis, zum Eintauchen in
den ehemaligen ländlichen Alltag der Gegend ein.
Im Stadtmuseum werden archäologische Funde
aus der Umgebung ausgestellt. Zu einer Attraktion ist in Santadi die alljährlich im August statt-
findende Sa Coia Maureddina (»Mauretanische
Hochzeit«) geworden: Ein junges Paar wird nach
einem alten Zeremoniell in historischen Trachten
vermählt. Die Mütter segnen das Paar mit zwei
Krügen Wasser (frühchristlicher Wasserkult) und
schenken Korn (Fruchtbarkeitssymbol), Salz (Weis-
heit), Münzen (Wohlstand) und Rosenblätter (Liebe
und Eintracht). Dann wird in der Stadt gefeiert.

Oben: Der berühmte Stammeshäuptling Capotribù ist die größte
erhaltene Bronzestatue aus der
Nuraghen-Zeit.
Unten: Tradition und Brauchtum werden auch in Santadi
großgeschrieben.

Infos und Adressen

SEHENSWÜRDIGKEITEN

Grotte Is Zuddas. April–Okt. 9.30–12.15 und 14.30–18 Uhr, Nov.–März nur Sa und So, Località Is Zuddas, Genossenschaft Monte Meana Santadi, Tel. 07 81 95 57 41, www.grotteiszuddas.com

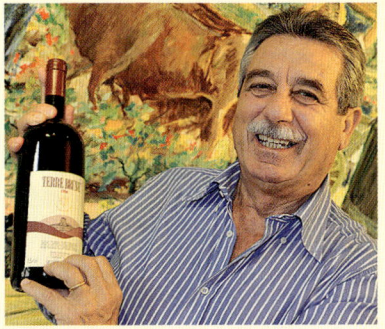

Terre Brune von der Cantina Santadi, der bekannteste Carignano Sardiniens

Casa Museo Sa Domu Antiga. In den Sommermonaten tgl. 9–13 und 17–19 Uhr, Via Mazzini 37, Santadi, Tel. 07 81 94 10 10

Nekropole Montessu. Tel. 078 16 40 40, www.comune.villaperuccio.ca.it

Santa Maria di Monserrato. Beeindruckende romanisch-pisanisch geprägte Ex-Kathedrale aus dem Jahr 1213 in Tratalias.

ESSEN UND TRINKEN

Ristorante Letizia. Ausgezeichnete sardische Küche neu interpretiert. Via San Pietro 12/14, Nuxius, Tel. 07 81 95 70 21

Ristorante Sa Musciara. Restaurant mit Tradition und Pfiff direkt am Meer. Lungomare C. Colombo, Portoscuso, Tel. 07 81 50 70 99, www.ristorantesamusciara.it

ÜBERNACHTEN

Antica Locanda Rosella. Nettes B & B mit ausgezeichneter Küche. Via Principe di Piemonte 135, Giba, Tel. 07 81 96 40 29, http://locandarosella.it

EINKAUFEN

Latteria Sociale Santadi. Genossenschaftskäserei mit exzellenten Produkten. Via Cagliari 72, Santadi, Tel. 07 81 95 00 09, www.santadiformaggi.it

Panificio Pilloni. Traditionelle Brotsorten und Gebäck. Via delle Fontane 19, Santadi, Tel. 07 81 95 40 99

AKTIVITÄTEN

Matrimonio Mauretano. Großes Folklorefest am ersten Sonntag im August. Piazza Marconi, Santadi, Tel. 07 81 95 51 78, www.prolocosantadi.it

Narcao Blues Festival. International besetztes Festival auf höchstem Niveau. Narcao, Tel. 07 81 87 50 71, www.narcaoblues.it

INFORMATION

www.prolocosantadi.it

Schmackhafte Antipasti regen den Appetit an.

DIE INSELN

26 Sant'Antioco
Sardiniens größte Insel

Mit 109 Quadratkilometern Oberfläche ist die zum Sulcitano-Archipel gehörende Isola di Sant'Antioco Sardiniens größte vorgelagerte Insel. Zum Festland hin schirmen steile Felsklippen und eine teils unzugängliche Steilküste die Insel ab, die im Süden und Westen aber in herrliche Sandstrände und Badebuchten übergehen. Sant'Antioco lebt heute von seinem blühenden Tourismus und von seinem Flair und Charme.

Ein künstlicher, knapp vier Kilometer langer Damm führt direkt nach Sant'Antioco. Der von den Römern verstärkte Damm wurde schon lange vorher von den Puniern erbaut, die auf der Insel bereits im 8. Jahrhundert v. Chr. ein reges Handelszentrum errichtet hatten. Zu Füßen der auf den Überresten einer großen punischen Nekropole im frühen 18. Jahrhundert errichteten Burg Su Pisu, dem Forte Sabaudo, liegt der Hauptort Sant'Antioco mit seinen 12 000 Einwohnern. Die Stadt am Golfo di Pálmas wurde ebenfalls auf den Resten einer punischen Siedlung erbaut. Unter der Altstadt ist noch ein weitverzweigtes und gut erhaltenes Tunnelsystem erhalten, welches manche Einwohner heute als gut klimatisierte Kellerräume nutzen. Besichtigt werden können die Katakomben der Basilica Sant'Antioco und jene beim Museo Etnografico. Zu den Sehenswürdigkeiten der Stadt zählen auch die punische Nekropole sowie ein phönizisches Tophet.

Sant'Antioco präsentiert sich als quirliges Zentrum, in dem sich vor allem abends die zahlreichen Touristen auf der Insel treffen. Da füllen sich die

Vorherige Doppelseite: Bunte Boote schaukeln im Hafen von Cala Setta auf Sant'Antioco.
Oben: Ligurische Enklave in Calasetta am nördlichsten Zipfel der Insel
Unten: Bewegtes Stillleben am Hafen von Sant'Antioco

Badeziele auf Sant'Antioco und San Pietro

Ⓐ Maladroxia – Der Sandstrand im Südosten der Insel am Golfo di Pálmas wird von Felsklippen eingerahmt.

Ⓑ Turri und Capo Sperone – Die kleinen Felsenbuchten liegen an der äußersten Südspitze von Sant'Antioco. Für Taucher, Schnorchler und Freunde der Unterwasserjagd.

Ⓒ Cala Lunga – Strand mit Muscheln und Korallenresten und transparentem, tiefem Wasser.

Ⓓ Punta Mangiabarche – Eine schroff ins Meer abfallende Meeresklippe, ideal für Taucher und Freunde der Unterwasserwelt. Mit Leuchtturm.

Ⓔ Spiaggia Grande – Der »große Strand« im Nordwesten, feiner, heller Sand, Dünen, Tuff- und Granitfelsen sowie flacher Strand mit kristallklarem Wasser – ein Paradies nicht nur für Kinder.

Ⓕ Le Saline und Sottotorre – Dünen trennen den feinen, hellen und flachen Sandstrand nahe Calasetta vom dahinterliegenden Strandsee mit seiner Vielzahl an Wasservögeln.

Ⓖ La Bobba – Einladender weißer Sand-Kieselstrand in einer herrlichen Bucht an der Südküste der Isola di San Pietro. Bobba ist der Name einer typischen Nudelform aus Carloforte und steht hier für die kleinen Kieselsteine.

Ⓗ La Caletta – Ruhige Badebucht an der Westküste von San Pietro mit Sandstrand und Felsen. Für einmalige Sonnenuntergänge zu empfehlen.

Im Hafen von Calasetta

mit Bäumen gesäumte Hauptverkehrsader, der Corso Vittorio Emanuele und die Via Roma genauso wie die zwei zentralen Plätze Piazza Umberto und Piazza Italia mit buntem Treiben.

Sardiniens Schutzpatron

Den religiösen Mittelpunkt der Stadt bildet die zwischen 1089 und 1102 erbaute Basilica di Sant'Antioco. Der Legende nach flüchtet Antioco zur Zeit des römischen Kaisers Hadrian aufgrund der Christenverfolgung nach Sardinien und lebt in einer Grotte hier auf der Insel bis zu seinem Tod im Jahr 125 n. Chr. Die Grotte wurde schon bald darauf zu einem Pilgerzentrum, Antioco selbst zum Schutzpatron Sardiniens. Bereits im 5. Jahrhundert wurde am Platz eine Kirche errichtet und der Leichnam Antiocos dort bestattet. Am 23. April wird hier alljährlich das älteste Fest Sardiniens mit großer Prozession und Trachtenumzug gefeiert: die Sagra Sant'Antioco Martire.

Calasetta

Auf eine ganz andere Geschichte blickt das zweite Zentrum der Insel zurück, das 3000 Einwohner zählende Städtchen Calasetta am nördlichsten Zipfel Sant'Antiocos. Die Stadt wurde erst 1738 unter König Carlo Emanuele III. erbaut. Dieser siedelte hier nach Tabarka in Tunesien ausgewanderte ligurische Fischerfamilien an. Noch heute bildet Calasetta gemeinsam mit Carloforte auf der Nachbarinsel San Pietro eine ligurische Enklave auf Sardinien, die sich durch ihren Dialekt, durch Brauchtum und Tradition, Küche und Lebensart vom Rest der Insel abhebt. Die nach Schachbrettmuster erbaute Stadt besticht mit ihren streng geometrisch angeordneten Häuserreihen in bunten Pastellfarben.

Infos und Adressen

SEHENSWÜRDIGKEITEN

Basilica di Sant'Antioco. Piazza Parrocchia 22, Tel. 078 18 30 44, www.basilicasantantiocomartire.blogspot.it

Die Basilica di Sant'Antioco bestimmt den Platz.

Museo Etnografico. Stellt Sitten und Bräuche der Insel vor. Via Necropoli 24/D, Tel. 07 81 80 05 96, www.archeotur.it

Museo Archeologico Ferruccio Barreca. Erzählt die Geschichte der Stadt anhand zahlreicher Funde aus phönizisch-punischer Zeit. Piazza Insula Plumbea, Tel. 078 18 21 05, www.archeotur.it

ESSEN UND TRINKEN

Ristorante Da Silvana. Einfach, einladend und gut – mit fixen, preiswerten Fischmenüs. An der Dammstraße nach S. Antioco. Località S. Caterina, SS 126, km 3,5, Tel. 078 18 37 56

Rubiu Brew Pub. Hausgemachtes sardisches Bier und eine der besten Pizzas Sardiniens. Via Bologna, Tel. 34 67 23 46 05, www.rubiubirra.it

ÜBERNACHTEN

Hotel Moderno. Kleines, freundliches Hotel mit 16 Zimmern und viel Flair. Via Nazionale 82, Tel. 078 18 31 05, www.hotel-moderno-sant-antioco.it

Campeggio Tonnara. Gepflegter Campingplatz mit Bungalows direkt am Strand. Località Cala Sapone, Tel. 34 28 11 11 00, www.campingtonnara.it

EINKAUFEN

Cantina Sardus Pater. Via Rinascita 46, Tel. 078 18 39 37, www.cantinesarduspater.it

Cantina di Calasetta. Via Roma 134, Calasetta, Tel. 078 18 84 13, www.cantinadicalasetta.it

AKTIVITÄTEN

Pescaturismo Nuova Antonia. Für einen erlebnisreichen Tag auf dem Meer. Porto turistico, Lungomare Cristoforo Colombo, Tel. 32 99 61 21 95

Sardinia Sailing. Bootsverleih und Ausflüge. Via Parocchia 17, Tel. 33 33 36 74 48, www.sardiniasailing.com

INFORMATION

www.comune.santantioco.ca.it

Ristorante Da Silvana: Fisch vom Grill

27 San Pietro & Carloforte
Tonno rosso

San Pietro ist in einer knappen halben Stunde mit der Fähre von Calasetta auf Sant'Antioco oder von Portoscuso vom Festland aus erreichbar. Die Insel bietet eine faszinierende Vielfalt auf kleinster Fläche: schroffe Felsklippen, kleine Buchten, eine abwechslungsreiche Landschaft, Einwohner, die eigentlich keine Sarden sind und eine lange Fischereitradition, bei der der Thunfisch im Mittelpunkt steht ...

Ganze 54 Quadratkilometer klein ist die Isola San Pietro, die Isula 'e Sàntu Pèdru, wie die Sarden sie nennen. Sie ist vulkanischen Ursprungs, wie die meisten Inseln hier in der Gegend. 34 Kilometer lang ist die Küste, im Norden steil abfallend mit mehreren abenteuerlichen Grotten und hohen Klippen, mit kleinen, goldgelben Sandstränden und wildromantischen Buchten im Osten, Süden und Südwesten. 221 Meter hoch ist die höchste Erhebung der hügeligen Insellandschaft, der Bricco Guardia dei Mori, 162 Meter hoch der Becco Tomaso südwestlich von Carloforte. Typisch mediterran geprägt ist die Vegetation: Aleppo-Kiefer, Rosmarin und Wacholder, Steineiche und Erdbeerbaum, Zwergpalme und Zistrose prägen das Bild.

Carloforte – ligurische Enklave

Carloforte, der Hauptort und die einzige bewohnte Ortschaft der Insel, ist mit seinen 6500 Einwohnern in eine flache, fruchtbare Landschaft mit Olivenhainen, Weinbergen und Getreidefeldern eingebettet. Die Siedlungsgeschichte reicht weit zurück: *Inosim*, Insel der Falken, tauften sie

Oben: An der Promenade von Carloforte
Unten: Beschauliches Carloforte auf der Isola San Pietro

Traditioneller Thunfischfang in Carloforte

Einfach gut!

die Phönizier, *Hieracon Nesos* die Grie-
chen, *Accipitrum Insula* die Römer. Ihren
heutigen Namen verdankt die Insel einer
Legende: 46 nach Christus soll der Apostel
Petrus auf dem Eiland gelandet sein.

Die neuere Geschichte der Insel beginnt aber erst
im Jahr 1738 mit der Gründung von Carloforte.
Die Stadt selbst wurde, gleich wie Calasetta auf
der Nachbarinsel, 1769 unter König Carlo Emanuele III. erbaut – und natürlich nach ihm benannt.
Er übersiedelte 118 in Tabarka in Tunesien wohn-
hafte ligurische Fischerfamilien nach San Pietro.
Deren Vorfahren waren um 1540 von Ligurien aus
nach Tabarka für die Korallenfischerei zwangs-
übersiedelt worden. In ihrer neuen Heimat kon-
zentrierten sich die Bewohner erneut auf die Korallenfischerei und auf die Thunfischjagd, auf die
Salzproduktion und die Landwirtschaft. Carloforte
wurde zudem schon bald für seine Schiffbaukunst
berühmt. Gemeinsam mit Calasetta auf dem benachbarten Sant'Antioco bildet Carloforte noch
heute eine ligurische Enklave auf Sardinien, die
sich durch ihren alten Genueser Dialekt, durch
Charakter, Brauchtum und Tradition, Küche und
Lebensart vom Rest der Insel abhebt. Entsprechend misstrauisch schaut deshalb so mancher

GIROTONNO

Die *Mattanza del
Tonno*, der traditionelle
Thunfischfang, hat in
Carloforte eine lange Tra-
dition. Girotonno – Menschen,
Geschichte und Gerichte rund um
den Thunfisch und seinen Weg
durch das Mittelmeer – nennt sich
die internationale Veranstaltung,
die alljährlich Ende Mai, Anfang
Juni in Carloforte stattfindet.
Neben den Projektpartnern aus
Ligurien und Sizilien treffen sich
Köche, Journalisten, Experten und
Feinschmecker aus dem ganzen
Mittelmeerraum in der »Hauptstadt des Thunfischs« zum
kulturellen und kulinarischen
Austausch – mit einem breitge-
fächerten Veranstaltungskalender
rund um das Thema Thunfisch:
Geboten werden Musik, Fotoaus-
stellungen, Seminare, Gesprächs-
runden, Gesang, Tanz und viele
andere Überraschungen.

www.girotonno.org

147

Sarde nach Carloforte: Die Carlofortini seien nun einmal anders als der Rest der Insel, etwas unfreundlicher, barscher und auch geiziger – eben wie (angeblich) ihre ligurischen Vorfahren. So halten sich manche Vorurteile.

Gemütlich, beschaulich – anders

Carloforte mit seinem pittoresken, verkehrsberuhigten Stadtzentrum mit den Gassen, den *Carrugi*, und seinen einladenden Plätzen, ist heute ein blühendes Städtchen. Die Architektur erinnert an einen ligurischen Küstenort, die Lebensart hier ebenso. Es geht gemütlicher zu – eben anders als im Rest Sardiniens. Die Fährschiffe legen direkt vor den Toren Carlofortes an. Am Corso Battelieri, der Uferpromenade, am Corso Cavour und an der Piazza Carlo Emanuele III sitzen die Fischer bei einem Glas Wein und sind in ihre Gespräche über das Wetter und die italienische Politik vertieft. Das Zentrum der Stadt bildet die malerische Piazza Republica mit ihren Schatten spendenden Bäumen und kleinen Caffès. Von hier gelangen wir direkt zur einfachen, aber harmonisch gestalteten Pfarrkirche San Carlo Borromeo aus den Gründerjahren von Carloforte. Das Museo Civico Casa del Duca in der Festung Carlo Emanuele III in der Via della Cisterna del Re lädt zu einem Rundgang durch die Stadtgeschichte und die einstige Kolonie Tabarka ein. Im Mittelpunkt der Ausstellungen steht aber die Entwicklung des Haupterwerbszweiges der Bevölkerung: des Thunfischfanges.

Oben: Orientierungs- und Aussichtspunkt zugleich ist der Leuchtturm von San Pietro.
Unten: *Tonno Ventresca* – das feinste Stück vom Bauchfleisch

»Thunnus Thynnus«, der Tonno rosso

Der *Tonno rosso*, der im Mittelmeer beheimatete rote »Thunnus Thynnus« oder »Tonno Bluefin«, zählt zu den besten seiner Art. Alljährlich zieht es ihn auf seiner Wanderschaft durch den Antlantik zurück ins Mittelmeer, wo sich die Fische in den Monaten Mai bis Juni befruchten, um dann in den Monaten Juli und August im Schwarzen Meer zu laichen. Dann zieht es ihn in Schwärmen wieder hinaus in die Weite des Meeres.

Die Monate Mai und Juni sind die beste Zeit zum Thunfischfang im Mittelmeer. Da schmeckt sein zartes, rubinrotes Fleisch am besten. Das haben schon die Phönizier um 500 v. Chr. erkannt und als erste in größerem Stil mit dem Thunfischfang begonnen. Die ersten *Tonnare* wurden gegründet. Diese uralte Tradition des Fischfangs wurde über die Jahrtausende bis in die heutige Zeit gepflegt. So allmählich aber ist sie im Aussterben begriffen. Das liegt auch daran, dass die Thunfische rar werden. In Italien sind Favignana auf Sizilien und Carloforte die letzten Bastionen der traditionellen Thunfischfischerei. In Carloforte wird der Thunfisch in der über Generationen erprobten Weise in klar umrissenen Gewässern gefangen. In den *Tonnare di corsa* ködern die Fischer die Thunfische in einem Netzsystem mit verschiedenen Kammern und treiben sie in die Enge bis zur innersten *Camera della morte*. Hier warten die Fischer mit ihren scharfen Harpunen und das »Gemetzel«, die *Mattanza*, beginnt.

Das »Schwein des Meeres«

1915 wurden in der *Tonnara* von Carloforte 9780 Thunfische gefangen, 1980 noch ganze 3670 Stück. Tendenz weiterhin sinkend. Die Überfischung der Meere durch große internationale Unternehmen macht sich überall bemerkbar. Bis in die 1980er-Jahre wurde der rote »Thunnus Thynnus« aus dem Mittelmeer noch in den *Tonnare* selbst verarbeitet. Heute geht ein Großteil davon direkt und frisch nach Japan – zu Preisen von bis zu 200 Euro pro Kilo.

SEHENSWÜRDIGKEITEN

Museo Civico Casa del Duca. Einladendes Museum zur Geschichte von Carloforte. Via Cisterna del Re 20/24, Tel. 07 81 85 58 80, www.carloforte.net/museo

ESSEN UND TRINKEN

Ristorante Da Nicolò. Historisches In-Lokal mit traditioneller und kreativer Küchenlinie. Corso C. Cavour 32, Tel. 07 81 85 40 48, www.danicolo.com

Ristorante Al Tonno di Corsa. Klassische Rezepte aus der Küchentradition der Insel. Via G. Marconi 47, Tel. 07 81 85 51 06, www.tonnodicorsa.it

Osteria della Tonnara. Traditionelle sardische Fischküche mit Blick auf die Salinen. Corso dei Battellieri 36, Tel. 07 81 85 57 34, www.osteriadellatonnara.it

ÜBERNACHTEN

Nichotel. Gepflegtes Vier-Sterne-Hotel mit 17 Zimmern am Lungomare im Zentrum von Carloforte. Via Garibaldi 7, Tel. 07 81 85 56 74, www.nichotel.it

Hotel Hieracon. Historisches Ambiente mit eleganten Zimmern und guter Fischküche. Corso Cavour 62, Tel. 07 81 85 40 28, www.hotelhieracon.com

EINKAUFEN

Enoteca Nasacca. Gute Weinauswahl sowie Spezialitäten aus der Umgebung. Corso Battellieri 3, Tel. 07 81 85 49 19

INFORMATION

www.sulcisuglesiente.eu

DER WESTEN

28 Iglesias & Carbonia
Erzminen, Braunkohle und Kirchen

Carbonia–Iglesias ist seit dem Jahr 2005 die kleinste Provinz Sardiniens. Sie umfasst gerade mal 6,3 Prozent der Fläche Sardiniens mit insgesamt 23 Gemeinden, darunter die beiden Inseln San Pietro und Sant'Antioco. Zum Gebiet im Südwesten des Landes gehören das Bergland des Iglesiente und das südlicher gelegene Sulcis-Gebirge. Gleich zwei Städte dürfen sich Provinzhauptstadt nennen: Iglesias und Carbonia.

Mit einer herrlichen, teils noch unberührten Gebirgslandschaft präsentiert sich das Landesinnere mit den beiden großen Nationalparks Parco Naturale del Sulcis und Parco Naturale del Linas Marganai. Im teils ebenfalls noch »wilden« Westen laden kilometerlange Sandstrände sowie beeindruckende Felsklippen, die zu den schönsten Sardiniens zählen, zu echtem Urlaub am Meer.

Die Provinz blickt zudem auf eine über 5000 Jahre alte Besiedlungsgeschichte zurück und war bis ins 20. Jahrhundert die wichtigste Bergbauregion Italiens. Bereits in prähistorischer Zeit wurde in diesem Gebiet Erz abgebaut. Die Phönizier und Punier und später die Römer haben hier nach Silber, Blei, Kupfer und Zink geschürft. Bis ins Mittelalter wurden die Gruben ausgebeutet. Erst in der Mitte des 19. Jahrhunderts wurden sie dann abermals entdeckt, was zu einer wirtschaftlichen Hochblüte in der Gegend führte. Die Krise der Bergbauindustrie um die Mitte des 20. Jahrhunderts führte allerdings zum endgültigen Aus der Bergbaugeschichte in der Provinz. Was blieb, sind die unzähligen

Vorherige Doppelseite: Wenn Kinder Trachten tragen, dann ist Entzücken garantiert.
Mitte: Die spätromanische Fassade der Kathedrale in Iglesias
Unten: Das Innere von Santa Chiara ist in gotisch-katalanischem Stil gestaltet.

Beschaulichkeit: im Museumsdorf von Tratalias

stummen Zeugen einer faszinierenden Welt sowie eines der größten industriegeschichtlichen Freiluftmuseen.

Iglesias, die Stadt der Kirchen

Am Colle di Buon Cammino liegt Iglesias mit seinem 700 Jahre alten Zentrum. Das Städtchen mit seinen knapp 30 000 Einwohnern überrascht mit lebendigem Charme, einer einladenden Kleinstadtatmosphäre und einer stimmungsvollen Altstadt mit hübschen, engen Gassen, behutsam restaurierten Gebäuden und zahlreichen Sakralbauten. Kaum zu glauben, dass der Tourismus Iglesias noch kaum entdeckt hat.

Iglesias wurde im 13. Jahrhundert vom pisanischen Grafen Ugolino Donoratico della Gherardesca als Bergbaustadt »Villa Ecclesiae« gegründet. Mit ihren vielen Kirchen und dem engen Gassenlabyrinth hat die Stadt ihr mittelalterliches Flair bis heute bewahrt. Das Zentrum wird zum Teil noch von den antiken, mächtigen Festungsmauern aus der Gründerzeit umgeben. Entlang dem Corso Matteotti, der zentralen Einkaufs- und Flaniermeile, laden schmucke kleine Geschäfte, Bars und Cafés zur Einkehr. An der zentralen Piazza Muni-

Geheimtipp

DAS MUSEUMSDORF VON TRATALIAS

15 Kilometer von Carbonia entfernt, mitten in der unteren Sulcis-Ebene liegt Tratalias, ein seit langem verlassenes mittelalterliches Dorf. Nuraghen und Phönizier, Karthager, Römer, Mauren sowie Sarazenen siedelten einst in der fruchtbaren Ebene und hinterließen ihre Spuren. Während seiner Blütezeit vom 13.–15. Jahrhundert war der kleine Ort Bischofssitz. Von dieser Zeit zeugt die mächtige Kathedrale im pisanisch-romanischen Stil. Malaria-Epedemien haben im 16. Jahrhundert zum Verlassen der Gegend gezwungen. Heute sind Teile des Dorfzentrums liebevoll renoviert und der Öffentlichkeit zugänglich. Ein Spaziergang durch die engen Gassen und die Besichtigung der alten Häuser mit ihren schilfgedeckten Dächern sind ein Erlebnis. In den Sommermonaten öffnen in den alten Häusern Handwerksbetriebe. Ein kleines Museum lädt zu einer interessanten Reise in die Vergangenheit ein.

Oben: Die Stadt der Kirchen: das Ex-Oratorio San Marcello
Unten: Erinnerungen an den Kohleabbau: Fördertürme und Denkmäler einer vergangenen wirtschaftlichen Glanzzeit

cipio, dem Rathausplatz, steht die im 13. Jahrhundert erbaute Kathedrale Santa Chiara mit ihrer spätromanischen Fassade und dem in gotisch-katalanischem Stil geprägten Inneren. Umgeben wird der Dom vom Palazzo Vescovile, dem Bischofspalast von 1785 und dem Rathaus aus dem 19. Jahrhundert. Insgesamt zwölf noch gut erhaltene Kirchen hat Iglesias heute zu bieten, von den einst 18 an der Zahl. Einen Besuch wert sind die im Stil katalanischer Gotik zwischen dem 14. und 16. Jahrhundert errichtete Chiesa San Francesco, die romanisch-gotische Santa Maria delle Grazie aus der Gründerzeit der Stadt und die Jesuitenkirche Chiesa della Purissima o del Collegio (1578) an der Piazza Collegio.

Am Monte Altari hoch über der Stadt stehen noch die Ruinen des 1283 errichteten Castello di Salvaterra. Und Fontanamare, der einladende Hausstrand Iglesias mit einem der spektakulärsten Küstenabschnitte Sardiniens, ist nur rund zwölf Kilometer entfernt.

Carbonia, die Stadt der Kohle

Carbonia, die ebenfalls 30 000 Einwohner zählende zweite Provinzhauptstadt von Carbonia-Iglesias hat eine völlig andere, eine ganz junge Geschichte. Carbonia entstand in den Jahren 1937/38 am Reißbrett, mitten in einem reichen Braunkohlerevier und auf Befehl des faschistischen Diktators Mussolini. Daher auch der Name »Kohlestadt«. Keine drei Jahrzehnte nach der Stadtgründung waren die Kohlevorkommen erschöpft, der Abbau nicht mehr rentabel, die Stadt am Rande des Ruins. Die Bevölkerung hat die Krise gemeistert, Industrie und Handwerk ausgebaut und Carbonia zu einem modernen und lebendigen wirtschaftlichen Zentrum der Gegend gemacht.

Infos und Adressen

SEHENSWÜRDIGKEITEN

Museo dell'Arte mineraria. Das Museum dokumentiert die Geschichte des sardischen Bergbaus anhand alter Karten, Urkunden, Werkzeuge und Gerätschaften der Grubenarbeiter. Sa und So 18.30–20.30 Uhr, Via Roma 47, Iglesias, Tel. 07 81 35 00 37, www.museoartemineraria.it

Museo civico di Paleontogia e Speleologia »E. A. Martel«. Millionen Jahre alte Fossilien und Mineralien aus dem Sulcis-Iglesiente. Via Campania 61/B, Carbonia, Tel. 07 81 66 50 37, www.comune.carbonia.ci.it

Civico Museo Archeologico Villa Sulcis. Prähistorische Funde, vor allem aus der phönizisch-punischen Siedlung am nahe gelegenen Monte Sirai. Via Campania, Carbonia, Tel. 078 16 35 12, www.meditinera.it

Monte Sirai. Punische Festung, auf einer antiken nuraghischen Siedlung errichtet und später auch von den Römern genutzt – ein sehenswertes Freilichtmuseum unweit von Carbonia. Località Sirai, Via Nazionale, Carbonia, Tel. 078 16 26 65, www.meditinera.it

ESSEN UND TRINKEN

Ristorante Gazebo Medioevale. Sardische Küche, klassisch und innovativ, in einem der ältesten Stadtpaläste. Via Musio 21, Iglesias, Tel. 078 13 08 71, www.gazebomedioevale.it

Osteria Sa Forredda. Einfaches, freundliches Lokal mit guter Meeresküche. Via della Costituente 23, Carbonia, Tel. 33 47 30 51 90

ÜBERNACHTEN

Hotel Il Sillabario. Moderne Hotelanlage mit Schwimmbad, Tennisplätzen und großem Garten. Località Martiada, SS 130, km 47,4, Iglesias, Tel. 078 13 38 33, www.sillabario.com

EINKAUFEN

Cooperativa Allevatori Sulcitani. Ausgezeichnete Käseauswahl, vor allem Pecorino sardo und romano. Località Sirai 14, Carbonia, Tel. 07 81 69 82 94, www.allevatorisulcitani.it

AKTIVITÄTEN

Notti a Monte Sirai. Suggestive nächtliche Theater-, Tanz- und Musikaufführungen im Archäologiepark Monte Sirai – im Juli und Aug., Tel. 32 81 71 97 47, www.cedacsardegna.it

Corteo storico medievale. Historisches mittelalterliches Fest Mitte August im Zentrum von Iglesias. Tel. 078 13 11 70, www.ghibellina.altervista.org

INFORMATION
www.prolocoiglesias.it
www.prolococarbonia.it

Auch die Jugendlichen tragen mit Stolz Tracht.

29 Ingurtosu, Montevecchio und die Costa Verde
Bergwerksmetropolen und Traumbuchten

Die Geschichte von Iglesias ist eng verbunden mit dem Abbau von Erzen in den Bergwerken der Gegend. Schon die Phönizier hatten es auf die reichen Mineralvorkommen vor Ort abgesehen, nutzten Silber, Blei, Zink, Kupfer, Eisen und Kohle. Menschenleere Bergregionen und traumhafte Küsten verwandelten sich allmählich in typische Bergbaulandschaften, eingesäumt von kilometerlangen Dünenstränden und einmaligen Buchten.

Bis in die 1970er-Jahre wurde in der Gegend noch Kohle abgebaut und nach Erzen geschürft. Doch die Fördermengen gingen zurück und der Abbau konnte der internationalen Konkurrenz und der Weltwirtschaftskrise nicht mehr standhalten. Die im 19. und 20. Jahrhundert errichteten Bergwerke, die zu den größten Europas zählten, wurden der Reihe nach geschlossen, die Arbeit im Bergbau eingestellt. Übrig blieben die Ruinen der stillgelegten Förderanlagen. Diese üben heute eine ganz besondere Anziehungskraft aus.

Miniera di Ingurtosu e Gennamari

Die Geschichte eines der größten Minendörfer Europas beginnt in der zweiten Hälfte des 19. Jahrhunderts. Ein englisches Unternehmen ließ unter ihrem Direktor Lord Brassey Ingurtosu aus dem Boden stampfen und baute in großem

Mitte: Noch heute beeindruckend: die Miniera di Montevecchio
Unten: Traumhaft – anders kann die Punta Sa Calada Bianca in Arbus nicht bezeichnet werden.

Ingurtosu, Monteveccio ...

Stil Zink, Blei und Silber ab. Das Dorf schmiegt sich an die steilen Berghänge des engen Tales. Das beeindruckende neogotische Direktionsgebäude der Minen von Ingurtosu und Gennemari aus dem Jahr 1875 mit seinen Liberty-Elementen und dem grandiosen Ausblick auf das ganze Ingurtosu-Tal ist noch heute beeindruckendes Zeugnis jener wirtschaftlichen Hochkonjunktur.

Gleich gegenüber steht die kleine Chiesa di Santa Barbara aus dem Jahr 1915, die der Schutzheiligen der Grubenarbeiter von Ingurtosu e Gennamari geweiht ist. Im Jahr 1973 schloss die Grubenstadt endgültig ihre Tore. Nach aufwendigen Restaurierungsarbeiten in den letzten Jahren kann die beeindruckende *Miniera* heute wieder besichtigt werden. Sie gehört mit zum Parco Culturale Giuseppe Dessí, der mehrere ehemalige Bergbaugebiete Sardiniens umfasst.

Industrie-Archäologie in Montevecchio

Auch im nahen Montevecchio, einem weiteren Zentrum der ehemaligen Bergbauindustrie, ragen imposante Fördertürme in den Himmel, verrotten Hunderte Meter lange Förderbänder und Wasserreservoirs, erinnern Abräumhalden an vergangene Zeiten. Ab 1848 wurden in Montevecchio Blei, Silber und Zink abgebaut. In den 150 Jahren des Betriebs des Bergwerks erlebte Montevecchio eine intensive Entwicklung und wurde zu einem der wichtigsten Bergwerke Europas. 1991 wurde die letzte Mine geschlossen. Im ehemaligen Direktionsgebäude lädt ein Museum zum Besuch ein. Einige der ehemaligen Bergwerksanlagen können besichtigt werden. Spannend kann sich eine Entdeckungsfahrt mit dem Auto auf den holprigen Straßen des Bergbaugebietes entwickeln.

Nicht verpassen

EIN ABSTECHER NACH BUGGERRU

Das ehemalige Bergarbeiterdorf Buggerru mit seinem feinsandigen Strand und dem kleinen, malerischen Hafen liegt in einer engen Schlucht, die im offenen Meer endet. Traurige Berühmtheit erlangte Buggerru 1904 wegen der Streiks aufgrund der schlechten Arbeitsbedingungen der Bergleute. Drei Tote und mehrere Verletzte waren die Folge.

Die Küste zwischen Buggerru und Capo Pecora wird von der Spitze der 499 Meter hohen Punta Munullois überragt. Eine herrliche Panoramasicht bietet die Fahrt auf der Küstenstraße von Buggerru nach Portixeddu. Der Strand von Portixeddu ist wegen der Dünen von San Nicolò bekannt. In der Nähe liegt der Strand von Cala Domestica, einer der meistbesuchten der Insel. Surfer finden hier optimale Bedingungen. Und die alten Zeiten des Bergbaus werden in der Galleria Henry und in der Mine Planu Sartu anschaulich aufbereitet.

In Stein gemeißelt: das Zeichen der Bergleute

Einmalige Costa Verde

Auf der Fahrt von Ingurtosu hinunter zu den Traumstränden der Costa Verde begleiten uns immer wieder beeindruckende Ruinen aus der Bergbaugeschichte der Gegend. Unten im Tal des Riu Naracauli befinden sich noch riesige Abraumhalden, umgeben von wilder und unberührter Natur. Die Fahrt auf der teils unbefestigten und recht kurvenreichen Straße hat aber noch weit mehr zu bieten und wird mit Sicherheit zum unvergesslichen Erlebnis. Eine grüne, von dichter Macchia überwucherte Bergwelt im Hinterland und traumhafte, von Felsen eingerahmte Sandstrände vor uns bilden ein großartiges und eindrucksvolles Panorama.

Die goldgelb leuchtenden Dünen von Piscinas d'Ingurtosu scheinen kein Ende zu nehmen. Bis zu 60 Meter hoch türmen sie sich hier in der sardischen »Sahara« auf, von den starken Mistralwinden in den Wintermonaten immer wieder neu geformt. Sie sind Lebensraum für Füchse, Wildkatzen, Rebhühner, Kaninchen und seltene Strandpflanzen. An den acht Kilometer langen Sandstränden von Piscinas lässt sich auch in den Sommermonaten ein ruhiges Plätzchen finden. Zwei Strandbars und ein gebührenpflichtiger Parkplatz stehen für die Besucher bereit.

Südlich von Marina di Arbus beginnt der landschaftlich faszinierendste Abschnitt der Costa Verde. Meer und Natur prägen den Küstenabschnitt bis zur beeindruckenden Felsformation Pan di Zucchero, dem »Zuckerbrot« unweit von Iglesias, einem mächtigen, 132 Meter hohen Riff, das sich aus dem Meer erhebt. Namensgeber sind die charakteristische Form und die weiße Farbe des Felsens. Das Profil des Pan di Zucchero bildet einen schönen Kontrast zum Rot des Schiefergesteins an der Küste.

Oben: Wilde und unberührte Natur an der Costa Verde
Unten: Von Felsen eingerahmte Sandstrände: ein tolles Panorama

Infos und Adressen

SEHENSWÜRDIGKEITEN

Miniera di Ingurtosu e Gennamari. Der Verein Associazione Zampa Verde bietet in den Sommermonaten Führungen im Bergwerk Ingurtosu an. Besichtigungen außerhalb der Saison auf Anfrage. Tel. 33 96 93 94 35, zampaverde@infinito.it, www.sardegnaminiere.it

Miniera Montevecchio. Besichtigung und Führungen in den Sommermonaten. Tel. 070 97 31 73, www.minieradimontevecchio.it

Belvedere von Nebida. Einmaliger Panoramapunkt an der Steilküste mit weitem Blick auf den Golf von Gonnesa und den Pan di Zucchero – auf einem kurzen Fußweg erreichbar.

ESSEN UND TRINKEN

Hotelrestaurant Le Dune. Traumhafte Lage mitten in den Dünen, direkt am Strand in den alten Lagerhäusern der Bergbaugesellschaft. Via Bau 1, Piscinas di Ingurtosu, Arbus, Tel. 070 97 71 30, www.leduneingurtosu.it

Felsenbar 906 Operaio. Grandiose Aussicht, herrlicher Blick über das Meer, moderate Preise. Früher lagerte hier der Sprengstoff für das nahe gelegene Bergwerk. Heute ein Geheimtipp für Liebhaber. Belvedere di Nebida, Iglesias, Tel. 33 89 16 53 88

ÜBERNACHTEN

Hotel La Caletta. Auf einem Felsvorsprung über dem Meer. Via Vespucci, Località Torre dei Corsari, Arbus, Tel. 070 97 70 33, www.lacaletta.it

Agriturismo La Fighezia. Herrlicher Ausblick in einem biologisch bewirtschafteten Agriturismo. Località Fighezia, Portixeddu, Tel. 34 80 69 83 03, www.agriturismofighezia.it

AKTIVITÄTEN

Empfehlenswerte Badestrände:
Gutturu 'e Flumini (Sand und Felsen, in der Nähe von Marina di Arbus)

Piscinas (herrliche ockerfarbene Dünenlandschaft – auf einer Schotterstraße über die Dünen erreichbar)

Portixeddu (langer Sandstrand, 7 km nördlich von Buggerru)

Buggerru (neben dem kleinen Passagierhafen des einstigen Bergarbeiterdorfes)

Cala Domestica (traumhafte Bucht mit Sand und Felsklippen, südlich von Buggerru)

Masua/Porto Flavia (Sandbucht mit Blick auf die Klippe Pan di Zucchero)

Fontanamare (der Sandstrand von Iglesia, nahe Nebida)

INFORMATION

www.prolocoarbus.it

Ein Besuch in einem der ehemaligen Bergwerke ist interessant und lehrreich.

30 Linas-Marganai, Arbus und Guspini
Tropfsteinhöhlen und scharfe Messer

Über 22 220 Hektar erstreckt sich das faszinierende, großteils gebirgige Landschaftsschutzgebiet Parco Naturale del Linas-Marganai. Es ist reich an zerklüfteten Schluchten, Wasserfällen und beeindruckenden Tropfsteinhöhlen. Die beiden benachbarten Städtchen Arbus und Guspini sind auf der ganzen Insel für ihre von Hand gefertigten Hirtenmesser bekannt, wahre Meisterwerke der sardischen Messerschmiedekunst.

Granit und Kalk prägen einen großen Teil des Iglesiente-Gebietes und des großen Landschaftsschutzgebietes, das sich über die Gemeinden Domusnovas, Fluminimaggiore, Gonnosfanadiga, Iglesias und Villacidro erstreckt. Das Gebirgsmassiv des Monte Linas mit seiner höchsten Erhebung, der 1236 Meter hohen Punta Perda de sa Mesa, ist auf Granit gebaut. Die Gegend ist reich an Flussläufen, an Wasserfällen und Schluchten. Beeindruckend ist Sardiniens berühmtester Wasserfall Sa Spendula im 267 Meter hoch am Monte Linas gelegenen Villacidro. Ein Abschnitt des Rio Coxinas geht hier in den freien Fall über.

Giardino Montano Linasia

Über das Gebiet erstrecken sich ausgedehnte Steineichen-, Kastanien- und Buchenwälder sowie Korkeichenhaine mit einer reichen Tierwelt. Neben dem Sardischen Wildschwein sagen sich hier Fuchs und Wildkatze, der Sardische Hase, Wiesel, Marder,

Mitte: Ausgedehnte Steineichen-, Kastanien- und Buchenwälder sowie Korkeichenhaine …
Unten: … mit einer reichen Tierwelt: hier das Sardische Wildschwein

Der punisch-römische Tempel von Antas

Habicht und Sperber »Gute Nacht«. Der Botanische Garten Linasia in den Wäldern von Marganai hat sich zum Ziel gesetzt, die Besonderheiten dieses einmaligen Naturerbes bekannter zu machen. Auf 9000 Quadratmetern führt er die Besucher in die typischen Lebensräume der Pflanzen und Tiere des Landschaftsschutzgebietes. Das angeschlossene Museo Casa Natura gibt anschauliche Informationen zur Pflanzenwelt der Region und zu Funden aus den umliegenden Minen. Die Genossenschaft Linasia bietet Führungen zu Fuß oder zu Pferd an.

Bizarre Kalksteinformationen

Das Kalksteinmassiv des Marganai hat sich im Laufe der Jahrtausende in bizarre Formationen verwandelt. Das Einsickern von Wasser hat zur Bildung unterirdischer Flüsse und zahlreicher Tropfsteinhöhlen geführt. Die Grotta Santa Barbara in Domusnovas zählt mit ihren faszinierenden Barytkristallen an den Decken und Wänden zu den ältesten Grotten der Welt. Die Grotta San Giovanni nördlich von Domusnovas ist ebenso originell wie einmalig. Sie schlängelt sich auf einer Länge von 850 Metern durch die dicken Kalkschichten des Monte Margana. Bis vor wenigen

Geheimtipp

DER TEMPEL VON ANTAS

Nicht nur Natur pur, auch Geschichte und Kultur in rauen Mengen hat die Gegend um den Monte Linas zu bieten. Ein beeindruckendes Beispiel ist die archäologische Stätte von Antas mit ihrem majestätischen, punisch-römischen Tempel, ein imposantes historisches Heiligtum an den Hängen des Monte Conca 'e s'Omu, etwas südlich von Fluminimaggiore.
Um 500 v. Chr. haben die Punier den Tempel im Antas-Tal ganz in der Nähe einer nuraghischen Kultstätte errichtet. Die Römer haben um 200 n. Chr. den Tempel abgerissen und neu aufgebaut. Das ehemals dem punischen Gott Sid geweihte Heiligtum wurde mit der Inschrift »Templ(um) De Sardi Patris Bab« dem Sardus Pater gewidmet. Zu sehen sind zwar nur noch Reste von Grundmauern, das Fundament des Tempels sowie sechs Säulen, der Platz ist aber in jeder Hinsicht magisch und strahlt eine einmalige Atmosphäre aus.

Jahren konnte man sie mit dem Auto durchqueren. Etwas mühsamer, dafür aber umso spannender ist heute der Fußmarsch durch die unterirdischen Tunnel. In der Nähe von Fluminimaggiore befindet sich die Grotta Su Mannau, ein verzweigtes unterirdisches Höhlensystem mit zwei Flüssen. Die Eingangshöhle wurde schon in der Jungsteinzeit als Ort für den Wasserkult verehrt.

Arbus und Guspini

Die beiden Städte Arbus in der Nähe der verlassenen Bergarbeitersiedlung Ingurtosu und das in der Campidano-Ebene gelegene Guspini verbindet neben dem Bergbau eine alte Tradition: das Messerschmieden. Die von Hand gefertigten Einzelstücke, die Arburesa und Guspinesi, sind Meisterwerke der Messerschmiedekunst. Das Besondere dieser Messer: ihre gerundete Klinge und ihr kunstvoll gearbeiteter Griff aus dem Horn von Schafen, Widdern oder Hammeln. Das Museo del Coltello, das Messermuseum, hat seinen Sitz in Arbus und lädt auf einen Rundgang durch die Kulturgeschichte der sardischen Messertradition. Neben einer historischen Schmiedewerkstatt sind sowohl Alltagsmesser als auch Kunstwerke aus mehreren Jahrhunderten ausgestellt. Im Mittelpunkt steht das sardische Hirtenmesser – ein traditionsbeladenes Symbol der sardischen Männlichkeit. Ohne sein Messer hat bis vor Kurzem kein Sarde sein Haus verlassen. Nicht fehlen darf im Museo del Coltello das schwerste Messer der Welt: 295 Kilogramm Gewicht und 4,85 Meter Länge haben für einen Eintrag ins Guinessbuch der Rekorde gereicht.

Nach Guspini lockt noch eine seltene Naturerscheinung: Bis zu 160 Meter hohe Basaltsäulen, die *Basalti colonnari*, erheben sich senkrecht mitten in einem Wohngebiet in einer 250 Meter breiten Felswand am Hügel von Zeppara.

Oben: Eine seltene Naturerscheinung in Guspini: Bis zu 160 Meter hohe Basaltsäulen ragen empor. **Unten:** Die Korkeiche ist ein Wahrzeichen Sardiniens.

Infos und Adressen

SEHENSWÜRDIGKEITEN

Giardino Montano Linasia. In den Sommermonaten tgl. 9–12 und 16.30–19.30 Uhr (Mo, Mi und Fr geschl.). Erreichbar über die SS 126, Iglesias–Fluminimaggiore und über Domusnovas. Tel. 078 12 00 61, http://web.tiscali.it/linasia

Grotta Santa Barbara. Geführte Besichtigungen finden nach Voranmeldung jeden Di und Do sowie an den Wochenenden statt. Località Miniera San Giovanni, Carbonia-Iglesias, Tel. 07 81 49 13 00, www.igeaspa.it/it/visita_guidata_grotta_san.wp

Grotta Su Mannau. Juli–Okt. tgl. 9.30–18.30 Uhr, Fluminimaggiore, www.sumannau.it

Museo del Coltello sardo. Messermuseum in Arbus. Tgl. (außer an den Wochenenden) 9–12.30 und 15.30–19 Uhr, freier Eintritt, Via Roma 15, Arbus, Tel. 07 09 75 92 20, www.museodelcoltello.it

Tempio di Antas. Juli–Sept. tgl. 9.30–19.30 Uhr, Anfahrt auf der SS 126 Richtung Fluminimaggiore. www.startuno.it/tempio-di-antas.html

ESSEN UND TRINKEN

Osteria Gragonti. Typisch sardische Küche mit Produkten aus eigener Erzeugung. Nette Zimmer. Località Gragonti, Tel. 34 98 43 49 09, www.agriturismogragonti.it

ÜBERNACHTEN

Agriturismo Rocce Bianche. Inmitten einer ruhigen, landschaftlich einmaligen Umgebung, mit Restaurant. Località Bidderdi, Arbus, Tel. 34 82 84 74 05, www.bidderdi.it

EINKAUFEN

Coltelleria l'Arbusera di Paolo Pusceddu. Traditionelle Messerschmiede mit kleinem Museum. Via Roma 15, Arbus, Tel. 07 09 75 62 28, www.arburesa.it

Azienda agricola Funtanazza. 150 Jahre Käsetradition: biologischer Pecorino vom Feinsten. Località Funtanazza, Arbus, Tel. 38 95 92 87 50, www.funtanazza.it

Vitivinicola Santu Domini. Das Weingut produziert einen ausgezeichneten Cannonau. Via Repubblica 105, Arbus, Tel. 07 09 75 95 37

INFORMATION

www.prolocoarbus.it

In aufwendiger und kunstfertiger Handarbeit entstehen wertvolle sardische Hirtenmesser.

31 Oristano
Sardiniens spannendste Reiterturniere

Ruhig und beschaulich liegt sie da, die 31 000 Einwohner zählende Provinzhauptstadt Oristano. An jeder Ecke spürt man einen Hauch ihrer spannenden Geschichte, genauso wie man überall auf starke Zeichen von Aufbruch und Öffnung stößt. Einst Hauptstadt des Giudicato di Arborea und Geburtsstadt von Sardiniens Nationalheldin Eleonora d'Arborea, bemüht sich Oristano heute darum, eine Stadt der Kultur und des Genusses zu sein.

Maristanis oder Aristanis nennen die Einheimischen ihre Stadt noch heute. Das bedeutet so viel wie »zwischen den Lagunen«. Oristano liegt nämlich zwischen den beiden größten Feuchtgebieten Sardiniens: der Halbinsel Sinis im Norden und der Lagune Stagno di Santa Giusta im Süden. Die eigentliche Gründung der Stadt geht auf das Jahr 1070 zurück. Die Einwohner der in der nahen Bucht liegenden phönizischen-römischen Hafenstadt Tharros waren die ständigen Überfälle und Plünderungen durch die Sarazenen leid und verlegten ihre Stadt einige Kilometer landeinwärts, ins heutige Oristano. Ihre Häuser vor Ort trugen sie ab und brachten das Baumaterial gleich mit in die neue Stadt. Die war zwar auch nicht mehr ganz so neu, denn die Besiedlungsspuren des Gebietes gehen bis ins 6. Jahrtausend v. Chr. zurück. Aber aufgrund seiner günstigen Lage entwickelte sich Oristano schon bald zum politischen und wirtschaftlichen Mittelpunkt der Gegend. Oristano ist keine typische Touristenstadt. Die Stadt hat ihre Authentizität bewahrt und bietet ein typisch sardisches Ambiente.

Oben: Straßenszene in Oristano: eine bunte, fröhliche und lebendige Provinzhauptstadt
Seite 165: Deckengemälde in der Cattedrale di Santa Maria Assunta in Oristano

Sightseeing in Oristano

Für einen Spaziergang durch die Altstadt von Oristano empfiehlt sich als Startpunkt die zentrale Piazza Eleonora. Die wichtigsten Sehenswürdigkeiten sind von hier aus bequem zu Fuß zu erreichen

Ⓐ Auf der **Piazza Eleonora** steht im Mittelpunkt die 1881 eingeweihte, große Marmorstatue der Volksheldin von Oristano, Eleonora d'Arborea. Der Platz wird vom **Palazzo Campus Colonna**, heute Sitz des Stadtrates, dem **Palazzo Civico**, ex Convento degli Scolopi und dem neoklassizistischen **Palazzo Corrias Carta** aus dem 19. Jahrhundert eingerahmt.

Ⓑ Die **Cattedrale di Santa Maria Assunta** zählt zu den architektonischen Highlights von Oristano. Im 18./19. Jh. wurde das Innere des Doms in barockem, die Fassade in klassizistischem Stil neu gestaltet. Die Mischung der verschiedenen Stilelemente, von der Gotik über den Barock bis zum Neoklassizismus und zu zeitgenössischen Elementen machen die Kathedrale zu einem besonderen Anziehungspunkt.

Ⓒ Chiesa di San Francesco – In der Nähe der Kathedrale, in der Via San'Antonio, befindet sich die 1838 erbaute neoklassizistische Kirche San Francesco. Die Kirche beherbergt einen besonderen Schatz: das *Crocifisso di Nicodemo*, das hochverehrte Nikodemus-Kreuz – ein Meisterwerk katalanischer Schule aus der Zeit um 1350.

Ⓓ Die **Pinacoteca Comunale** in der Via Sant'Antonio stellt sehenswerte Werke sardischer Künstler aus. Einen Besuch wert ist auch die barocke Chiesa del Carmine aus dem 18. Jh.

Ⓔ Die **Torre di Mariano II**, auch als **Torre di San Cristofero** oder **Porta Manna** bekannt, bildet mit der Torre di Portixedda in der Via Mazzini die letzten Überreste der alten Stadtmauer

aus dem 13. Jh. An der Piazza Roma spielt sich das gesellschaftliche Leben von Oristano ab.

Ⓕ Von der **Piazza Roma** führt die Flaniermeile Oristanos, der **Corso Umberto**, auch Via Dritta genannt, zur Piazza Eleonora d'Arborea. Am Corso steht der **Palazzo d'Arcais**, eines der ältesten Adelspalais von Oristano.

Ⓖ Antiquarium Arborense – Das archäologische Museum von Oristano hat seinen Sitz im Palazzo Parpaglia.

Eleonora d'Arborea: Gesetzes-buch für Sardinien

Bereits im 13. Jh wurde Oristano zur Hauptstadt des Judikats Arborea. Sardinien war in jener Zeit in vier Regionen, die sogenannten Judikate, einge-teilt. Unter der Führung von Marianus IV. d'Arbo-rea und dessen Tochter Eleonora gelang es dem Judikat, den spanischen Besatzern auf Sardinien die Stirn zu bieten. Arborea konnte von allen Regierungsbezirken seine Unabhängigkeit am längsten bewahren. Eleonora d'Arborea über-nahm als erste Frau das Richteramt von ihrem Vater und übte es sehr erfolgreich aus. 1395 er-ließ sie das berühmte Zivil- und Strafgesetzbuch *Carta de Logu*, einen Kodex, der auf Sardinien bis zur Bildung des italienischen Staates 1861 die Gesetzesgrundlage blieb.

Eleonora d'Arborea wurde zu einer Symbolfigur und zur Nationalheldin und hat auf der gleich-namigen Piazza ein würdiges Denkmal erhalten. Gleich in der Nähe, in der Via Parpaglia, steht die Casa Eleonora, das angebliche Wohnhaus der

Oben: Sa Sartiglia: eines der be-kanntesten und spannendsten Reiterturniere sowie historischen Kostümfeste Sardiniens
Unten: Eleonora d'Arborea: Die Marmorstatue der Volksheldin von Oristano an der gleichnami-gen Piazza dominiert diese.

Richterin. Auf einen Besuch desselben kann man aber verzichten. Der Palazzo wurde erst in der Frührenaissance, also mehr als ein Jahrhundert nach dem Tod der berühmten Adeligen, erbaut und hat mit Eleonora d'Arborea naturgemäß wenig zu tun.

Die Piazza Eleonora d'Arborea mit der lebensgroßen Statue der Richterin bildet noch heute den Mittelpunkt der Stadt. Um 1228 ließ Marianis II. d'Arborea auf den Fundamenten einer byzanthinischen Kirche einen gotischen Dom, die Cattedrale di Santa Maria Assunta, erbauen. Der untere Teil des achteckigen Glockenturms und die gotische Capella del Rimedio stammen noch aus jenen Jahren.

Einige Jahrhunderte lang verblieb Oristano wie die gesamte Insel dann unter katalanisch-aragonesischer Besatzung, bis schließlich, nach einer harten Zeit mit Pest und Hungersnöten, die Savoyer aus dem Piemont neue Herrscher über Sardinien wurden. Am 16. Juli 1974 wurde Oristano immerhin Provinzhauptstadt der neu gegründeten, damals vierten und kleinsten sardischen Provinz. Heute zählt die Stadt samt Umgebung zu den bedeutendsten Landwirtschaftszentren Sardiniens.

Farbenprächtige Sa Sartiglia

In der Faschingszeit lädt Oristano zu einem der bekanntesten und spannendsten Reiterturniere sowie historischen Kostümfeste Sardiniens ein: zur Sa Sartiglia am Faschingssonntag und zur Sartigliedda für Jugendliche am Rosenmontag.

Das traditionsreiche Pferderennen wurde bereits im Jahr 1543 erstmals abgehalten. Im Anschluss an einen farbenprächtigen Umzug preschen kostümierte und maskierte Reiter in vollem Galopp

Nicht verpassen

ANTIQUARIUM ARBORENSE

Der aus dem 19. Jahrhundert stammende Palazzo Parpaglia beherbergt seit 1992 das Archäologische Museum Antiquarium Arborense, das dem bekannten Gelehrten Giuseppe Pau aus Oristano gewidmet ist. Die archäologische Abteilung führt in die vor- und frühgeschichtliche Zeit auf der Sinis-Halbinsel, vom Neolithikum bis zur Nuraghen-Kultur. Bekannt ist das Museum für die einmalige Sammlung von phönizischen und punischen Grabbeigaben (7.–3. Jh. v. Chr.), vor allem aus Tharros. Auch Funde aus römischer, frühchristlicher und frühmittelalterlicher Zeit (2. Jh. v. Chr.–7. Jh. n. Chr.) sind vertreten. Erwähnenswert sind die plastischen Stadtmodelle von Tharros (4. Jh. v. Chr.) sowie jenes von Oristano (14. Jh.). Im Retabel-Saal werden wertvolle Tafelbilder und mittelalterliche Altaraufsätze ausgestellt.

Antiquarium Arborense – Museo archeologico Giuseppe Pau. Piazza Corrias, Tel. 07 83 79 12 62, www.antiquariumarborense.it

VERNACCIA DI ORISTANO

Der Vernaccia di Oristano ist ein Kultwein der sardischen Weinwirtschaft. Der Ursprung der Vernaccia-Rebe reicht weit zurück. Schon die Römer trafen sie in der Gegend an. Daher wohl auch der Name, der sich vom römischen *vernacula* ableitet, den »Reben vom Ort«. Knapp 400 Hektar Weinberge im fruchtbaren Tal des Tirso in der Provinz Oristano sind mit der Vernaccia-Rebe bepflanzt. Der Wein hat als erster sardischer Wein bereits 1971 die kontrollierte Ursprungsbezeichnung DOC erhalten und reift zwei bis sechs Jahre in Eichen- oder Kastanienfässern. Ab vier Jahren Lagerung darf er die Bezeichnung Riserva tragen. Vernaccia di Oristano präsentiert sich mit heller Bernsteinfarbe, intensiv in der Nase mit Mandelblüten und getrockneten Früchten, voll und elegant im Trunk. Vom Stil her ähnelt er etwas den Weinen aus dem Jerez und dem Montilla-Moriles in Andalusien.

Einfach gut!

In der Trattoria da Gino in Oristano ist immer viel los.

durch die Gassen und versuchen dabei, mit ihrem Degen einen hängenden Silberstern aufzuspießen. Je mehr Sterne gestochen werden, desto besser wird die Ernte und umso günstiger der Jahresverlauf. Nicht nur die Ehre der einzelnen Reiter steht also bei diesem Volksfest, an dem sich die gesamte Stadt beteiligt, auf dem Spiel. Trommelwirbel und Fanfarenstöße sowie die Begeisterungsstürme der Zuschauer begleiten das farbenprächtige und spannende Spektakel. Su Cumponidori, der Waffenmeister, leitet das Turnier, das von den Teilnehmern gar einiges an Geschicklichkeit und Durchhaltevermögen abverlangt.

Am Rosenmontag dann steht die Sartigliedda auf dem Programm, das nicht weniger farbenprächtige Reitturnier für die Jugendlichen. Seit einigen Jahren sind alle Folklorefans zudem auch im Urlaubsmonat August zu einer Sartiglia geladen.

Sartill'e Canna – Steckenpferdrennen für Kinder

Mindestens so alt wie die Sartiglia ist auch die Sartill'e Canna. Am großen Steckenpferderennen am Sonntag vor Fasching nehmen Hunderte von Kindern teil. Diese kommen meist mit den eigenen Pferden. Ansonsten fertigen Freiwillige der Associazione Sartill'e Canna, dem Verein zur Erhaltung der Steckenpferde, diese in Handarbeit aus Schilfrohr. Die Zügel fest in der Hand, das Pferdchen zwischen den Beinen, starten die stolzen Reiter unter Trommelwirbel im Stadtteil Su Brugu. Kostümiert und meist mit Masken verkleidet kämpfen sie sich durch die Via Sassari, die Via Lepanto und Via Veneto bis zur Piazza Sant'Efisio und versuchen, den aufgehängten Stern mit einem Schilfrohr-Degen aufzuspießen. Zur Belohnung gibt es Konfetti, Süßigkeiten und Medaillen.

Infos und Adressen

SEHENSWÜRDIGKEITEN

Antiquarium Arborense – Museo archeologico Giuseppe Pau. Widmet sich Sardiniens Vor- und Frühgeschichte. In den Sommermonaten Mo–Fr 9–14.30 und 15–20.30 Uhr sowie Sa und So 9–14 und 15.30–20.30 Uhr. Führungen werden auch in deutscher Sprache durchgeführt. Piazza Corrias, Tel. 07 83 79 12 62, www.antiquariumarborense.it

Die Torre di Mariano II ist auch als Torre di San Cristofero oder Porta Manna bekannt.

Fondazione Sa Sartiglia. Piazza Eleonora d'Arborea 44, Tel. 07 83 30 31 59, www.sartiglia.info

Pinacoteca Comunale. Hospitalis Sancti Antoni, Via Sant'Antonio 1, Tel. 078 37 31 19, www.comune.oristano.it

ESSEN UND TRINKEN

Ristorante Josto al Duomo. Chef Pierluigi Fais tischt eine kreative, innovative Küche in einladendem Ambiente auf. Via Vittorio Emanuele 34, Tel. 07 83 77 80 61, www.hotelduomo.net

Trattoria da Gino. Bodenständige Küche mit ausgezeichneten Fischgerichten und anständigen Preisen. Oristano, Via Tirso 13, Tel. 078 37 14 28

Agriturismo Archelao. Sardische Küche mit traditionellen Zutaten aus eigener Produktion. Località San Quirico, SP Fenosu–Tiria, Podere 80, Tel. 32 93 57 05 71, www.agriturismoarchelao.it

ÜBERNACHTEN

Hotel Duomo. Kleines, elegantes Hotel in einem Palazzo aus dem 16. Jh. »Jostore« mit lokalen Spezialitäten. Via Vittorio Emanuele II 34, Tel. 07 83 77 80 61, www.hotelduomo.net

Mariano IV Palace Hotel. Haus mit Flair und Atmosphäre direkt im Zentrum. Piazza Mariano 50, Tel. 07 83 36 01 01, www.m4ph.eu

EINKAUFEN

Attilio Contini. Ausgezeichnete Vernaccia di Oristano direkt vom Weingut. Via Genova 48/50, Cabras, Tel. 07 83 29 08 06, www.vinicontini.it

INFORMATION

www.oristanowestsardinia.com

Ein schicker Sommerhut gefällig?

32 Sinis & Tharros
Naturparadies mit Geschichte

Weit ausladende Strandseen und Sumpfgebiete, kilometerlange Strände und fruchtbares Ackerland – die einzigartige Natur- und Kulturlandschaft der Sinis-Halbinsel breitet sich im Norden des Golfs von Oristano aus. An einem einmaligen Ort auf dem Vorgebirge, das sich von der Sinis-Halbinsel südlich bis zum Capo San Marco erstreckt, liegen die Ruinen der einst reichen phönizisch-punischen Hafenstadt Tharros.

Die 19 Kilometer lange und bis zu sechs Kilometer breite Halbinsel von Sinis erstreckt sich zwischen dem Capo San Marco an der Südspitze und dem Capo Mannu im Norden. Die beiden Eckpunkte verbinden kilometerlange, herrlich weite, teils aus feinem, teils aus grobem Korallensand bestehende Strände mit einladenden Badebuchten. Dazwischen erstreckt sich neben fruchtbarem Ackerland rund um die flachen, verzweigten Lagunen- und Binnenseen eine teils trockene Steppenlandschaft. *Stagno* nennen die Sarden ihre Lagunen, übersetzt Weiher. Weiher allerdings, die mit über 2000 Hektar wie jener von Cabras groß geraten sind.

Gleich am Nordrand des Golfs von Oristano liegt der Stagno di Mistras, der durch zwei Küstenstreifen vom Meer getrennt ist. Dem größten Stagno, jenem von Cabras, vorgelagert ist der Stagno Mar 'e Pontis, wo die Peschiera Pontis, eine alte Fischzuchtanlage mit Schleusen und Rohrgeflechten für den Fischfang besichtigt werden kann. Im Norden der Halbinsel liegen der Stagno Sale Porcus und der Stagno Is Benas, um nur die größeren zu nennen.

Oben: Von Tharros führt ein wunderschöner Wanderweg auf die Halbinsel von Sinis.
Unten: Altes Handwerk neu belebt: Maskenhersteller in Sinis

Badeziele auf der Sinis-Halbinsel

A Torre Grande (Oristano) – Feiner, goldgelber Sandstrand mit langer, von Pinien und Palmen gesäumten Strandpromenade, knapp 7 km von Oristano entfernt. Das Wasser fällt relativ schnell tief ab. Parkplatz, Bars, Restaurants und andere Serviceeinrichtungen vorhanden.

B San Giovanni di Sinis – 4 km langer, feiner, naturbelassener Sandstrand – wird im Süden von den Ruinen von Tharros begrenzt. Vom Capo San Marco aus hat man einen fantastischen Panoramablick.

C Is Arutas (Cabras) – Langer, naturbelassener, weißer Sandstrand, aus kleinen, quarzhaltigen Reiskörnern, die bunt schimmern. Das Wasser fällt relativ schnell tief ab. Im Hintergrund Dünen mit wild wachsendem Macchia-Gesträuch. Kräftige Winde machen den Strand auch bei Surfern sehr beliebt.

D Mari Ermi (Cabras) – Langer, naturbelassener weißer Sandstrand. Der durch Erosion entstandene Sand besteht ebenfalls aus kleinen Quarzsteinen.

E Putzu Idu (San Vero Milis) – Feiner, hellsandiger Strand im Nordwesten der Sinis-Halbinsel. Das Wasser fällt seicht ab. Von hier starten in der Saison die Ausflugsboote zur vorgelagerten Isola di Mal di Ventre. Ideal für Familien mit Kindern.

F Sa Mesalonga (San Vero Milis) – Goldfarbener, grobkörniger Sand, Bucht mit kleinem, vorgelagertem Eiland, das den Strand in zwei Hälften teilt. Abgegrenzt wird der Strand von kleinen Sanddünen, die der Wind aufgeschüttet hat. Im Süden erhebt sich der imposante Felsen des Capo Mannu. Das Wasser fällt schnell tief ab.

G Is Arenas (Narbolia) – Langer und breiter Sandstrand im Norden der Sinis-Halbinsel. Der Sand vermischt sich hier und da mit größeren Kieselsteinen und abgeriebenen Muschelfragmenten. Abgegrenzt wird der Strand von Sanddünen, die der Wind aufgeschüttet hat, sowie von einem großen Pinienhain.

Der Traumstrand von Is Arutas

Feuchtgebiet von Rang

Die Sinis-Halbinsel zählt zu den Feuchtgebieten von internationaler Bedeutung, wie in der Konvention von Ramsar (Iran) anerkannt und definiert. Die Strände der Halbinsel – Küsten mit flachen Klippen und langen Sandstränden – gehören ebenso wie die vorgelagerte Granitinsel Mal di Ventre und die kleine Basaltinsel Il Catalano zum Meeresschutzgebiet Area marina protetta del Sinis Isola di Mal di Ventre. Nach dem Capo Sa Sturaggia schließen die hohen und weißen Klippen von Su Tingiosu das geschützte Küstengebiet ab.

Im Laufe der Jahrhunderte bildeten sich Sandzungen, die Teile des Meeres abschnitten. Dort sammelten sich Schwemmmaterial und Sedimente der Flüsse, vorwiegend vom Tirso, an. So entstand die Naturlandschaft, die zu den eindrucksvollsten Landstrichen der Provinz Oristano zählt. Wie geschaffen für Vogelbeobachtung, Wandern und Biken – für jede Art und jeden Schwierigkeitsgrad von Exkursionen. Das Gebiet hält unvergessliche Erlebnisse bereit – auch für Feinschmecker auf der Suche nach regionaltypischen Spezialitäten.

Eldorado für Vogelfreunde

An die 150 Vogelarten leben und brüten in und um die großflächigen flachen Seen und Feuchtgebiete auf der Sinis-Halbinsel: Krähenscharben,

Oben: Besonders reizvoll ist für viele Sardinien im Frühling.
Mitte: In dieser Umgebung fühlt sich auch das Purpurhuhn wohl.
Unten: Auf den Spuren der Phönizier in Tharros

Kormorane und Purpurhühner, Seiden-
reiher und verschiedene Falkenarten,
Seeschwalben und Kolbenenten, Blässhühner und Stelzenläufer tummeln sich in den
Weihern und Lagunenseen. Einige überwintern
in der Gegend, andere halten sich nur einige Tage
auf ihrem Durchzug hier auf. Vor allem im Herbst
beleben Tausende von rosa Flamingos als leuchtende Farbtupfer die Gegend. Und sogar im Winter bieten die Strände der Halbinsel unvergessliche
Naturschauspiele. Der Sand aus winzigen, reis-
förmigen Quarzkörnchen schimmert am Küstenabschnitt von Punta Is Arutas in tausend Farben
in der Wintersonne.

Tharros

An einem einmaligen Ort befinden sich die Ruinen der phönizisch-punischen Hafen- und Handelsstadt Tharros, einem der geschichtsträchtigs-
ten und interessantesten Schauplätze Sardiniens.
Die geheimnisumwitterte Stadt liegt auf dem
Vorgebirge, das sich auf der schmalen Landzunge
südlich von San Giovanni di Sinis bis zum Capo
San Marco erstreckt. Die Aussicht vom Hügel
auf den Golf von Oristano ist traumhaft.

Gegründet von Nuraghern, wurde der Platz von
den Phöniziern zur Stadt ausgebaut und von den
Puniern und Römern übernommen. Vom 8. Jh.
v. Chr. bis in die späte römische Kaiserzeit war
Tharros eine reiche Handels- und Hafenstadt. Die
Zeugnisse aus dieser Zeit sind vielfältig: Ein Tempel der Demetra und die Reste einer Akropolis
deuten darauf hin, dass die Stadt als Handels-
niederlassung der Phönizier diente. Aus der Zeit
der Punier im 6. und 5. Jahrhundert v. Chr. ist bis
heute eine 120 Meter lange Mole sowie ein punisches Tophet, der kultische Ort, an dem die Göt-
ter durch Opfer versöhnt wurden, erhalten.

Geheimtipp

PARCO COMUNALE OASI DI SEU

Ein ideales Ziel für
einen aktiven Abenteu-
er-Ausflug ist der Parco
Comunale Oasi di Seu in der Gemeinde Cabras. Der 1981 als
WWF-Oase gegründete Park liegt
am Küstenstrich zwischen der
Bucht von San Giovanni und Fun-
tana Meiga. Schon zur Zeit der
Nuraghen hielten sich die Menschen in dieser einmaligen Naturlandschaft auf. 115 Hektar groß
ist der Naturpark, in dem zwischen Zwergpalmen und Wacholder noch Schildkröten und Wanderfalken leben. Sehr beliebt sind
die geführten Touren zu Pferd oder
mit dem Fahrrad durch die unberührte Macchia-Landschaft. Wer
es ruhiger mag, kann die Schön-
heiten der lokalen Flora und Fauna
auch zu Fuß erkunden.

Parco Comunale di Seu. Aktions-
ausflüge organisiert das Centro
di Esperienze Casa di Seu, Cabras,
www.areamarinasinis.it,
www.costadelsinis.it

Soweit das Auge reicht: ein
einmaliges Naturerlebnis

Ausgangspunkt für die herrliche Panoramawanderung zum Capo San Marco ist der Torre San Giovanni ganz in der Nähe von Tharros. Knappe zwei Stunden müssen für den leichten und unbeschwerlichen Spaziergang über die reizende Landzunge eingeplant werden. Zuerst ein Blick auf die Ausgrabungen, dann schweift das Auge hinaus auf das azurblaue Meer, das den Wanderer auf beiden Seiten des sandigen Wanderweges umgibt: stürmisch und bewegt auf der zum Meer hin offenen Seite, ruhig und gelassen am Ufer der Golfes von Oristano. Struppige Macchia begleitet den Wanderer, hin und wieder begegenen einen ein paar wilde Ziegen, Kaninchen und Schildkröten. Auf dem Rückweg dann eine wunderbare Aussicht auf das Festland bis hin zum Stagno di Cabras und nach Oristano auf der anderen Seite der Bucht. Wasserflasche und Sonnenschutz nicht vergessen!

215 v. Chr. übernahmen die Römer die Herrschaft über die Stadt, bauten Thermalanlagen, breite Straßen und ein Baptisterium. Die Mole und auch die Funde, etwa von Importkeramik zyprisch-mykenischen Ursprungs, zeugen von einem lebhaften Seehandel. Der ehemalige Hafen von Tharros liegt heute aber fast vollständig unter Wasser.

Tharros blieb auch nach dem Niedergang des Römischen Reiches bewohnt. Von 827 bis 1070 n. Chr. war die Stadt Hauptort des sardischen Judikats Arborea. Der Untergang von Tharros begann durch die häufigen Einfälle und Überfälle der Sarazenen. Es ist nicht ganz klar, wann die Stadt verlassen wurde. Mahmoud ibn Djobair berichtet im Jahr 1183 n. Chr. von einer Ruinenstadt, als er mit seinem Schiff am sardischen Vorgebirge Schutz vor einem Sturm suchte. Die Stadt wurde vermutlich um 1070 aufgegeben. Die Einwohner zogen ins Landesinnere, nahmen gleich das Baumaterial aus Tharros mit und gründeten die Stadt Oristano als neues Zentrum. Ausgrabungsarbeiten brachten die Ruinen von Tharros erst Mitte der 1960er-Jahre ans Licht.

San Giovanni di Sinis

In unmittelbarer Nähe zum antiken Tharros liegt der Badeort San Giovanni di Sinis. Einige der ehemals typischen Fischerhütten aus Schilf sind noch heute unweit der Ausgrabungsstätten zu sehen. Gleich am Eingang zur Ortschaft steht die frühchristliche Kirche San Giovanni di Sinis, vermutlich neben San Saturno in Cagliari die älteste Kirche auf Sardinien. Die byzantinische Kuppelkirche wurde im 5. Jh. in römischer Quaderbauweise erbaut. Später kamen ein Lang- und ein Querschiff dazu. Im 11. Jahrhundert gestalteten Benediktinermönche das Gebäude im romanischen Stil um.

Sinis & Tharros

Inmitten der wunderschönen Dünen- und Fels-
landschaft steht auch der San Giovanni gewid-
mete spanische Küstenturm aus dem 17. Jh. Der
feinsandige, naturbelassene Strand von San Giovanni di Sinis ist sehr weitläufig, sodass man
selbst in der Hochsaison ein ruhiges Plätzchen
findet, und außerdem bestens ausgestattet: Es
gibt einen großen Parkplatz, der auch für Wohnmobile geeignet ist, sowie zahlreiche Kioske und
Cafés. Surfer und Windsurfer kommen hier voll
auf ihre Kosten, ebenso wie Freunde des Tauch-
sports und Schnorchler.

Nurachi

Etwas weiter im Osten liegt die Ortschaft Nurachi, ein Dorf, dessen Ursprünge weit zurückliegen.
Das Gemeindegebiet erstreckt sich bis zum Stagno
di Cabras. Sein Name enthält die Wurzel »nur«,
was Stein oder Fels bedeutet und in vielen sardischen Ortsnamen vorkommt. Das Gebiet war
schon in vorgeschichtlicher Zeit besiedelt, wie
verschiedene Fundstücke wie Pfeilspitzen, Hand-
beile und Figuren belegen. Die Besiedelung setzte
sich dann mit der nuraghischen Bevölkerung fort,
die den Nuraghen Nuraci de Pische errichtete,
nach dem der Ort benannt ist. Von ihm sind heute
nur noch wenige Spuren übrig.

Nurachi hat heute 1600 Einwohner und lebt
vorwiegend von der Landwirtschaft: Getreide,
Gemüse und Futterpflanzen werden angebaut.
Zitronenhaine und Weinberge umgeben das Dorf.
Die Aufzucht von Schafen, Pferden, Geflügel, Rindern und Schweinen spielt eine wichtige Rolle.
Seine Traditionen und historischen Zeugnisse
bewahrt Nurachi im archäologischen und ethno-
grafischen Museum Peppetto Pau. Das Museum
ist in einem Bürgerhaus untergebracht und führt
durch die spannende Alltagsgeschichte der Region.

Oben: Geballte Ladung an Kunst
und Geschichte: die frühchristliche Kirche San Giovanni di Sinis
Mitte: Die byzantinische Kuppelkirche wurde im 5. Jh. in römischer Quaderbauweise erbaut.
Unten: Ein einmaliges Kunstwerk
für sich: das Taufbecken

Infos und Adressen

SEHENSWÜRDIGKEITEN

Area Archeologica di Tharros. Ausgrabungsgelände. Im Sommer tgl. 9–19 Uhr, Località San Giovanni di Sinis, Tel. 07 83 37 00 19, www.penisoladelsinis.it

Museo di Etnografia »Peppetto Pau«. Di, Do, Sa und So 18–21 Uhr, Via Dante, Nurachi, Tel. 078 32 21 36, www.comune.nurachi.or.it

Chiesa San Giovanni di Sinis. Die vermutlich älteste Kirche Sardiniens ist nicht nur für kunsthistorisch Interessierte einen Besuch wert.

Nuraghe S'Urachi. Località Su Pardu, Strada provinciale Putzu Idu, San Vero Milis

Eine ideale Vorspeise: Antipasto di Pesce

ESSEN UND TRINKEN

Ristorante Le Dune. Sardische Küche mit ausgezeichneten Fischgerichten. Località San Giovanni di Sinis, Straße nach Tharros, Borgata Marina, Tel. 07 83 37 00 89, www.ristorantteledunecabras.com

Trattoria La Playa. Einfaches Lokal in Panoramalage mit bodenständiger, guter Küche.

Straße nach Tharros, San Giovanni di Sinis, Tel. 32 96 31 53 55

Osteria S'Aligusta. Gute Auswahl an schmackhaften Fischgerichten. Bei der Kirche von San Giovanni di Sinis.

Il PescaTore Ittiturismo. Kleines, freundliches Lokal mit frischer und mit Leidenschaft zubereiteter Mittelmeerküche. Località Mandriola, Via Turr'e sa Mora, San Vero Milis, Tel. 34 76 87 46 57

Agriturismo Il Lentischio. Netter Agriturismo mit klassisch-traditioneller Küche: Ricotta mit Honig, *Maialetto* und Lamm, *Semifreddo al Mirto* … Località Sa Spilunca, Sa Rocca Tunda, San Vero Milis, Tel. 34 63 16 01 82

Ristorante Il Cortiletto. Freundliches Lokal, nette Atmosphäre, ausgezeichnete Fischküche. Via Umberto I 123, San Vero Milis, Tel. 078 31 77 30 00

ÜBERNACHTEN

Hotel Sa Pedrera. Originelles Hotel mitten in der Natur, mit gutem Restaurant. Ideal für Familien, Radfahrer und Wanderer. Strada Provinciale Cabras, San Giovanni di Sinis, km 7,5, Tel. 07 83 37 00 18, www.sapedrera.it

Agriturismo Sa Canudera. Zehn Zimmer mit viel Komfort und ein einladendes Restaurant mit bodenständiger Küche. SP 6, San Giovanni km 4,6, Località Sa Canudera, Cabras, Tel. 34 77 09 62 20, www.agriturismo sacanudera.it

Agriturismo Mulinu Betzu. Nette Ferienwohnung mit viel Natur und Ruhe. Via San Lussorio 60, San Vero Milis, Tel. 078 35 33 12, www.agriturismomulinubetzu.it

Hotel Raffael. Nettes Vier-Sterne-Hotel, nahe am Strand gelegen, das mit einem großen Park und viel Komfort aufwartet.

Via S'Architteddu 58, Località Putzu Idu, San Vero Milis, Tel. 078 35 21 18, www.hotelraffael.com

Agriturismo Capo San Marco. Netter Agriturismo mit sechs Zimmern, nur wenige Minuten vom Traumstrand Is Arutas entfernt. Schafzucht und Artischockenanbau. Località Giovanni Nieddu, SP 6, San Giovanni di Sinis, Tel. 34 72 11 54 90, www.agriturismocapo sanmarco.it

EINKAUFEN

Antichi Sapori sardi. Große Auswahl an Spezialitäten von der Sinis-Halbinsel. Via Roma 33, Cabras, Tel. 07 83 39 21 14

L'oro di Cabras – Fratelli Manca. Bottarga di Muggine. Via G. Cima 5, Cabras, www.orodicabras.it

Pasticceria Arte dolce di Artu E Beltrame. Frisches Brot, süße Verführungen und lokale Spezialitäten. Via Nazario Sauro 21, Terralba, Tel. 07 83 09 45 34

Maskere. Handgefertigte Masken aus Leder, traditionell und modern inspiriert. Via Brigata Sassari 34, Cabras, Tel. 07 83 55 80 23, www.maskere.it

AKTIVITÄTEN

Sinis Yachting. Ausflüge mit und Verleih von Segelbooten. Via Torino 24, Cabras, Tel. 32 96 13 61 90, www.sinisyachting.com

Capomannu Naturawentura. Bootsauflüge, Schnorcheln, Wind- und Kitesurfen, Foto-safaris, Mountainbike- und Land-Rover-Touren. Lungomare Mandriola, Marina di San Vero Milis, Tel. 32 96 12 03 72, www.capomannu.it

Is Benas Surf Club. Eine der ersten Surfschulen Italiens. Località Putzu Idu, Tel. 078 31 92 53 63, www.isbenas.com

Motocross. Auf dem großen Motocross-Gelände in Riola bei San Vero Milis kann man Profis bei ihren Rennen zusehen und selbst über Stock und Stein fahren. www.motorschoolriola.it

INFORMATION

www.areamarinasinis.it
www.costadelsinis.it
www.comune.sanveromilis.or.it

Wanderwege auf der Sinis-Halbinsel: mit »historischem« Ausblick auf Tharros

33 Cabras und sein Stagno
Bottarga und Flamingos

Mit 2200 Hektar Oberfläche ist der Stagno di Cabras der größte unter den zahlreichen Lagunenseen auf der Halbinsel. Die Gegend zählt zu den bedeutendsten Feucht-Ökosystemen des Mittelmeerraumes. Das mittelalterliche Fischerdorf Cabras selbst besticht mit Natur und Tradition, mit ausgezeichneten Fischlokalen und mit einer besonderen Spezialität: der Bottarga, dem getrockneten Rogen der Meeräsche.

Cabras ist ein optimaler Ausgangspunkt für Entdeckungsreisen und sportliche Aktivitäten auf der Sinis-Halbinsel. Der Ort liegt am südöstlichen Ufer des gleichnamigen Stagno. Das mittelalterliche *Crabiliis* oder *Capriles* zählt heute an die 9000 Einwohner und bildet das Zentrum auf der Sinis-Halbinsel. Das Fischerdorf mit seinen eingeschossigen Häusern hat noch einiges von seinem alten Aussehen bewahrt. Landwirtschaft und Fischerei stehen im Mittelpunkt und haben im Laufe der Jahrhunderte die Geschichte und Traditionen der Gegend geprägt. Die Fischlokale von Cabras sind über die Grenzen der Ortschaft hinaus bekannt.

Aus dem Häusermeer von Cabras ragt direkt am Seeufer die Renaissance-Basilika Santa Maria Assunta mit ihrer rot gedeckten Kuppel und dem viereckigen grazilen Turm heraus. Die Kirche wurde im 16. Jh. auf den Resten des Castello degli Arborea erbaut. Ein schmucker spätbarocker Altar bildet den Mittelpunkt. Das Fest der Patronin von Cabras wird alljährlich am 24. Mai mit Prozessionen, Musik und viel Folklore gefeiert.

Mitte: Die Renaissance-Basilika Santa Maria Assunta mit ihrer rot gedeckten Kuppel überragt das Häusermeer von Cabras.
Unten: Auf dem Weg durch das Naturschutzgebiet rund um den Stagno di Cabras

Cabras und sein Stagno

Einfach gut!

In nächster Nähe zur Pfarrkirche befindet sich die groß angelegte Piazza Stagno, der Hauptplatz von Cabras und gleichzeitig traditioneller Festplatz der Stadt. Der Platz mit seinen zwei großen Wasserspeichern aus dem frühen 20. Jahrhundert lädt mit seinem herrlichen Blick auf den Stagno ein.

Die Siedlungsgeschichte

In Cuccuru is Arrius befinden sich die ältesten Siedlungsspuren der Gegend. Hier wurden Gräber aus der Jungsteinzeit um 4000 v. Chr. entdeckt. Grabbeigaben zeugen von der zu jener Zeit im Mittelmeerraum verbreiteten Religiosität, die durch den Stierkult und die Verehrung der Großen Mutter geprägt war. Auch zur Nuraghen-Zeit hatte die Gegend bereits große Bedeutung, wovon Steinfiguren von Kriegern und Athleten zeugen. Gegründet wurde Cabras aber durch die Phönizier im 8. Jahrhundert v. Chr. Die ältesten Zeugnisse stammen aus den beiden Feuerbestattungsnekropolen aus dem 7. Jahrhundert v. Chr. Starke Spuren haben die Römer in der Gegend hinterlassen.

Die Funde aus der Nekropole Cuccuru is Arriu werden zum großen Teil im Museo Civico Archeologico Giovanni Marongiu von Cabras ausgestellt. Funde aus Tharros führen in die Frühgeschichte der Halbinsel. Die phönizisch-punischen Exponate mit den ausgestellten Urnen und Stelen stammen von den Ausgrabungen beim Bau des Handwerkerviertels der Stadt. Ergänzt wird der Museumsrundgang durch die ansprechende Sonderausstellung *In piscosissimo mari* – »in fischreichem Meer« – rund um die Geschichte und die Traditionen des Fischfangs auf der Sinis-Halbinsel sowie zu Kultur, Ökologie, Flora und Fauna des Sees. In einem eigenen Saal wird das historische Schiffswrack der *Isola Mal di Ventre* ausgestellt.

BOTTARGA AUS CABRAS: DER SARDISCHE KAVIAR

Die bekannteste Spezialität aus Cabras ist die Bottarga. Cabras ist der größte sardische Hersteller von Bottarga. In den Monaten Juni und Juli ist die ertragreichste Zeit für den »Kaviar« der Meeräsche. Durch einen langen Schnitt wird der Bauch des *Cefalo* oder *Muggine* geöffnet. Die Fischeier werden mitsamt ihrem Behälter herausgelöst. Der Rogen wird dann luftgetrocknet, gepresst und gesalzen. In den Restaurants von Cabras kann man schmackhafte mit Bottarga zubereitete Rezepte probieren. Bottarga wird meistens über Pasta gerieben oder als Vorspeise dünn geschnitten mit Tomaten, Olivenöl und Zitrone gegessen. Dazu passt hervorragend ein Glas frischer Vernaccia-Wein.

Sa Merca heißt ein weiteres typisches Gericht aus der Meeräsche. Die Fische werden in Salzwasser eingelegt, gekocht und dann auf einem speziellen Sumpfgras der Zone gelagert.

Bottarga und typische Muggine-Gerichte gibt es in Sa Pischera 'e Mar 'e Pontis der alten Fischerei vor den Toren von Cabras.

Am Stagno di Cabras

Der Stagno di Cabras, der größte Lagunensee der Halbinsel, wird von einem breiten Schilfgürtel umgeben. Im 17. Jahrhundert gehörte der See noch der spanischen Krone, später Bankiers aus Genua. Diese haben ihn einer Adelsfamilie aus Oristano verkauft. Die Erben des letzten Besitzers verkauften den See schließlich an die Region Sardinien.

Das fischreiche Gewässer hat die Geschichte der Gegend entscheidend mitgeprägt. An seinen Ufern sieht man noch heute die Spuren des gesellschaftlichen und wirtschaftlichen Lebens, das sich hier einst abgespielt hat. So manch verfallene Fischerhütte erinnert an vergangene Zeiten. Die Fischer fuhren mit ihren spitz zulaufenden, aus getrockneten Schilfbündeln gefertigten Booten, den *Is Fassonis*, auf den See. Die Boote wurden mit derselben Technik gebaut wie bereits zu Zeiten der Phönizier. Diese traditionellen Fischerboote sieht man nur noch selten. Aber Meeräschen, Aale, Marmorbrassen und Wolfsbarsche tragen noch heute zum Einkommen für viele Fischer bei. In den Feuchtgebieten auf Sinis leben darüber hinaus zahlreiche Vogelarten, etwa die vom Aussterben bedrohte Kolbenente, tausende Flamingos auf der jährlichen Durchreise, Kormorane, Wildgänse und Fischreiher. Auf den Klippen an der Küste nisten Blaumerlen, Wanderfalken und die Mittelmeermöwe.

Oben: Lagunenlandschaft mit Fischerhäusern am Stagno
Mitte: Torre Carrus von der Pischera 'e Mar 'e Pontis präsentiert seine Bottarga.
Unten: Fischerboot am Stagno di Cabras

Die knapp 2000 Einwohner der kleinen Ortschaft Riola Sardo im Nordosten des Stagno di Cabras leben ebenfalls überwiegend von der Landwirtschaft, hauptsächlich vom Weinanbau, der Viehzucht und der Fischerei. Die Gegend ist vor allem für ihren lokalen Vernaccia-Wein bekannt. Im Ort selbst sind die Adelsresidenz der Familie Carta sowie die Pfarrkirche San Martino aus dem 16. Jahrhundert sehenswert.

Alte Schleusen und Auffangbecken in der Pischera 'e Mar 'e Pontis vor den Toren von Cabras

Das Fest San Salvatore

Eines der eindrucksvollsten Feste im Südwesten von Sardinien ist das Fest San Salvatore: die Corsa degli Scalzi, der Lauf der Barfüßigen, in Cabras. Die historische Prozession geht auf das 16. Jh. zurück und zählt zu den ältesten und traditionsreichsten religiösen Feierlichkeiten der Insel.

Alljährlich in den frühen Morgenstunden am ersten Samstag im September nehmen Hunderte Jugendliche und Erwachsene, barfuß und mit weißen Kutten bekleidet, das Standbild des Erlösers in der Pfarrkirche Santa Maria Assunta von Cabras in Empfang und tragen es zur sechs Kilometer entfernten kleinen Wallfahrtskirche San Salvatore, welche Ende des 16. Jh. auf den Ruinen eines alten Brunnenheiligtums nuraghischen Ursprungs errichtet wurde.

Am darauffolgenden Tag, dem ersten Sonntag im September, läuft das legendäre Geschehen erneut ab, nur in umgekehrter Richtung: Die Statue wird gemeinsam mit dem Banner im Laufschritt und wieder barfuß zur Kirche Santa Maria Assun-

Nicht verpassen

ISOLA MAL DI VENTRE

Fünf Seemeilen westlich von Putzu Idu liegt die unbewohnte Isola Mal di Ventre. Die flache Insel ist knapp drei Kilometer lang und einen Kilometer breit und gehört mit ihren Traumstränden und romantischen Buchten zum Meeresschutzgebiet Area Marina Protetta Penisola del Sinis. Eine knappe halbe Stunde dauert die Bootsfahrt von Putzu Idu auf die Isola. Ziel ist meist der feinsandige Strand der Cala Saline im Nordosten der Insel. Hier sprudelt am Ufer hier und da schwefelhaltiges Wasser hervor. An der Ostseite laden herrliche Strände ein. Die Westseite der Insel ist hingegen rau und felsig. In knapp drei Stunden kann die Insel zu Fuß umwandert werden. Auf der Insel gibt es keine Serviceeinrichtungen, deshalb: Sonnenschirm, Wasser und Verpflegung nicht vergessen. Bootsfahrten zur Isola organisiert u. a. **MareMania Uno** in Marina di San Vero Milis, Tel. 34 80 08 41 61, www.maluentu.it

ta in Cabras zurückgebracht. Begleitet von heiligen Gesängen, den *Is Goccius,* und vom Krachen der Knallkörper wird die Prozession von der gesamten Bevölkerung und vielen Gästen aus nah und fern mitgefeiert.

Der Legende nach erinnert das Fest an einen Vorfall im Jahr 1619: Eine Gruppe junger Männer rettete die Erlöserstatue vor den einfallenden Sarazenen und brachte sie im Laufschritt von der Kirche San Salvatore nach Cabras in Sicherheit. Anstelle des Schuhwerks banden sie sich Zweige an die nackten Füße und wirbelten damit so viel Staub auf, dass sich die feindlichen Angreifer einem großen Heer gegenüber glaubten und flüchteten.

Stagno Sale Porcus: Natursaline und Vogelparadies

Nordwestlich vom Stagno di Cabras liegt in der fruchtbaren Landschaft der Sinis-Halbinsel die Ebene des Stagno Sale Porcus. Im Sommer ist der See fast ausgetrocknet und gleicht einer großen Salzwüste. Von daher stammt auch der Name *Sale Porcus,* wörtlich übersetzt »Schweinesalz«. In der Natursaline wurde einst Speisesalz gewonnen. Das Salz wurde unter anderem für die Zubereitung des *Porcheddu,* des sardischen Spanferkels, genutzt.

Oben: Eine andere Welt: das ausgestorbene Fischerdorf San Salvatore
Mitte: Die beeindruckende Corsa degli Scalzi hat die kleine Kirche von San Salvatore zum Ziel.
Unten: Wasserspiele am Strand von Cabras

In den Herbst- und Wintermonaten füllt sich der 330 Hektar große Stagno mit Regenwasser – und mit Leben: Tausende Zugvögel machen auf ihrem Weg in die Winterquartiere in Nordafrika hier Station. 1983 ist die Lagune Sale Porcus von der Region Sardinien zum Naturschutzgebiet erklärt worden. Betreten werden darf die Lagune deshalb nur mit Führern des Italienischen Vogelschutzbundes LIPU.

Infos und Adressen

SEHENSWÜRDIGKEITEN
Civico Museo Archeologico Giovanni Ma-rongiu. Im Sommer tgl. 9–13 und 16–20 Uhr, Via Tharros, Cabras, Tel. 07 83 29 06 36, www.penisoladelsinis.it

ESSEN UND TRINKEN
Ristorante Il Caminetto. Traditionsreiches Lokal im Zentrum von Cabras. Via Cesare Battisti 8, Cabras, Tel. 07 83 39 11 39, www.ristorante-ilcaminetto.com

Ristorante Sa Funtà. Kreative sardische Küche mit originell interpretierten Gerichten aus der lokalen Tradition. Via Giuseppe Garibaldi 25, Cabras, Tel. 07 83 29 06 85

ÜBERNACHTEN
Hotel Villa Cano. Drei-Sterne-Hotel in einem alten Herrenhaus aus dem Jahr 1886. Via Firenze 9, Cabras, Tel. 07 83 29 01 55, www.hotelvillacanu.com

Camping Is Aruttas. Toll in die Landschaft eingebundener Campingplatz mit viel Respekt vor der Natur. Località Marina is Aruttas, Tel. 078 31 92 54 61, www.campingisaruttas.it

Agriturismo Sa Moarxia. Gemütlicher, ge-pflegter Agriturismo. SS 59, Straße nach Is Arutas, Località Sa Moarxia, Cabras, Tel. 34 61 88 55 10, www.agriturismoisarutas.com

Agriturismo Sa Ruda. Inmitten von Wein-bergen und Olivenhainen laden Nicola und Marcella zu erholsamen Ferien auf ihrem Agriturismo. Nähe Camping Is Aruttas, Cabras, Tel. 32 80 17 33 79, www.agriturismosaruda.it

EINKAUFEN
Sa Pischera 'e Mar 'e Pontis. Täglich frisch von den Fischern des Konsortiums. Ausgezeichnete Bottarga und viel besuchte Trattoria. Località Peschiera Pontis, Strada Provinciale 6, Cabras, Tel. 07 83 39 17 74, www.consorziopontis.net

AKTIVITÄTEN
The Sea World Tolenga. Fischereiausflüge und verschiedene Angebote. Sechs Zimmer mit Restaurant. Via Garibaldi 57, Cabras, Tel. 07 83 29 09 90, www.theseaworld.it

INFORMATION
www.areamarinasinis

Frisch gefischt: Meeräschen (Muggine)

34 Montiferru
Eisenberge, Pferderennen und Brunnenheiligtümer

Montiferru oder Monte Ferru: der Eisenberg – schon der Name verrät, was in ihm drin steckt. Der Berg hat den sardischen Völkern das Eisen beschert. Die Gebirgsformation des Montiferru ist das größte zusammenhängende Gebiet vulkanischen Ursprungs auf Sardinien. In das Gebiet rund um die Gemeinden Cuglieri und Santu Lussurgiu locken heute neben der verträumten Landschaft die ausgezeichneten landwirtschaftlichen Produkte und die lokale Gastronomie.

»Sind wir hier wirklich noch auf Sardinien?«, wird sich manch Reisender fragen, wenn er von Cuglieri hinauf in Richtung Santu Lussurgiu fährt. Die Fahrt geht durch dichte, grüne Wälder, streckenweise durch Nadelwälder wie in den Alpen, dann durch Laubwälder mit Steineichen, Ulmen und jahrhundertealten Kastanienbäumen. Und Wasser fließt hier überall in Hülle und Fülle: etwa im Gebiet der sieben Quellen von San Leonardo di Siete Fuentes oder in den Tälern von S'Istrampu de Sos Molinos oder von S'Istrampu 'e Massabari mit ihren Wasserfällen. Dazwischen ragen markante Felsformationen hervor. Schroffe Basaltwände fallen im Westen steil zum Meer hin ab. Eine Wanderung zum 1024 Meter hohen Gipfel des Monte Entu eröffnet einen beeindruckenden Rundblick über das gesamte Territorium: etwa auf den in ein natürliches Amphitheater gebetteten Monte Straderis, den Monte Urtigu oder den Monte Petrusu, auf die Hochebene von Abbasanta im Osten bis hin zum Golf von Oristano und zur Isola Mal di Ventre im Westen. Diese Wälder und Berge sind

Mitte: Herrliche Ausblicke bietet eine Wanderung zum 1024 Meter hohen Gipfel des Monte Entu.
Unten: Ausgiebig gefeiert werden in jeder Ortschaft Kirchweih- und Patronatsfeste.

die Heimat der seltenen sardischen Mufflons und Hirsche, deren Populationen wieder im Wachstum begriffen sind. Von den Weiden des Montiferru stammt das wohl beste Fleisch Sardiniens, und in den ausgedehnten Olivenhainen reift eines der fruchtigsten Olivenöle der Insel.

Das Bergdorf Cuglieri

Man taucht in eine andere Welt ein, wenn man von den belebten Stränden in Bosa oder auf der Sinis-Halbinsel hier herauf nach Cuglieri kommt. Die knapp 3700 Einwohner zählende Gemeinde am Westhang eines erloschenen Vulkans im Monte-Ferru-Gebiet scheint untertags fast ausgestorben. Erst in den Abendstunden kommt Leben in die engen Gassen. Da spielen dann die Kinder auf der Straße, die Großmütter sitzen vor ihren Häusern und die Männer in der Bar an der Dorfstraße. Im Mittelpunkt des verschlafenen Bergdorfes steht die doppeltürmige Basilika Santa Maria della Neve – am höchsten Punkt der Gemeinde und mit einer spektakulären Aussicht auf die gesamte Küstenregion. Die Kirche wurde im 18. Jahrhundert in klassizistischem Stil neu errichtet und im Inneren barock ausgestattet. Fassade und Aufgang wurden im 20. Jahrhundert neu gestaltet. Im Zentrum des religiösen Interesses steht eine bemalte, steinerne Madonnenstatue aus dem 15. Jahrhundert, die einst Fischer in der Nähe von Santa Caterina di Pittinuri gefunden haben. Vom 4. bis 6. August wird in Cuglieri alljährlich ein großes Fest zu Ehren der Madonna vom Schnee gefeiert.

Kurz nach Cuglieri, auf der Straße nach Santu Lussurgiu, stößt man auf einem markanten Basalthügel auf die imposanten Überreste der einstigen Burg von Monte Ferru, auch Casteddu Ezzu genannt. Erbaut wurde die Burg im 13. Jahrhun-

Geheimtipp

SAN LEONARDO DI SIETE FUENTES

Das Gebiet rund um Santu Lussurgiu ist sehr reich an Wasserquellen. Berühmt sind vor allem die Siete Fuentes di San Leonardo, sieben Quellen, aus denen glasklares Trinkwasser sprudelt. Der kleine Sommerfrische- und Kurort auf dem Weg nach Macomer hat mit seiner wohltuend kühlen Atmosphäre und den dichten Wäldern, die ihn umgeben, so gar nichts Sardisches an sich. Das Wasser der sieben besonders schwermetallarmen, heilenden Quellen zieht schon seit jeher die Menschen in die Gegend. Nicht ohne Grund wird hier eines der besten Mineralwasser der Insel abgefüllt. Die kleine Kirche San Leonardo wurde bereits im 13. Jh. in romanischpisanischem Stil erbaut und diente dem Malteser-Ritterorden über Jahrhunderte als Hospiz und Hospital für vorbeiziehende Pilger. Ein großer Park unterhalb der Quellen lädt zum Picknick unter Schatten spendenden Bäumen ein.

CASA MUSEO DI ANTONIO GRAMSCI

Zu Ehren des sardischen Polit-Philosophen und großen Denkers Antonio Gramsci ist in Ghilarza bei Abbasanta ein kleines Museum errichtet worden. Der Schriftsteller, Politiker und Philosoph, Kommunist und Antifaschist wurde 1891 im nahen Ales geboren und starb 1937 in Rom. Gramsci verbrachte seine Jugendjahre auf Sardinien und war Journalist bei der Tageszeitung *L'Unione Sarda*. Er war Mitbegründer der kommunistischen Partei Italiens und wurde von den Faschisten als Regimegegner verhaftet und eingesperrt. Das Museum zeigt Zeichnungen, Fotografien und persönliche Gegenstände sowie 3000 Bücher, Zeitschriften und Sammlungen über die italienische Arbeiterbewegung. Im Originalzustand erhalten sind die Küche und das Wohnzimmer des Hauses sowie das Schlafzimmer Antonio Gramscis.

Casa Museo di Antonio Gramsci.
Corso Umberto I, Ghilarza,
www.casagramscighilarza.org

Nicht verpassen

dert von Ittocorre, dem Bruder des Richters Barisone von Torres. Später gelangte sie in den Besitz des Adelsgeschlechtes der Zatrillas, wurde ab 1670 dann aber verlassen.

Die Geschichte von Cuglieri weist manche Parallelen zu Tharros auf. Auch hier waren es die Punier, die im 6. Jh. v. Chr. in der Nähe des heutigen Santa Caterina di Pittinuri die Stadt Cornus gründeten. 215 v. Chr. riefen die Bewohner unter ihrem Anführer Amsicora und seinem Sohn Josto zum Widerstand gegen die Besatzer auf. Der Aufstand endete mit einer Niederlage und der endgültigen Eroberung durch die Römer. Aufgrund andauernder Überfälle durch die Sarazenen verließen die Einwohner von Cornus im 9. Jahrhundert ihre Stadt am Meer und gründeten oben an den Berghängen ihre neue Stadt, das heutige Cuglieri. Eine ziemlich verwilderte und vernachlässigte Ausgrabungsstätte zeigt heute die Reste des einstigen Cornus. Cuglieri lebt heute vorwiegend von der Landwirtschaft: der Viehzucht mit Schafen und Rindern sowie dem Olivenanbau.

Naturschauspiel S'Archittu

Etwas in die Jahre gekommen ist der kleine Ferienort Santa Catarina di Pittinuri, 13 Kilometer südlich von Cuglieri. Die kleine, bezaubernde Badebucht zwischen der Punta Cagaragas und dem Landvorsprung von Torre Pittinuri wird von massiven Kalksteinfelsen umrahmt. Der Strand aus feinem, ockerfarbenem Sand und buntem Kies ist besonders für Familien geeignet.

Eines der beliebtesten Fotomotive Sardiniens befindet sich in unmittelbarer Nähe: der majestätische Felsbogen von S'Archittu. Im Laufe der Jahrtausende haben Wind und Wellen den fla-

chen Kalkfelsen, der in die Bucht hineinragt, ausgehöhlt, einen sieben Meter hohen und zehn Meter tiefen Tunnel gegraben und darüber eine Art natürlicher Brücke geformt, eben S'Archittu, einen »kleinen Bogen«. Die kleine dazugehörige Bucht lockt zahlreiche Badegäste, Taucher und Angler an. Die Mutigen stürzen sich von den Felsen in die glasklaren Fluten. Ein besonderes Erlebnis ist auch eine Paddelfahrt durch den Naturbogen. Ein gepflasterter Panoramaweg führt in wenigen Minuten vom Dorfzentrum aus zu diesem einmaligen Naturschauspiel, das heute zu den UNESCO-Naturdenkmälern zählt. Nachts wird das beliebte Postkartenmotiv mit Scheinwerfern beleuchtet. Übrigens: Unter der Bucht von S'Archittu vermuten Forscher *Coracodes Limen,* den einst wichtigen Handelshafen der punischen Stadt Cornus, von dem schon der römische Schriftsteller Titus Livius im Jahr 215 v. Chr. und nach ihm auch der griechische Astronom Ptolemäus berichteten.

Santu Lussurgiu: Pferderennen und Resolzas

Ein Ausflug nach Santu Lussurgiu sollte nicht nur für Pferdeliebhaber und Feinschmecker auf dem Urlaubsprogramm stehen. Die 2600 Einwohner zählende Gemeinde liegt an einem ehemaligen Vulkankrater im östlichen Monte-Ferru-Massiv. Rote Dächer sowie enge, gepflasterte und steile

Oben: Eines der beliebtesten Fotomotive Sardiniens: der Felsbogen von S'Archittu
Mitte: Altes Taufbecken in Cornus, der von den Puniern im 6. Jh. v. Chr. gegründeten Stadt
Unten: Die kleine Badebucht von Santa Catarina di Pittinuri

Rohmilchkäse *Su Casizolu*

SU CASIZOLU & BUE ROSSO

Santu Lussurgiu ist auch wegen seiner gastronomischen Traditionen bekannt. Im Mittelpunkt stehen der *Su Casizolu*, ein Rohmilchkäse mit der charakteristischen Form einer Birne sowie die Rinderrasse »Sardo-modicana«, die wegen der rötlichen Farbe des Fells auch »Bue rosso« genannt wird. Beim »roten Ochsen« handelt es sich um eine Rinderart, die das ganze Jahr über auf der Weide lebt, mit hervorragender Milch und schmackhaftem dunklem Fleisch. Die Milchproduktion spielt zwar nur eine sekundäre Rolle, garantiert aber einen guten Rohstoff zur Herstellung des *Su Casizolu*, der typischen Käsespezialität, die ursprünglich nur von Frauen hergestellt wurde. Beide Produkte zählen heute zu den erlesenen »Presidi« von Slow Food. Su Casizolu direkt vom Bauern gibt es unter anderem beim Caseificio Azienda Agricola Santa Ittoria vor den Toren von Santu Lussurgiu, S.P. 77, km 2.

Einfach gut!

Gassen prägen das Dorfbild des beschaulichen Bergdorfes, das erst bei seinen berühmten Pferderennen so richtig zum Leben erwacht.

Im Mittelpunkt stehen dabei die schwarzbraunen, rassigen Anglo-Araber aus sardischer Zucht. Um diese wertvollen Zuchtpferde dreht sich auch ein guter Teil der Wirtschaft im Dorf. In alter Handwerkstradition wird alles hergestellt, was rund um das Pferd gebraucht wird: vom Sattel über die Zügel bis hin zu den Reitstiefeln. Zum wahren Höhepunkt im Jahresablauf gestalten sich in der Karnevalszeit die berühmten und spektakulären Pferderennen Sa Carrela 'e nanti. In traditionelle Trachten gekleidete maskierte Reiter und Reiterpaare preschen in wildem Galopp durch die teils steil abfallende, fast einen Kilometer lange Via Roma – angefeuert von der Dorfgemeinschaft sowie von Schaulustigen aus nah und fern.

Pferderennen gelten in Santu Lussurgiu heute wie einst in erster Linie als Mutprobe. Begleitet werden die Rennen von traditionellen Tänzen und Hirtengesängen. In der ersten Juniwoche findet in San Leonardo di Siete Fuentes die bedeutendste regionale Pferdeschau mit Wettkämpfen, Pferde-

shows und einer Ausstellung lokaler Erzeugnisse statt. Santu Lussurgiu ist auch für ein anderes Kunsthandwerk berühmt: für handgeschmiedete Kunstmesser mit Klingen aus Edelstahl und Griffen aus den Hörnern der Schafe. Die *Resolzas* zählen nach wie vor zum wichtigsten Werkzeug der Sarden und fehlen in kaum einer Hosentasche.

Das Brunnenheiligtum von Santa Cristina

Das Brunnenheiligtum Santa Cristina an der Staatsstraße 131 auf der Hochebene von Abbasanta zählt zu den beeindruckendsten und schönsten seiner Art auf Sardinien. Die Nuragher verehrten Quellen und Brunnen als heilige Orte und errichteten dort besondere Kultstätten. Das Heiligtum von Santa Cristina stammt aus dem 1. Jahrtausend v. Chr. und ist von einer kleinen Mauer umgeben. Aus der Vogelperspektive ähnelt der Eingang zur perfekt gebauten Kultstätte einem traditionellen Schlüsselloch. Über eine kleine Vorhalle führen 25 Steinstufen trapezförmig sieben Meter hinab zum Brunnenschacht und der unterirdischen Quelle. Bei den Ausgrabungen wurden zahlreiche Bronzestatuetten von Göttinnen und Göttern sowie Kriegern gefunden, die von den Pilgern im Heiligtum geopfert wurden. In dem großen Tempelbezirk stehen noch mehrere Reste der Grundmauern von hufeisenförmigen Gebäuden, die sich zum Heiligtum hin öffnen.

In unmittelbarer Nähe steht die im 12. Jh. errichtete Kirche Santa Cristina, ein bedeutender christlicher Wallfahrtsort an einem spirituellen Ort der Kraft. Rund um die Landkirche entstand ein Pilgerdorf mit den sogenannten Cumbessias oder Muristenes, kleinen Hütten, die für die Pilger errichtet wurden. Bisher hat man auf Sardinien mehr als 50 solcher Brunnenheiligtümer gefunden.

Oben: Das Pferderennen Sa Carrela 'e nanti in Santu Lussurgiu ist spektakulär.
Mitte: Panoramaterrasse Sa Rocca mit Blick auf Santu Lussurgiu
Unten: Kultstätte aus dem 1. Jahrtausend v. Chr.: das Brunnenheiligtum von Santa Cristina

Infos und Adressen

SEHENSWÜRDIGKEITEN

Area Archeologica di Santa Cristina.
Museum und Ausgrabungen. Tgl. 8.30 Uhr bis
Sonnenuntergang, SS 131 Sassari–Cagliari,
km 114,3, eigene Ausfahrt, Tel. 078 55 54 38,
www.archeotour.net

Casa Museo di Antonio Gramsci. Kleines
Museum zu Ehren des großen Denkers.
Tgl. 10–13 und 15.30–18.30 Uhr, Di geschl.,
Corso Umberto I, Ghilarza, Tel. 078 55 41 64,
www.casagramscighilarza.org

Die Kirche San Leonardo in Siete Fuentes diente
dem Malteser-Ritterorden als Hospital.

Museo della Tecnologia Contadina. Das
»Museum der bäuerlichen Technik« ist in
einem alten Herrenhaus aus dem 18. Jh.
untergebracht und kann nach Verabredung
mit Führung besucht werden. Via Deodato
Meloni 1, Santu Lussurgiu, Tel. 07 83 55 06 17,
www.museotecnologiacontadina.it

Cascata Sos Molinos. Auf dem Weg von
Santu Lussurgiu Richtung Süden nach Bon-
arcado führt ein gesicherter Pfad zum kleinen,
idyllisch gelegenen Wasserfall »Sos Molinos«,
den Mühlen.

ESSEN UND TRINKEN

Ristorante Tipico Desogos. Traditionelles
Dorfgasthaus mit bodenständiger Küche. Vico
Cugia 6, Cuglieri, Tel. 078 53 96 60

Ristorante La Meridiana. Raffinierte Küche
mit Schwerpunkt auf Fischgerichten. Via. G. M.
Angioj 11, Cuglieri. Tel. 078 53 95 01

Ristorante La Scogliera. Freundliche Pizzeria
mit guter Auswahl, direkt am Meer. Corso
Alagon, Santa Caterina di Pittinuri, Cuglieri,
Tel. 07 87 53 78 27 31, www.lascogliera.info

Ristorante Sas Benas. Gepflegtes Restaurant mit Produkten aus der Region – mit
großer Fleischkultur: Im Mittelpunkt steht die
Razza Modicana Rossa. Via San Cambosu
6, Santu Lussurgiu, Tel. 07 83 55 08 70,
www.sasbenas.it

Pizzeria La Cascata. Auf der Karte:
Pizza Lussurgese mit dem tyischen Käse
Su Casizolu und heimischen Wurstwaren.
Via dei Monti Lussurgesi, Santu Lussurgiu,
Tel. 07 83 55 07 81

ÜBERNACHTEN

**Bed & Breakfast Manderley di Stefania
La Viola.** Nettes, gepflegtes B & B, direkt am Strand gelegen. Corso Alagon
52, Santa Caterina di Pittinuri, Cuglieri,
Tel. 078 53 83 27

Hotel Ristorante La Scogliera. Nettes Hotel
direkt an der kleinen Badebucht von Santa
Caterina di Pittinuri. Strada Statale 292,
Santa Caterina di Pittinuri, Tel. 078 53 82 31

**TEMA Vini e Country Resort & Spa Capo
Nieddu.** Elegant und exklusiv mit elf Hektar
Parkanlagen, Weinbergen und Olivenhainen.
Podere n. 1 zona ex Etfas di Santa Caterina
di Pittinuri, Cuglieri, Tel. 07 85 85 04 93,
www.caponieddu.it

Agriturismo S'Sispiga. Netter Agriturismo in Hügellage mit Meeresblick. Località Trega, SS 292, km 97,4, Cuglieri, Tel. 34 73 02 27 68

Albergo Diffuso Antica Dimora del Gruccione. Altes, liebevoll restauriertes Patrizierhaus im Zentrum der Stadt – legt Wert auf einen nachhaltigen Tourismus. Via Michele Obinu 31, Santu Lussurgiu, Tel. 07 83 55 20 35, www.anticadimora.com

Eremo del Cavaliere. Sechs einfache Zimmer in historischem Ambiente: im eindrucksvollen Kreuzgang der romanischen Malteser-Kirche. Via del Castagno 1, Località San Leonardo, Santu Lussurgiu, Tel. 34 55 15 65 01, www.eremodelcavaliere.it

EINKAUFEN

Olearia Peddio. Der bekannteste Olivenöl-produzent der Gegend. Corso Umberto 87, Cuglieri, Tel. 07 85 36 92 54, www.oliopeddio.it

Messerschmiede Fratelli Salaris. Messer-schmiede mit Tradition. Viale Azuni 183, Santu Lussurgiu, Tel. 07 83 55 02 87, www.salariscoltelli.it

Selleria Artigiana Spanu Giuseppe. Alles für das Pferd, vom Zaumzeug bis zum Sattel – natürlich in Handarbeit gefertigt und von bester Qualität. Via dei Monti Lussurgesi 5, Santu Lussurgiu, Tel. 07 83 55 08 94, www.selleriaspanu.it

Caseificio Azienda Agricola Santa Ittoria. Rohmilchkäse Su Casizolu direkt vom Bauern. SP 77, km 2, Santu Lussurgiu, Tel. 34 75 55 27 19

AKTIVITÄTEN

Centro Equestre Siete Fuentes. Großer Reitstall mit Freigelände und umfangreichem Angebot. Via Macomer, Località San Leonardo, Santu Lussurgiu, Tel. 33 31 12 38 89

Golf Resort Is Arenas. Raffiniertes Fünf-Sterne-Hotel inmitten der Natur eines 18-Loch-Golfplatzes. Località Pineta Is Arenas, SS 292, km 113,4, Narbolia, Tel. 04 56 27 96 94, www.golfhotelisarenas.com

INFORMATION

www.comunesantulussurgiu.it
www.comune.cuglieri.or.it

Liebevoll renoviert: Albergo Diffuso Antica Dimora del Gruccione

35 Bosa
Bunte Stadt am Temo

Etwas verschlafen, aber ganz idyllisch liegt es da, das kleine Städtchen – einige Kilometer landeinwärts nahe an der Mündung des Flusses Temo. Mit seinen schmucken, bunten Häusern, die sich an den Burghügel des über allem thronenden Castello Malaspina schmiegen, zählt Bosa mit Sicherheit zu den romantischsten Orten Sardiniens. Bekannt ist es nicht nur, aber auch durch seinen berühmten Weißwein, den Malvasia di Bosa.

Wenn man von der Hochebene von Macomer die kurvenreiche Straße ins Tal des Temo hinunterfährt, dann liegt Bosa ganz plötzlich zu unserer Rechten vor uns, oder besser gesagt unter uns. Der Temo schlängelt sich ganz gemächlich die letzten paar Kilometer durch das grüne Tal. Die Stadt mit ihren knapp 8000 Einwohnern erstreckt sich an seiner rechten Uferseite. Wie ein Schwalbennest klebt die kleine Altstadt mit ihren bunten Häuserzeilen am Fuße des Burghügels von Serravalle. Hierher, in den Schutz der neu errichteten Burg, verlegten die Einwohner im Mittelalter ihre Stadt, um sich vor den zunehmenden Überfällen der Piraten draußen am Meer zu schützen.

Der einzige schiffbare Fluss Sardiniens

Die Ursprünge der Stadt gehen auf die Phönizier zurück. In einer phönizischen Inschrift aus dem 9. Jahrhundert v. Chr. wird die Stadt erstmals erwähnt. Bosa entwickelte sich zum bedeutenden wirtschaftlichen Mittelpunkt der Gegend. Zu verdanken hat die Stadt diesen Umstand vor allem

Mitte: Beschaulich und ruhig: am Ufer des Temo
Unten: Das Castello di Malaspina thront über dem bunten Bilderbuchstädtchen Bosa.

Einfach gut!

dem Temo, dem einzigen, auf einem relativ langen Abschnitt schiffbaren Fluss Sardiniens. Die Produkte des landwirtschaftlich reichen Hinterlandes liefen hier zusammen und wurden von Bosa aus vermarktet.

Der Temo prägt auch das Klima und die Landschaft des Tales von Bosa. Ein sattes Grün dominiert die Gegend. Die Flussauen erinnern mit ihrer dicht bewachsenen Vegetation zum Teil an tropische Landschaftsbilder. Olivenhaine schmiegen sich an die Talhänge. Die höher gelegenen Wälder und vulkanisch geprägten Bergrücken sind ein ideales Rückzugsgebiet und eine natürliche Umgebung für Greifvögel wie Steinadler, Milane, Wanderfalken oder Gänsegeier, von denen eine der letzten Populationen Europas hier beheimatet ist.

Das Castello di Malaspina

Die Burg von Bosa, das Castello di Malaspina, wurde im 12. Jahrhundert von den aus der Toskana stammenden Markgrafen Malaspina erbaut. Der Schutz und die Verteidigung der Bevölkerung vor den Überfällen und Angriffen der Sarazenen standen dabei im Vordergrund. Diese kamen immer wieder vom Meer aus den Temo flussaufwärts und brandschatzten und raubten, was ihnen unter die Hände kam. Die Einwohner gründeten zu Füßen der Burg das spätmittelalterliche Viertel Sa Costa und konnten sich so im Notfall sofort hinter die schützenden Burgmauern zurückziehen. Die Burg mit dem viereckigen Grundriss, einer doppelten Ringmauer und ehemals zahlreichen Türmen wurde in verschiedenen Phasen erbaut. Gut erhalten sind der aus rotem Trachyt erbaute Hauptturm aus den ersten Jahren des 14. Jahrhunderts, der Sitz des Garnisonskommandanten sowie der aus grauem und roten Trachyt errichtete westliche Turm aus der Zeit der Aragonier. Zwei

MALVASIA DI BOSA

Bosa ist bekannt für seinen Malvasia di Bosa, einen charaktervollen Weißwein, der von einem knappen Dutzend von Winzern erzeugt wird. Es handelt sich um eine sardische Spielart der Malvasia-Rebe, welche bereits während der byzantinischen Herrschaft (4. bis 8. Jh. n. Chr.) nach Sardinien gebracht wurde. Heute werden aus ihr trockene und süße Weine sowie Likörweine mit feinem, charakteristischem Aroma erzeugt. Die DOC-Zone mit geschützter Ursprungsbezeichnung umfasst die Gemeinden Bosa, Flussio, Magomadas, Modolo, Suni, Tinnura und Tresnuraghes, die miteinander durch die Weinstraße Strada del Vino Malvasia di Bosa verbunden sind.
Die wichtigsten Erzeuger sind: Columbo, Zarelli, Oggianu, Porcu und Angioi.

Bezugsquellen: siehe Seite 199

Geheimtipp

FLUSSFAHRT AUF DEM TEMO

Der Temo bietet sich geradezu für Kreuzfahrten an. Ungefähr zehn Kilometer weit ins Landesinnere hinein ist der Fluss schiffbar, für größere Schiffe sind allerdings nur fünf Kilometer tief genug. Das Ausflugsboot startet an der Mole bei der Römerbrücke, meist am Abend, wenn die Lichtverhältnisse am besten sind. Flussabwärts geht es am alten Gerberviertel Sas Conzas vorbei Richtung Meer, mit einem wunderschönen Blick auf die Altstadt von Bosa, wo sich die Häuser bunt gewürfelt den Hang hinauf bis zum Castello ziehen. Bei der kreisrunden Torre Aragonese in Bosa Marina heißt es umdrehen, und es geht flussaufwärts in die stille Welt des Temo-Tals hinein, vorbei an Obstgärten, Schilfgürteln und riesigen Wasserweiden – bis hin zur Anlagestelle von San Pietro extramuros.

Diving Malesh. In den Sommermonaten tgl. von 19–20 Uhr. Kreuzfahrten und Schnorchelausflüge. Nautica Pinna, Bosa, Tel. 32 84 91 55 01, www.divingmalesh.com

Tore öffnen den Zugang zu der über einen Hektar großen Burgfläche, eines in Richtung Bosa, das andere auf das Land zu. Im 15. Jahrhundert wurde die Burg umgebaut, um sie der Verteidigung mit Schusswaffen anzupassen. Mit dem wirtschaftlichen Verfall von Bosa im 16. Jahrhundert ging auch die Bedeutung der Burg zurück, die 1567 endgültig aufgelassen wurde. Ein Aufstieg zur teils restaurierten Burgruine lohnt sich schon allein wegen des herrlichen Rundblicks über das Temotal.

»Ihr werdet sein, was wir jetzt sind!«

Innerhalb der Burgmauern befindet sich die ursprünglich dem heiligen Andreas geweihte Kirche Nostra Signora de Sos Regnos Altos. Die bei Restaurierungsarbeiten in den 1970er-Jahren zum Vorschein gekommenen Fresken aus der toskanischen Schule gehen auf das 14. Jahrhundert zurück. Giovanni d'Arborea, Bruder des Richters Mariano, der bis 1349 Herr von Bosa war, hatte die Arbeiten in Auftrag gegeben: Die *Anbetung der Heiligen Drei Könige*, das *Letzte Abendmahl* und der *Heilige Georg mit dem Drachen* zieren die Wände. Besonders beeindruckend ist das Fresko von der Begegnung der drei Lebenden mit den drei Toten. Die Szene stellt drei Reiter dar, die nach einer Treibjagd auf drei Skelette stoßen, die ihnen zurufen: »Eritis quod sumus – ihr werdet sein, was wir jetzt sind!«

Am stadtabgewandten Temo-Ufer, etwas weiter landeinwärts, liegt die frühromanische Kirche San Pietro extramuros – außerhalb der Stadtmauern, wie der Name zum Ausdruck bringt. Die Kirche mit ihrem wuchtigen Glockenturm und dem schlichten, balkengedeckten Hauptschiff ist in den Temo-Auen im 11. Jahrhundert von Bau-

meistern aus Burgund errichtet worden. An der Schwelle zur Gotik am Ende des 13. Jahrhundert haben Zisterziensermönche die gesamte Fassade neu gestaltet. Durch blühende Gärten am Temo entlang erreicht man die Kirche von der Bogenbrücke aus in einer knappen halben Stunde.

Im Gassengewirr von Sa Costa

Auf der gegenüberliegenden Seite vom Ponte Romano öffnen sich die schmalen und verwinkelten Gassen der Altstadt von Bosa. Auf den kleinen, gepflasterten Plätzen und Gässchen herrscht ruhiges Treiben. Eng aneinandergeschmiegt liegen die Häuser zur Burg hin hangaufwärts. In einigen Straßen wie der Via del Carmine trifft man noch auf ältere Frauen, die mit ihren Stickarbeiten vor der Haustür sitzen. Filetstickerei und Klöppeln haben in Bosa eine lange Tradition. Daneben bieten Bauern unter den Torbögen ihrer Häuser Gemüse und Obst aus ihren Gärten an. Und in den dunklen, heimeligen Kneipen der Altstadt, wie etwa in der offiziell nur Mitgliedern zugänglichen Casa del Popolo, trifft man sich auf ein Glas Malvasia.

Am parallel zum Temo verlaufenden mondänen Corso Vittorio Emanuele II hingegen herrscht emsiges Treiben. Hier reiht sich ein vornehmer Palazzo aus dem 17. bis 19. Jahrhundert mit verzierten Fassaden, Portalen und schmiedeeisernen

Oben: Die Begegnung der drei Lebenden mit den drei Toten: Freskenzyklus in der Kirche Nostra Signora de Sos Regnos Altos
Unten: In den schmalen und teils verwinkelten Gassen der Altstadt von Bosa herrscht wahrhaft südliches Flair.

Oben: Echt romantisch: Abendstimmung am Temo mit dem alten Gerberviertel Sas Conzas
Mitte: Die bizarren Steinküsten von Compultittu nördlich von Bosa
Unten: Es ist alles bereit für ein gemütliches Abendessen in der Altstadt von Bosa.

Balkonen an den nächsten. Im Palazzo Uras-Chelo, bekannt als Casa Deriu, ist das gleichnamige Stadtmuseum untergebracht. Neben einer großen Ausstellung von Filetstickerei-Arbeiten und Gemälden heimischer Künstler wie jener von Melkiorre Melis, werden die original eingerichteten Wohnräume der ehemaligen Besitzer aus dem 19. Jahrhundert gezeigt.

Die Kathedrale Beata Vergine Immacolata nahe dem Brückentor geht auf das 13. Jahrhundert zurück. Sie wurde zu Beginn des 19. Jahrhundert von Salvatore Are, einem Architekten aus Bosa, umgebaut und erneuert.

Bosa ist wie geschaffen für einen Einkaufsbummel oder für eine Entdeckungsreise durch die Gassen. Hier steht die Zeit still. Wer das zu genießen und zu schätzen weiß, kommt auf seine Kosten. Folkloristische Feste und Feiern begleiten den gesamten Jahresablauf. Berühmt sind vor allem die Karnevalsbräuche von Bosa, oder etwa das Fest Santa Maria del Mare am ersten Sonntag im August, das mit einer Prozession entlang dem Temo gefeiert wird. Im September zieht eine Prozession durch das geschmückte Viertel Sa Costa hinauf zur Chiesa Nostra Signora de Sos Regnos Altos.

Am Temo entlang

Gemütlich schlendern lässt es sich in den Abendstunden entlang der palmengesäumten Uferpromenade am Temo. Dann taucht die Sonne Fluss und Stadt in besonders warme Farbtöne. Am gegenüberliegenden südlichen Temo-Ufer besticht die lange, gleichförmige Häuserzeile des ehemaligen Gerberviertels Sas Conzas mit ihren typischen Satteldächern. Über 30 Betriebe verarbeiten hier ab dem 17. Jahrhundert und vor allem in der Blütezeit im 19. Jahrhundert direkt am Fluss-

Bosa

ufer Leder, das bis nach Frankreich verschifft wurde. Heute stehen die alten
Gerbereien leer, sind zum Teil verfallen,
werden aber der Reihe nach liebevoll restauriert. In einem renovierten Gerberhaus ist ein
kleines Museum, das Museo delle Conce, untergebracht. Hier werden alte Maschinen und Werkzeuge ausgestellt. Fotos dokumentieren die Geschichte des harten Gerberhandwerks.

Flussabwärts geht es nach Bosa Marina, dem kleinen Hafen und Badevorort von Bosa. Überwacht
wird die geschützte Bucht von der 1572 erstmals
erwähnten Torre Aragonese oder Torre dell'Isola
Rossa, einem der größten Verteidigungstürme
Sardiniens. Die breiten Sandstrände von Bosa
Marina mit ihrem dunkelgelben Sand laden vor
allem Familien mit Kindern zum unbesorgten
Baden ein. An den Wochenenden ist hier einiges
los. Wem es ruhiger und naturverbundener lieber
ist, dem seien Richtung Norden auf der Straße
nach Alghero die Strände von S'Abba Drucche und
von Compultittu mit ihren bizarren Steinküsten
empfohlen. Richtung Süden lädt der breite Sandstrand von Porto Alabe ein.

GUT ZU WISSEN

WOCHENENDE AM STRAND

Wenn es nicht unbedingt sein muss, dann sollte
man in den Monaten Juli/August einen Strandauf-
enthalt an den Hauptstränden wie jenem von Bosa
Marina an den Wochenenden tunlichst vermeiden.
Da herrscht Hochbetrieb: Ganz Bosa ist auf den
Beinen und trifft sich unter den selbst erbauten
Sonnenschirm-Burgen zum Picknick und Plausch
am Strand. Dass es da etwas turbulent zugeht, ver-
steht sich von selbst. Aber es gibt ja in der näheren
Umgebung jede Menge Alternativen (siehe oben).

Nicht verpassen

TRENINO VERDE

1888 fuhren die ersten
dampfbetriebenen Per-
sonen- und Güterwagen
von Cagliari nach Isili. Später kam die Strecke von Bosa nach
Macomer hinzu.

In den 1970er-Jahren standen
die Linien kurz vor dem Aus. Heute rollt die sardische Schmalspurbahn *Trenino Verde* (95–98 cm
Schienenbreite) wieder und bietet
ganzjährig Sonderzugfahrten und
im Sommer Tagesfahrten auf den
Strecken Mandas–Arbatax–Sorgo-
no, Bosa–Macomer und Sassari–
Nulvi–Palau. Mit Tempo 50 bis
70 km/h fahren die leistungsstar-
ken Diesel-Elektro-Lokomotiven
(Breda Stanga TIBB ABDE) spe-
zielle Tour-Angebote mit historischen Wagen.

Trenino Verde Bosa–Macomer.
Juni–Sept. Mi mit historischen
Triebwagen, Fr und Sa von Bosa
nach Tresnuraghes. Start in Bosa
Marina, Viale Colombo,
Tel. 07 02 65 71,
www.treninoverde.com

Infos und Adressen

SEHENSWÜRDIGKEITEN

Castello di Malaspina mit Chiesa Nostra Signora de Sos Regnos Altos. Die Burgruine von Bosa aus dem 12. Jh. und der berühmte Freskenzyklus. In den Sommermonaten tgl. 10–13 und 16–19 Uhr

Museo Casa Deriu. Stadtmuseum mit Ausstellung von Filetstickerei-Arbeiten und Gemälden heimischer Künstler. Tgl. 10.30–13 und 17.30–20.30 Uhr, Corso Vittorio Emanuele 52, Bosa, Tel. 07 85 37 70 43

Der Tisch ist gedeckt: Meeresblick und laue Brise mit einbegriffen.

Museo delle Conce. Gerbereimuseum. Tgl. außer Mo 10.30–13 Uhr, Sa und So auch 16–19 Uhr, Via Sas Conzas, Bosa, Tel. 07 85 37 70 43

Chiesa San Pietro extramuros. Sehenswerte frühromanische Kirche aus dem 11. Jh. in den Temoauen. Di und Sa 9–12.30 Uhr und So 16–19 Uhr

ESSEN UND TRINKEN

Ristorante Enoteca VerdeFiume. Kleines Restaurant direkt am Temo-Ufer mit kreativorigineller Küche und guter Weinauswahl – besonders stimmungsvoll ist ein Aufenthalt am Abend. Via Lungo Temo De Gasperi 51/53, Tel. 07 85 37 34 82

Ristorante Essenza del Gusto. Chef Nanni Solinas tischt eine kreative Fischküche auf – mit Blick auf den Strand von Bosa Marina. Lido Chelo, Lungomare Mediterraneo, Bosa Marina, Tel. 07 85 37 30 13

Ristorante Pizzeria Al Galeone. Unter einem alten Piratenschiff direkt am Strand von Bosa Marina. Gute Pizza und Fischküche. Viale Mediterraneo, Bosa Marina, Tel. 07 85 37 35 25

Ristorante Hotel Sa Pischedda. Traditionsreiches Restaurant mit schönem Garten und kreativer Meeresküche am Temo. Via Roma 8, Tel. 07 85 37 30 65, www.hotelsapischedda.it

Ristorante Pizzeria La Margherita. Gute Fischküche mit Pizzeria und großer Terrasse. Via Parpaglia, Tel. 07 85 37 37 23

Ristorante Pizzeria Al Gambero Rosso. Vom Meer frisch auf den Tisch … Via Nazionale 12, Tel. 07 85 37 41 50

ÜBERNACHTEN

Hotel Ristorante Mannu. Familiär geführtes Hotel mit gepflegtem Service und guter Küche. Viale Alghero 28, Tel. 07 85 37 53 06, www.mannuhotel.it

Residenza Solemar di Chelo Elisabetta. Kleine, nett eingerichtete Ferienappartements direkt am Strand von Bosa Marina. Lungomare Mediterraneo, Bosa Marina, Tel. 33 55 36 39 56, www.solemar-bosa.com

Ostello della Gioventù – Youth Hostel. Jugendherberge, die nicht nur für Jugendliche gedacht ist. Nur zwei Minuten vom Strand von Bosa Marina entfernt. Via Sardegna 2, Bosa Marina, Tel. 07 85 85 06 81, www.valevacanze.com

Blu B & B Bosa. Nettes, einladendes und gepflegtes B & B. Via Montenegro 20, Tel. 39 28 86 17 78, www.blubosa.it

S'Ammentu B & B. Im historischen Zentrum von Bosa. Via del Carmine 55, Tel. 33 83 94 94 24, www.sammentu.com

EINKAUFEN

Pasticceria Castello Malaspina. Beste Dolci von Bosa. Via L. Ariosto 20, Tel. 07 85 37 33 83

Erboristeria Elicrisio. Luciana Pintus wartet in ihrem kleinen Geschäft mit Bio-Produkten aller Art, Heilkräutern und Gesundheitstipps auf. Piazza Costituzione 1, Tel. 07 85 37 54 17

Ittica Pescheria di Mariano Sotgiu. Täglich gute Auswahl an fangfrischem Fisch, direkt von den Fischern aus Bosa. Via Ginnasio 15

La Casa del Pane. Brot, Focacce, Backwaren und Süßigkeiten. Piazza Zannetti 7, Tel. 32 71 07 07 29

Malvasia di Bosa:
Giovanni Battista Columbu. Via Marconi 1, Bosa, Tel. 0 85 37 33 80. Der international durch den Film *Mondovino* bekannt gewordene, inzwischen verstorbene Patriarch Giovanni Battista Columbu, ist mit seinen Weinen zu einem Symbol für den sardischen Weinbau geworden. Vanna Columbu, Enoteca Via del Carmine, Tel. 07 85 60 58 27

Weitere Produzenten:
Emidio Oggianu. Via Martiri della Libertà 9, Tel. 07 85 37 33 45, www.malvasiaoggianu.it

F.lli Porcu. Località Su e Giagu, Modolo, Tel. 34 04 80 30 81

Salto di Coloras, Cantina Angelo Angioi. Località Coloras, Tresnuraghes, Tel. 34 09 35 72 27

Zarelli Vini. Via Vittorio Emanuele 36, Magomadas, Tel. 078 53 53 11, www.zarellivini.it Verkauf Enoteca in Bosa

AKTIVITÄTEN

Gänsegeier-Watching. In den Klippen am Capo Marargíu nördlich von Bosa nistet eine der letzten Gänsegeier-Populationen Europas. Geführte Exkursionen zu den Giganten der Lüfte – mit Spannweiten bis zu 2,8 Meter – werden Interessierten unter www.esedra sardegna.it angeboten.

Badestrände. Bosa Marina, S'Abba Drucche und Compultittu etwas weiter nördlich, Porto Alabe im Süden.

INFORMATION

www.comune.bosa.or.it
www.bosaonline.com

Eine Piratenflagge begrüßt die Gäste am Strand von Bosa Marina.

36 Macomer
Die Hochebene der Planargia

Macomer ist keine klassische Touristen-stadt. Und vielleicht gerade deshalb einen Besuch wert. Das römische Macopsissa war bereits zu vornuraghischer Zeit besiedelt und wurde als Stadt von den Puniern ge-gründet. Heute ist die lebhafte Stadt mit ihren 11 500 Einwohnern dank ihrer güns-tigen Lage ein wichtiges Handelszentrum und ein Verkehrsknotenpunkt auf der Hochebene von Planargia.

Macomer liegt im westlichsten Teil der Marghi-ne-Kette. Im Norden erhebt sich die Gebirgsland-schaft von Capo Marrargiu, im Süden wird das Gebiet von den waldbedeckten Hügeln der Mon-te-Ferru-Kette eingegrenzt. Im Westen schließlich führt eine kurvenreiche Straße hinunter nach Bosa. Knappe 30 Kilometer sind es bis zum Meer. Das flache Land dazwischen ist die Planargia, eine vulkanisch geprägte Hochebene, im Sommer sehr heiß, im Winter windig und kalt. Wirtschaftliche Grundlage der Bewohner hier sind Landwirtschaft und Viehzucht. Macomer ist für die Herstellung von Schafskäse bekannt. Die Käsemesse Mostra Regionale Pecorino Sardo im Juni lockt alljährlich zahlreiche Käseliebhaber aus nah und fern nach Macomer. Daneben bieten mehrere Handelsfirmen und Textilfabriken Arbeitsplätze im wichtigsten Handelszentrum der Region.

Ein Spaziergang durch die Altstadt

In der Altstadt lohnt sich ein Spaziergang durch den zentralen Corso Umberto I. Hier trifft man auf einige elegante Villen und auf das Rathaus aus

Mitte: Typisch Planargia: die vulkanisch geprägte Hochebene rund um Macomer
Unten: *Bistoccu*, das regionalty-pische Brot, mit Tomaten, Kapern und Basilikum angerichtet

Umzug mit historischen Trachten in Macomer

dem 19. Jahrhundert. Die Pfarrkirche San Pantaleo wurde um 1635 in gotisch-aragonesischem Stil erbaut. Zwei römische Meilensteine säumen das Eingangstor der dreischiffigen Kirche. Sehr markant erhebt sich daneben der quadratische, gotisch-katalanisch geprägte Turm aus dem Jahr 1574. Alljährlich am 27. Juli wird in einem großen Fest mit Prozession und Musik des Kirchenpatrons gedacht. In unmittelbarer Nähe der Pfarrkirche trifft man auf die Überreste der einstigen Burg von Macomer. Auf der Piazza delle due Stazioni, dem Platz der zwei Bahnhöfe, kreuzen sich die beiden Bahnlinien von Bosa nach Nuoro und jene aus dem Süden in Richtung Sassari. In der Altstadt steht auch das Haus des berühmten sardischen Dichters Melchiorre Murenu (1803–1854).

Steinerne Zeugnisse der Vergangenheit

Für die Touristen ist Macomer ein idealer Ausgangspunkt zu den vielen Sehenswürdigkeiten, den zahlreichen Nuraghen und archäologischen Funden der Region. Die wichtigsten steinernen Zeugnisse der Vergangenheit in der Umgebung

Einfach gut!

BISTOCCU DI MONTRESTA

In der Gegend auf jeden Fall probieren sollte man das typische Brot *Bistoccu* von Montresta. Der kleine Ort Montresta liegt an einem Hang mit Korkeichenwäldern und Mittelmeer-Macchia. Bereits der Name Montresta soll für Kornberg stehen: Der erste Teil des Namens steht für Berg (*monte*) und der zweite für Ähre, für die Granne (*arista*) des Korns. Der Name *Bistoccu* kommt vom lateinischen *bis e cottum*, was sinngemäß soviel wie »zweimal gebacken« bedeutet. Nach dem ersten Backdurchgang wird das Brot in zwei Hälften getrennt, die dann nochmals getoastet werden.

Ein Tipp: *Bistoccu* in kleine Stücke brechen und mit Tomaten, Knoblauch, Kapern, Basilikum, Salz und Olivenöl anrichten. Ein Genuss!

Bistoccu gibt es in den Bäckereien von Montresta, Macomer und Bosa meist im Angebot.

201

sind die prähistorischen Gigantengräber von Tamuli, die *Domus de Janas* von Filigosa und die Nuraghen Ruju, Santa Barbara und Succuronis.

Seit der Jungsteinzeit besiedelt

Das Gebiet um Macomer ist bereits seit der Jungsteinzeit dicht bevölkert. Weideland, Wasser-läufe und ausgedehnte Waldgebiete boten seit jeher günstige Voraussetzungen für menschliche Ansiedlungen mit Landwirtschaft und Viehzucht in der Ebene sowie Jagd in den Wäldern. Neben der Nutzung der landwirtschaftlichen Ressourcen waren die kurzen und relativ mühelosen Trans-portwege für die erwirtschafteten Produkte in Richtung Umschlageplätze für die Bedeutung der Gegend entscheidend. Über den Fluss Temo wur-den im Hafen von Bosa bereits vor Tausenden von Jahren Waren verschifft und ein reger Han-del betrieben.

Oben: Beeindruckende Zeugnisse der Vergangenheit sind die Tomba dei Giganti von Imbertighe.
Mitte: Abendstimmung: Mont-resta liegt in einem Naturparadies.
Unten: *Casa del gigante*, soge-nanntes Gigantengrab

Zeugnisse der uralten Besiedlungsgeschichte der Planargia sind häufig mit dem Bestattungskult verbunden, mit *Domus de Janas*, Gigantengräbern und Dolmen, aber auch mit den zahlreichen Nura-ghen, die hier in einer Dichte vorkommen wie kaum anderswo auf Sardinien.

Infos und Adressen

SEHENSWÜRDIGKEITEN

Zona archeologica di Tamuli. Juni–Sept.
Di–So 10–13 und 15–19 Uhr, Okt.–Mai Fr–So
10–13 Uhr, Tel. 07 85 74 60 34

Zona Archeologica Orolo. Drei Nuraghen, darunter der 14 m hohe Hauptturm, die Nuraghe
Orolo. Daneben gibt es mehrere frühsardische
Felsengräber. Bortigali, www.comunas.it,
www.sardegnacultura.it

Museo Etnografico »Le Arti antiche«. Heimat-
museum im Zentrum von Macomer in einem
Gebäude aus dem Jahr 1850 mit 3000 Objek-
ten aus Geschichte und Alltagsleben. Mo–Fr
10–12.30 und 16.30–20 Uhr, Sa und So mit
Reservierung, Corso Umberto 225, Macomer,
Tel. 07 85 74 30 44

ÜBERNACHTEN, ESSEN UND TRINKEN

Hotel Restaurant Da Gigi. Typisch sardische
Küche, natürlich und geschmackvoll; nettes
Hotel. Via Vittorio Emanuele II 3, Macomer,
Tel. 078 57 07 37, www.hotelmarghine.it

Agriturismo Nuragh'Elighe. Agriturismo
mit sechs einfachen, geschmackvoll eingerichteten Zimmern und kleiner

Osteria. Località Nuragh'Elighe, SP 44,
km 6,5, Sindia, Tel. 34 76 70 45 34,
www.agriturismonuraghelighe.com

EINKAUFEN

Panificio Fancellu. Im Angebot die
Brotspezialität *Bistoccu di Montresta.*
Via Roma, Montresta, Tel. 078 53 00 17,
www.bistoccudimontresta.it

Il Forno di Montresta. Bistoccu di Montresta,
das Originale. Via Roma 43, Montresta,
Tel. 34 78 01 74 28, www.ilfornodimontresta.it

Valeria Tola. Kunstwerke aus Keramik,
nach traditionellen Handwerksmethoden
hergestellt. Corso Umberto I 64, Macomer,
Tel. 078 57 27 00

AKTIVITÄTEN

Exkursionen in der Planargia und den Mar-
ghine. Nuraghen-Tour sowie geführte Touren
in kleinen Gruppen. Esedra Escursioni,
Tel. 07 85 74 30 44, www.esedraescursioni.it

INFORMATION

www.comunedimacomer.it
www.prolocomacomer.it

Süße Versuchung: Die Backwaren aus der Planargia sollte man unbedingt probieren.

DER NORD-WESTEN

37 Alghero
Schöner und anders ...

»Barceloneta«, das kleine Barcelona, nennen die Einheimischen liebevoll ihre Stadt an der Westküste Sardiniens. Die mehrere Jahrhunderte andauernde Herrschaft der Katalanen hat ihre Spuren hinterlassen – nicht nur auf den Straßenschildern. Spanisches Flair durchzieht die engen Gassen der schmucken Altstadt. Ein Viertel der Bevölkerung spricht noch ihren alten katalanischen Dialekt. Alghero ist anders ...

Die wohl schönste Stadt Sardiniens liegt auf einem markanten Felsvorsprung im Nordwesten der Insel an der Riviera del Corallo, der Korallenriviera. Mächtige, dicke Festungsmauern umschließen die Altstadt von drei Seiten, schützen sie zum Meer hin und machen sie zu einer kleinen Insel auf der Insel. Sprache und Kultur, Geschichte und Tradition, Brauchtum und Küche der knapp 44 000 Einwohner von Alghero unterscheiden sich zum Teil erheblich von jener des restlichen Sardiniens.

Katalanische Herrschaft

Die Herrschaft fremder Mächte gehörte in der Vergangenheit Sardiniens zur Tagesordnung. Begonnen hat alles mit den Phöniziern und Karthagern um 800 v. Chr. Im Laufe der Geschichte wurde dann ständig um die Vorherrschaft auf der Insel gestritten. Das mittelalterliche *Algarium* oder *Alguerium* – der Name stammt vermutlich von den zahlreichen Algen in der Gegend ab – wurde im 11. Jahrhundert von der genuesischen Familie der Doria von den sarazenischen Piraten befreit. Im Namen der Republik Genua befestigten die Doria die Stadt mit Wehrmauern, Türmen und

Vorherige Doppelseite: Von oben hat man einen schönen Blick über Ozieri in der Provinz Sassari.
Unten: Der alte Stadtkern von Alghero lässt sich in ein paar Stunden bequem erwandern.

Ein Rundgang durch die Altstadt von Alghero

Ⓐ Der Stadtrundgang beginnt bei der beeindruckenden **Torre Sulis** oder **Torre dello Sperone**, an der **Piazza Sulis**.

Ⓑ Die dicken Befestigungsmauern aus dem 12. bis 16. Jahrhundert umgeben noch heute die Altstadt Algheros. Auf der schönen Uferpromenade spazieren wir rund um die Altstadt und über die mit Palmen geschmückten **Bastioni Magellano** bis zum **Hafen** – mit herrlichem Ausblick auf das offene Meer, die Felsklippen von Capo Caccia und die Dächer von Alghero.

Ⓒ Die Stadt betreten wir im Norden durch die **Porta a Mare** direkt am Hafen. Durch dieses Tor wurde einst Reisenden und Händlern – neben der Porta a Terra – Einlass in die Stadt gewährt.

Ⓓ Gleich daneben erhebt sich die **Bastione della Maddalena** mit einem Teil der alten Stadtmauer.

Ⓔ Die **Piazza Civica** präsentiert sich mit ihren Cafés als romantisches Zentrum von Alghero. Hier steht der prachtvolle gotische **Palazzo d'Albis** oder De Ferrera aus dem 15. Jahrhundert, die ehemalige Residenz des katalanischen Stadtkommandanten. 1541 hat auch Karl V. hier logiert.

Ⓕ Vorbei am **Museo diocesano d'Arte Sacra** mit seiner Sammlung an religiöser Kunst geht es zur **Cattedrale Santa Maria**, deren Ur-sprung auf das 16. Jahrhundert zurückgeht. Die Kirche überrascht mit einem bunten Mix aus verschiedenen Baustilen. Der achteckige Campanile mit seinem bunten Kacheldach stammt aus der gotisch-katalanischen Gründerzeit und bietet eine schöne Aussicht auf die Altstadt.

Ⓖ In der Via Principe Umberto steht der **Palazzo Machin** mit seiner herrlichen Renaissance-Fassade aus der ersten Hälfte des 16. Jahrhunderts, der ehemalige Sitz der Bischöfe von Alghero.

Ⓗ An der Piazza Vittorio Emanuele steht das **Teatro Civico**, das 1862 in neoklassizistischem Stil erbaute Stadttheater.

Ⓘ Die belebte **Via Carlo Alberto** durchzieht als Haupteinkaufsstraße die Altstadt. Hier befindet sich die **Chiesa di San Francesco**, in deren Innerem katalanische Gotik und Spätrenaissance harmonisch verschmelzen. Durch die Sakristei geht es in den blumengeschmückten Kreuzgang des Klosters.

Ⓙ In der **Torre San Giovanni** an der **Piazza Porta a Terra** lädt das **Museo Territorio** zu einer virtuellen Reise durch die Geschichte Algheros ein.

207

Einfach gut!

ARAGOSTA ALLA CATALANA

Man sagt ihnen nach, dass es die zartesten und besten der Welt seien: die Langusten von Alghero. Die tiefen Gewässer in der Bucht von Alghero sind besonders nährstoffreich, die mit traditionellen Methoden in den Monaten von April bis August gefangenen Langusten im Abschnitt zwischen Alghero und Stintino sind besonders gefragt. Leider werden es immer weniger. Zubereitet werden die Aragoste meist *alla catalana* oder *all'algherese*: Die weich gekochten Langusten werden als Salat mit Zwiebeln, Tomaten und einer Marinade aus Olivenöl, Zitronensaft und der korallenroten Flüssigkeit aus dem Kopf der Tiere serviert. Im Zeitraum Ende Mai/ Anfang Juni findet alljährlich die Rassegna gastronomica dell'Aragosta statt, an der sich zahlreiche Restaurants mit speziellen Langusten-Gerichten und -Menüs beteiligen.

Infos über:
www.alghero-turismo.it

Bastionen – nicht nur zum Schutz vor den im Wettstreit um die Vorherrschaft im Mittelmeer liegenden Pisanern.

Um 1323 eroberten die Katalanen mit dem Haus Aragon weite Teile Sardiniens. Alghero hielt den katalanischen Übergriffen drei Jahrzehnte stand und wurde erst durch den Sieg über den genuesischen Admiral Antonio Grimaldi nach einer großen Seeschlacht im Jahr 1354 unterworfen. Die neuen Herrscher unter König Pere IV. vertrieben die Einheimischen aus der Stadt – diese gründeten daraufhin die Stadt Villanova Monteleone im Hinterland –, Alghero wurde zur Gänze mit katalanischen Einwanderern bevölkert. Die Festungsanlagen wurden ausgebaut, und das neue »L'Alguer« wurde zum wichtigsten Handelsstützpunkt des Hauses Aragon auf Sardinien. Die dicht gedrängte Altstadt trägt noch heute den Stempel jener Zeit und ist typisch für die mittelalterliche Architektur der Städte im katalanisch-aragonischen Reich.

Beinahe vier Jahrhunderte dauert die katalanisch-spanische Herrschaft in Alghero. Erst 1720 fiel Sardinen und damit auch Alghero an das Königshaus von Savoyen. Die Verbindung zu Katalonien wurde abrupt unterbunden. Der katalanische Dialekt und die katalanische Kultur aber lebten in den Herzen der Einwohner von Alghero weiter.

Lebendige Altstadt und weiße Sandstrände

Alghero ist heute eines der wichtigsten Zentren des sardischen Tourismus. Der alte Stadtkern lässt sich in ein paar Stunden wunderbar erkunden. Cafés und Bars laden zum Aperitif, Ristoranti und Trattorie bieten ein breites Spektrum an lokaler Küchentradition: von der spanischen Paella bis zu heimischen Meeresfrüchten und Hummer.

In der näheren Umgebung lohnen die Nekropole von Angelu Ruju und die Nuraghe Palmavera einen Besuch. Ein Muss für jeden Alghero-Besucher ist ein Ausflug zum spektakulären Capo Caccia und zur Grotta di Nettuno.

Ein weiterer Punkt, der für einen Urlaub in der Stadt spricht, ist die herrliche Lage an der von weißen Sandstränden eingerahmten Bucht von Alghero. Die windgeschützte, romantische Sandbucht Cala di Porticciolo wird von einem Sarazenenturm aus dem 16. Jahrhundert bewacht. Der lange, schmale Sandstrand von Mugoni liegt in einer ruhigen Bucht und ist auch zum Baden mit kleinen Kindern geeignet. Der graugelbe Sandstrand Le Bombarde wird von einigen Felsen unterbrochen und ist leicht zugänglich. Surfer und Segler finden hier ideale Bedingungen vor. Gleich nördlich grenzt der feinsandige Strand Lazzaretto an, der in einer großen Bucht mit schönem Blick auf einen Turm aus dem 17. Jahrhundert liegt. Ideal für Familien mit Kindern, Taucher, Schnorchler und Surfer. Maria Pia ist ein feiner, flacher Sandstrand am Stadtrand von Alghero in Richtung Fertilia, eingerahmt von Dünen und einem Wald aus Pinien und Ginster. Der kilometerlange, breite Stadtstrand von Alghero, der Lido San Giovanni, ist von der Stadt aus gut zu Fuß zu erreichen. Strandbars, Wasserspiele und Sportanlagen sorgen für den notwendigen Trubel. Strandliegen- und Sonnenschirme können gemietet werden.

Oben: Der blumengeschmückte Kreuzgang des Klosters San Francesco
Mitte: Souvenir- und Schmuckläden präsentieren eine Vielzahl an kunstvoll verarbeiteten Stücken.
Unten: Die Kathedrale Santa Maria stammt aus dem 16. Jahrhundert.

Brauchtum und Tradition

Alghero wartet auch mit zahlreichen Festen und mit farbenfroher Folklore auf. In der ersten Augustwoche wird ein prächtiges Fest zu Ehren von Nostra Signora della Mercede gefeiert, am 15. August der traditionsreiche Ferragosto algherese, ein großes Stadtfest mit Feuerwerk, Straßenkonzerten und landestypischen kulinarischen Spezialitäten. Ganz besonders feierlich aber wird die Karwoche in Alghero begangen: mit Traditionen, die stark an Spanien erinnern. Männer in weißen Kutten, die Köpfe von Kapuzen verhüllt, ziehen bei der Karfreitagsprozession, der Processione del Discendimento, durch die Straßen der Altstadt und tragen, begleitet von getragener Blasmusik und der Bevölkerung, die hölzerne Christusfigur aus der Kathedrale in einem Sarg durch die Stadt in die Chiesa della Misericordia.

Unter den Traditionen in Alghero erinnert auch der Canto della Sibilla, der »Gesang der Sibylle«, in der Weihnachtsnacht an die iberische Vergangenheit. Dieses Lied wurde zum Weltkulturerbe und zum Immateriellen Kulturerbe der UNESCO erklärt.

GUT ZU WISSEN

KORALLEN VON ALGHERO

Die Edelkorallen aus der Riviera del Corallo vor Alghero waren einst berühmt für ihre Tönung und Kompaktheit. Heute kommen die meisten von ihnen aus Asien. Zahlreiche Souvenir- und Schmuckläden präsentieren eine große Vielzahl an kunstvoll verarbeiteten Schmuckstücken in den verschiedensten Rot-, Orange- und Rosatönen. Korallen sind heute aber weltweit bedroht. Vor einem Kauf ist deshalb abzuraten. Aufgrund des internationalen Artenschutzabkommens dürfen sie zum Beispiel in verschiedene europäische Länder gar nicht mehr eingeführt werden.

Nicht verpassen

TORBATO UND NEKROPOLEN

An der Strada dei due mari in Richtung Porto Torres liegen die Ruinen der Nekropolis von Anghelu Ruju – inmitten weiter Rebflächen der bekannten Kellerei Sella & Mosca. Mit ihren 38 in den Fels gehauenen Grabhöhlen aus der Ozieri-Kultur zwischen 3400 und 700 v. Chr. ist die Nekropole eine der größten und wichtigsten auf Sardinien. Besonders interessant sind die Dekorationen mit stilisierten Stierhörnern an den Felswänden.

Sella & Mosca zählt mit seiner über hundertjährigen Geschichte zu den größten Weingütern Sardiniens und kultiviert ausschließlich autochthone Weinsorten, darunter den antiken Torbato di Alghero. Auf dem Betriebsgelände befinden sich ein Museum über die Geschichte des Weinguts und eine archäologische Abteilung über die Gräberfelder von Anghelu Ruju, die 1903 entdeckt wurden.

Sella & Mosca. Località I Piani, Alghero, Tel. 079 99 77 00, www.sellaemosca.it

Infos und Adressen

SEHENSWÜRDIGKEITEN

Museo diocesano d'Arte sacra. Große Sammlung an religiöser Kunst. Piazza Duomo 1, Tel. 079 99 70 54, www.alghero-turismo.it

Aquarium Mare Nostrum. Von Fischen aus dem Mittelmeerraum bis zu Haien, Piranhas und Alligatoren ist hier beinahe alles vertreten, was im Wasser heimisch ist. Via XX Settembre 1, Tel. 079 97 83 33

ESSEN UND TRINKEN

Ristorante Al Tuguri. Kleines Restaurant mit fünf Tischen. Viel Tradition, ausgezeichnete Küche und gepflegtes Ambiente. Via Maiorca 113, Tel. 079 97 67 72, www.altuguri.it

Trattoria Caragol. Traditionelle katalanisch-mediterrane Land- und Meer-Küche. Via Maiorca 73, Tel. 07 99 57 77 44

Sartoria del Gusto. Nette, authentische Trattoria im Herzen der Altstadt – mit Gerichten aus der Küchentradition Algheros und heimischen Produkten. Piazza Duomo 3, Tel. 079 97 44 75

Trattoria Maristella. Etwas abseits vom Touristenrummel, gutes Essen, gute Weinkarte und faire Preise. Via Kennedy 9, Tel. 079 97 81 72

Caffè Costantino. Historisches Caffè mitten in der Altstadt von Alghero – mit Tischen direkt an der Piazza. Piazza Civica 30–31, Tel. 079 97 61 54

ÜBERNACHTEN

B & B Lu Palau de Antoni. Nettes B & B mit geschmackvoll eingerichteten Zimmern und katalanisch geprägtem Ambiente. Via Porto Torres 12/14, Tel. 34 02 58 46 01, www.lupalaudeantoni.com

Hotel Calabona. Vier-Sterne-Hotel mit Blick auf den Golf von Alghero, direkt am Meer. Località Calabona, Tel. 079 97 57 28, www.hotelcalabona.it

Hotel Carlos V. Fünf Sterne, Meerblick und modernes Ambiente. Lungomare Valenci 24, Tel. 07 99 72 06 00, www.hotelcarlosv.it

EINKAUFEN

Il Tunnel dei Sapori. Sardische Produkte und Spezialitäten in einer historischen Galerie. Via Gilbert Ferret 37, Tel. 07 99 89 55 90

Gioielleria Orafart. Goldschmied mit Tradition und großer Auswahl. Via Carlo Alberto 89, Tel. 079 97 43 27

Mercato Civico. Historischer Markt von Alghero – mit frischem Fisch, Obst und Gemüse. Via Cagliari

In den vielen kleinen Läden von Alghero ist für jeden Geschmack etwas zu finden.

AKTIVITÄTEN

Cicloexpress. Verleih von Elektrofahrrädern, Scootern, Tandems und Elektroautos. Via Garibaldi, Tel. 079 98 69 50, www.cicloexpress.com

Nautisub. Tauchausrüstung und Exkursionen. Via Garibaldi 45, Tel. 079 95 24 33, www.nautisub.com

INFORMATION

www.alghero-turismo.it

38 Capo Caccia
Von Mönchsrobben und Märchengrotten

Im 19. Jahrhundert kamen die Adeligen und reichen Bürger von Alghero mit dem Boot hierher zur Jagd, zur »Caccia«, auf die wilden Torraioli-Tauben. Von daher stammt der Namen Capo Caccia. Heute sind es jährlich Zehntausende von Touristen, die die einmalige weiße Kalkfelsenlandschaft im äußersten Nordwesten Sardiniens bewundern und in die faszinierende Welt der berühmten Grotta di Nettuno eintauchen.

200 bis 300 Meter fallen die steilen Felswände beinahe senkrecht hinab ins Meer. Knappe sieben Kilometer lang zieht sich die Steilküste an der Riviera del Corallo entlang. Der beeindruckende Landvorsprung aus Kalkstein aus der Jura- und Kreidezeit bildet die äußerste Spitze der Nordwestküste, eine unbezwingbare natürliche Barriere, die heute in das Meeresschutzgebiet Area marina protetta Capo Caccia – Isola Piana und in die Riserva naturale regionale di Porto Conte eingebettet ist. In den zerklüfteten Felswänden nisten seit Jahrhunderten unzählige Vogelarten: Korallenmöwen und Wanderfalken, Mauersegler, Habichtsadler und sogar einige wenige Gänsegeier. An den Füßen der Felswände lebte einst sogar die *Foca monaca*, die Mönchsrobbe, die im Gebiet aber leider ausgerottet wurde.

Mitte: Sardiniens westlichste Felsküste am Capo Caccia
Unten: Die Ausflugsboote am Hafen von Alghero sind startbereit.

Beeindruckend einzigartig

Schon von Alghero aus ist der Blick auf das weit draußen im Meer liegende Capo Caccia mehr als beeindruckend. Die Straße von Alghero führt an

Capo Caccia

der Küste entlang, schlängelt sich durch die Hügellandschaft und endet am kleinen Parkplatz beim Leuchtturm von Capo Caccia, einem der höchstgelegenen Europas. Vor Ort verschlägt einem die einzigartige Lage hoch über dem Meer dann wirklich die Sprache. Allein der Ausblick von hier oben lohnt jede Mühe: Im Osten liegt die geschützte Meeresbucht Baia di Porto Conte mit ihren einladenden Sandstränden in der Tiefe, in der Vergangenheit einer der besten Naturhäfen des Mittelmeeres. Gegenüber liegt die Landspitze Punta del Gilio, das »Kap der Lilie«. Dahinter breiten sich in der Bucht von Alghero die langen Sandstrände der Stadt aus, mit dem Bergland von Montresta als Kulisse. Und im Westen tut sich das offene Meer vor uns auf – und eine faszinierende Welt von einigen Dutzend Grotten unter uns, darunter eines der beliebtesten Ausflugsziele Sardiniens.

Grotta di Nettuno

Die dem Gott der Meere geweihte Neptunsgrotte zählt zu den bekanntesten Tropfsteinhöhlen des Mittelmeeres. Sie liegt etwa einen Meter über dem Meeresspiegel am Fuße der schroffen Felswände. Das mehrere Kilometer lange Höhlensystem ist zwar normalen Besuchern nicht zugänglich, aber die wenigen Hundert Meter, die besichtigt werden können, reichen sowieso aus, um aus dem Staunen nicht mehr herauszukommen. Gleich am Beginn stößt der Besucher auf den Lago Lamarmora, einen vom Meerwasser gebildeten See mit herrlich grün-bläulichem Farbenspiel. Es folgt eine Märchenwelt mit kleineren und größeren Sälen, mit beeindruckenden Tropfsteingebilden und Kalksinterablagerungen, Tunnels und Gängen sowie tiefen Brunnen, die im Rahmen der stündlichen Führungen bestaunt werden können.

Nicht verpassen

ZUR GROTTA DI NETTUNO

Lassen Sie das Auto ruhig einmal stehen. Die Grotta di Nettuno kann man von Alghero aus bequem mit dem Bus (ab Giardini/Via Catalogna – Linie 9321) erreichen, der während der Sommermonate mehrmals täglich von Alghero aus startet und die 25 Kilometer Panoramastraße direkt am Meer entlang bis zum Capo Caccia fährt. Dort lädt die Escala del Cabriol zum Abstieg. Außerhalb der Saison fährt der Bus nur einmal täglich hin und zurück. Zu einem schönen Erlebnis wird die rund einstündige Bootsfahrt vom Hafen von Alghero aus. Die Fahrt führt an den Badestränden von Alghero entlang zur Punta Gilio bis hin zur Spitze der Steilküste am Capo Caccia und direkt zum Eingang der Grotta di Nettuno, wo die Besucher bereits die Führung erwartet.

Navisarda startet vom Hafen von Alghero aus täglich mit Ausflugsbooten zur Grotta di Nettuno. Tel. 079 95 06 03, www.navisarda.it

Bis um die Mitte des 20. Jahrhunderts war die Grotta di Nettuno nur mit dem Boot übers Meer zu erreichen, und das nur bei ruhiger See. Erst 1959 wurde die in den Felsen gehauene Steintreppe fertiggestellt, die heute 110 Meter vom Parkplatz oben über knapp 650 Stufen hinunter zum Höhleneingang führt. Die atemberaubende Escala del Cabriol, wörtlich übersetzt die »Rehleiter«, setzt Schwindelfreiheit voraus. Ein Abstieg ist am frühen Vormittag zu empfehlen, wenn die Felsenwände noch etwas im Schatten liegen. Später kann es in den Sommermonaten recht heiß werden, vor allem beim anschließenden Aufstieg.

Auf der anderen Seite des Parkplatzes führt ein Steig zur Grotta Verde mit ihrem 40 Meter breiten Höhleneingang hinab. 6000 Jahre reichen die Spuren zurück, die Menschen in dieser Grotte hinterlassen haben. Ein Gitter verwehrt leider den Zutritt zur Höhle.

Nuraghe Palmavera

Auf der Rückfahrt nach Alghero auf der SS 127 sollte man kurz vor Fertilia einen Besuch in der Nuraghen-Siedlung Palmavera einplanen. Die komplexe Anlage aus dem 15. bis 8. Jahrhundert v. Chr. besteht aus einem Haupt- und Nebenturm und den Überresten eines Hüttendorfes mit rund 50 Rundhütten.

Oben: Der Leuchtturm El Faro in Porto Conte am Capo Caccia
Mitte: 650 Stufen führen hinunter zum Eingang der Grotta di Nettuno.
Unten: Ausgedient hat der alte Sarazenenturm am Capo Caccia.

Infos und Adressen

SEHENSWÜRDIGKEITEN

Grotta di Nettuno. April tgl. 10–18 Uhr, Mai–Okt. tgl. 10–19 Uhr, Nov.–März tgl. 10–16 Uhr, Località Capo Caccia, Tel. 079 97 90 54, www.alghero-turismo.it

Nuraghe Palmavera. Nov.–März tgl. 10–14 Uhr, April und Okt. tgl. 9–18 Uhr, Mai–Sept. tgl. 9–19 Uhr, SS 127 bis, km 45, Tel. 32 94 38 59 47, www.smuovi.com

ESSEN UND TRINKEN

Hotel El Faro. Vier-Sterne-Hotel in Traumlage und mit ausgezeichnetem Restaurant. Porto Conte 52, Alghero, Tel. 079 94 20 10, www.elfarohotel.it

ÜBERNACHTEN

Hotel Resort Capo Caccia. Meer und Natur – und ein traumhaftes Resort. Località Capo Caccia, Alghero, Tel. 079 94 66 66, www.hotelcapocaccia.it

Hostal de l'Alguer. Direkt am Meer, drei Dutzend Zimmer in einer modernen Jugendherberge. Località Fertilia, Via Parenzo 79, Alghero, Tel. 079 93 04 78, www.algherohostel.com

Villaggio/Camping Torre del Porticciolo. Netter Campingplatz in der einmaligen Bucht, der auch Holzbungalows vermietet. Località Torre del Porticciolo, SP Santa Maria la Palma–Porto Conte, Tel. 079 91 90 10, www.torredelporticciolo.it

AKTIVITÄTEN

Wind Sardinya Sail. Tagesausflüge mit dem Boot, Porto Conte und Capo Caccia, Abendfahrten und vieles mehr. Alghero, Hafen, www.windsardinyasail.com

INFORMATION

www.alghero-turismo.it
www.parcodiportoconte.it

Traumhafte Urlaubsstimmung und doch die Qual der Wahl: Pool oder Meer …

39 Stintino & Asinara
Einzigartiges Naturerbe

**Ein ehemaliges Fischerdorf mit kilo-
meterlangen Sandstränden, eine über
Jahrhunderte für die Außenwelt unzugängliche Insel, Thunfisch-Museum und
Hochsicherheitsgefängnis, weiße Esel und
Schildkröten-Hospital ... die nordwest-
lichste Ecke Sardiniens hat sehr viel Abwechslung zu bieten.**

Auf dem Weg von Capo Caccia nach Stintino
laden einige Sandstrände mit Dünen und Zwergpalmen zum Baden und Ausspannen ein. Der
weitläufige Strandabschnitt Torre del Porticciolo
liegt in einer netten Bucht mit feinem Sandstrand.
Etwas weiter nördlich erstreckt sich der Strand
von Porto Ferro, an der Grenze der Riviera del
Corallo. Ockerfarbener, mit Muscheln vermischter
Sand bedeckt den zwei Kilometer langen Strand,
der von drei Sarazenentürmen aus dem 17. Jahrhundert bewacht wird.

Die 1962 geschlossenen Bergwerke der Argen-
tiera, in denen über Jahrhunderte hinweg Blei,
Silber und Zink abgebaut wurden, prägen die
Strände in der halbmondförmigen Bucht von Cala
dell'Argentiera. Sand und Kies mischen sich hier
vor den beeindruckenden Resten »industrieller
Archäologie« am ehemaligen Verladehafen des
Silberbergwerks. Der Strand fällt teils steil ins
Wasser ab. Der Meeresgrund ist ideal für Taucher.

Oben: Vom Hafen von Stintino
aus starten die Ausflugsboote zur
Isola dell'Asinara.
Unten: Wasser, Sand und Steine:
ideal zum Spielen und Entdecken

Über den kleinen Ort Palmadula geht es Richtung Porto Torres und Stintino. Die Küste ist von
hier bis zur nordwestlichsten Spitze von Capo
del Falcone steil und unzugänglich. Die Straße
wechselt deshalb allmählich hinüber auf die
sanftere Ostseite der Halbinsel.

Ein »Patient« im Schildkröten-Hospital

Stintino – vom Fischerdorf zur Touristenhochburg

Nicht verpassen

Die einmalige Lage und die herrlichen Strände am Golfo dell'Asinara haben Stintino innerhalb weniger Jahrzehnte zu einem der beliebtesten Urlaubsziele Sardiniens gemacht. Dabei war die Halbinsel im Nordwesten bis vor 150 Jahren noch weitgehend unbewohnt, wild und sich selbst überlassen. Das heutige Stintino wurde erst um 1885 von rund 50 Familien von Fischern und Bauern gegründet, deren Häuser auf der Insel Asinara den neu geplanten Strafanstalten weichen mussten. Bunte Häuser, kleine Gärten und schattige, mit Bäumen bepflanzte Straßen prägen das Ortsbild des einstigen verträumten Fischerdorfes. Ruhig geht es hier heute allerdings nur noch in den Wintermonaten zu. Das restliche Jahr über beleben zahlreiche Gäste aus aller Welt die beliebten Feriensiedlungen auf der Halbinsel.

Rund um den Thunfisch

Bis weit ins 20. Jahrhundert lebten die Familien hier von der Fischerei und hauptsächlich vom Thunfischfang. Die Männer waren auf dem Meer unterwegs. Die Frauen verdienten sich in der

SCHILDKRÖTEN UND FESTIVALS AUF ASINARA

Im Schildkröten-Hospital Centro di Recupero per Tartarughe Marine werden – meist von Schiffsschrauben und Fischernetzen – verletzte Panzertiere operiert, versorgt und wieder gesund in die Freiheit entlassen.
Tel. 34 08 16 17 72, www.cramasinara.org

Pensieri e Parole, Libri e Film all'Asinara – das Festival lädt alljährlich im August/September zu einem reichen Angebot an Filmvorführunggen, Buchvorstellungen und Begegnungen mit Autoren und Künstlern ein.
Tel. 34 94 91 07 55, www.festivalasinara.it

Alljährlich im September findet in den Straßen von Cala d'Oliva das Festival Asinara Aperta mit Kunst, Musik und Gastronomie statt.
Tel. 079 50 33 88, www.parcoasinara.org

Der Nordwesten

Tonnara bei der Verarbeitung der Thunfische ihr Geld. In der historischen *Tonnara* von Stintino lädt heute eine großzügig ausgebaute Feriensiedlung zum Besuch. Die Sagra del Tonno, ein großes Thunfisch-Fest am Hafen und in der Altstadt, erinnert alljährlich im Sommer an die alten Traditionen. Und das Museo della Tonnara in Stintino führt auf sehr anschauliche Art und Weise in die Geschichte und Kultur des traditionellen Thunfischfangs ein.

Das 1995 neu errichtete Museum gleicht einem großen Fischernetz und ist wie ein echtes Thunfisch-Fangsystem in sechs Kammern aufgeteilt. Der Besucher durchläuft dieselbe Strecke wie der Thunfisch im Netz: von der großen Kammer bis zur Kammer des Todes. Schritt für Schritt wird er dabei über die wichtigsten Aspekte des Thunfischfangs informiert. Das Museum versteht sich als »Hommage an alle Menschen, die im Thunfischfang beschäftigt waren: den Reeder, den Chef der Besatzung, den Rais, die Arbeiterschaft an Land, die Ciurma und die Mannschaften an Bord, die Tonnarotti«. Ein Besuch lohnt sich.

Bilderbuchstrände

Der Küstenstreifen von Stintino am Golfo dell'Asinara wird von wunderschönen Stränden gesäumt. In Richtung Norden führt die Straße zum Capo del Falcone, vorbei am wohl bekanntesten Strand der Gegend. La Pelosa ist mit seinen feinsandigen, von Schieferfelsen durchbrochenen Badeständen wahrlich ein Traumstrand und beliebtes Postkartenmotiv. Direkt gegenüber liegt die Isola dell'Asinara. Von den Felsen der flachen Isola Piana winkt der alte Wachturm. La Pelosa ist ideal für Surfer und Familien mit Kindern und bietet jeden nur erdenklichen Service. Ins Hinterland hinein breiten sich weite Feriensiedlungen aus. Von hier aus ist es nur ein kleiner Fußmarsch zum äußersten Ende der

Oben: Der Sarazenenturm von Stintino: im Hintergrund Asinara
Mitte: Eine große Auswahl an sardischen Produkten bietet Mario Mura in seinem Market in Stintino.
Unten: Weißer Sand und kristallklares Wasser: Traumstrand La Pelosa

Halbinsel, dem Capo del Falcone mit seinen steil ins Meer abfallenden Schieferklippen.

Isola dell'Asinara, das Alcatraz Italiens

1885 begann für die fruchtbare und nur dünn besiedelte Isola dell'Asinara ein neuer Abschnitt. Die von wenigen Bauern und Fischern bewohnte Insel wurde von der italienischen Regierung kurzerhand als Strafinsel auserkoren. Für die Bewohner wurde Stintino auf dem Festland gegründet. Die Trauminsel war frei für die Gründung eines Strafgefangenlagers mit Kasernen für die zur Zwangsarbeit verurteilten Sträflinge, für Unterkünfte für das Verwaltungspersonal sowie Villen für die Leiter der Anstalt. Die Zentralgebäude entstanden in Cala d'Oliva. Daneben waren über die Insel verstreut verschiedene Zweigstellen in Betrieb mit Ackerbau und Viehzucht, Käseproduktion und Weinanbau. In den 1970er-Jahren kam ein Hochsicherheitsgefängnis für Schwerverbrecher, Mafiosi und Rotbrigadisten in Fornelli hinzu. Zu den prominentesten Gefangenen auf Asinara zählten die Mafiabosse Totò Rina und Raffaele Cutolo, die Gründer der italienischen Brigate Rosse Renato Curcio und Alberto Franceschini sowie der berüchtigtste sardische Bandit Matteo Boe. 1997 kam dann das Aus für Asinara, und die Gefängnisse wurden geschlossen. Dafür wurde die Insel noch im selben Jahr zum Nationalpark Parco Nazionale dell'Asinara erklärt. Zwei Jahre später wurde das Naturschutzgebiet für jedermann geöffnet.

Naturparadies mit weißen Eseln

Die dem Capo Falcone vorgelagerte Insel Asinara am äußersten nordwestlichen Zipfel Sardiniens ist 55 Quadratkilometer groß, 17 Kilometer lang und

Geheimtipp

DIE STRANDBUCHTEN VON ASINARA

Die 25 Kilometer lange Ostküste von Fornelli im Süden bis Cala d'Oliva im Norden säumen mehrere traumhafte Buchten: Cala Sant'Andrea, Cala Marcutza, Cala Reale mit dem ehemaligen Palazzo Reale, dem Wohnsitz der Savoyer, Cala Sgombro di Fuori, Cala Sgombro di Dentro … Wenige Kilometer nördlich der Cala d'Oliva liegt die kleine Badebucht Cala Sabina mit feinem Sandstrand und türkisblauem Wasser. Ideal für Taucher und Schnorchler. Mit Ausnahme von Cala Sabina ist das Baden auf den Stränden der Isola dell'Asinara offiziell nicht gestattet. Ausflugsboote bringen die Besucher jedoch in die verschiedenen Buchten der Insel. In den Bereichen des Schutzgebietes, in denen das Tauchen gestattet ist, besteht die Möglichkeit, an Tauchgängen teilzunehmen. Der schönste Strand der Insel ist die Cala d'Arena ganz im Norden.

sechs Kilometer breit. Die höchste Erhebung ist mit 408 Metern die Punta della Scomunica ganz im Norden der Insel. Vom Anlegeplatz Marina di Stintino und vom Hafen in Porto Torres setzen täglich Motorboote auf die Isola dell'Asinara, die zweitgrößte vorgelagerte Insel Sardiniens, über. Geführte Tagestouren mit Mitarbeitern des Nationalparks, zu Fuß, mit dem Fahrrad, Bus, Jeep oder Minizug laden zum Entdecken und Erforschen in eine weitgehend unberührte und bis vor einem Jahrzehnt von der Außenwelt völlig abgeschlossene Gegend ein. Der Westen der Insel geht in steile, unnahbare Felsriffe über. Im Osten besteht die Küste am Golfo dell'Asinara aus mehreren kleinen, idyllischen Buchten und Badestränden. Auf der Insel selbst leben zahlreiche Wildarten, darunter rare Arten wie die Seeschildkröte und eben die berühmten weißen Wildesel von Asinara, die ihre Farbe einer angeborenen Störung in der Biosynthese der Melanine verdanken, im eigentlichen Sinn also Albino-Esel sind.

So mancher Reiseführer erklärt seinen Gästen mit viel Inbrunst, dass der Name Asinara von den weißen Eseln der Insel, den *Asini* abstammen würde – und bindet dabei seinen Gästen im wahrsten Sinne des Wortes einen Esel auf. Die Römer nannten die Insel *Aenaria Insula* und *Herculis Insula*. Daraus wurde später *Sinuaria*, was so viel wie kurvenreich oder gewunden bedeutet und wohl auf die vielen Buchten an der Ostküste hinweist.

Oben: Blick auf Asinara: vom Strand La Pelosa aus
Mitte: Radfahren in einzigartiger Umgebung: Das ist nicht nur für Mountainbiker ein besonderes Erlebnis.
Unten: Die berühmten weißen Esel von Asinara

Infos und Adressen

SEHENSWÜRDIGKEITEN

Museo della tonnara »Il Ricordo della Memoria«. Juni–Sept. tgl. 18–23.30 Uhr, Sept.–Okt. tgl. 17–24 Uhr, sonst auf Anfrage. Porto Nuovo, Stintino, Tel. 079 52 00 81, www.infosistino.it

Parco Nazionale dell'Asinara – Area Marina Protetta. Alle Informationen rund um den Nationalpark Isola dell'Asinara. Via Josto 7, Porto Torres, Tel. 079 50 33 88, www.parcoasinara.org

ESSEN UND TRINKEN

Hotel Silvestrino. Sardische Küche mit Schwerpunkt Fisch, in Panoramalage. Via Sassari 14, Stintino, Tel. 079 52 30 07, www.hotelsilvestrino.it

Da Antonio. Frische Meeresküche. Via Marco Polo 14, Stintino, Tel. 079 52 30 77

ÜBERNACHTEN

Le Tonnare Village. Großzügig angelegtes Feriendorf in der ehemaligen Tonnara. Località Tonnara Saline, Stintino, Tel. 04 26 33 26 00, www.letonnarevillage.com

B & B Il Porto Vecchio. Einladende Zimmer in traditionell sardischem Ambiente. Via Tonnara 69, Stintino, Tel. 079 52 32 12, www.bbstintino.com

Agriturismo Depalmas. Einfache, moderne Zimmer in ruhiger Umgebung. Gute Küche. Località Preddu Nieddu, Stintino, Tel. 079 52 31 29, www.agriturismodepalmas.com

Hotel Geranio Rosso. Renoviertes Hotel mit netten Zimmern und frischer Meeresküche. Via XXI Aprile 8, Stintino, Tel. 079 52 32 92

Hostel SognAsinara. Einfache Herberge mit preiswerten Unterkünften in einem restaurierten Gefängnisbau. Cala d'Oliva, Isola dell'Asinara, Tel. 34 61 73 70 43, www.sognasinara.it

AKTIVITÄTEN

Sinuaria. Geführte Touren und Trekking auf Asinara. Tel. 33 34 67 90 85, www.sinuaria.org

La Nassa. Ausflüge und Tagestouren nach Asinara. www.escursioniasinara.it

Mare & Natura. Bootsausflüge zur Isola dell'Asinara. Via Sassari 77, Stintino, Tel. 079 52 00 97, www.marenatura.it

Roccaruja Diving Center. Alles rund ums Tauchen: Kurse, Verleih von Ausrüstungen sowie Exkursionen. Ciale La Pelosa 6, Stintino, Tel. 34 75 12 74 72, www.roccarujasub.com

Marina di Stintino. Hafen von Stintino, im historischen Zentrum. Località Tanca Manna, Stintino, Tel. 33 47 40 45 83, www.marinadistintino.it

INFORMATION

www.infostintino.it

Francesca serviert im Ristorante Da Antonio schmackhafte Meeresgerichte.

40 Porto Torres
Das Tor zum Nordwesten Sardiniens

Das Hochplateau, auf dem sich Porto Torres ausbreitet, fällt sanft zum Golfo dell' Asinara hin ab. Touristisch gesehen mag Pòrtu Tòrres, wie es die Sarden nennen, nicht allzu viel hergeben. Dennoch ist die 23 000 Einwohner zählende Stadt eines der wichtigsten Wirtschaftszentren im Norden Sardiniens. Allein der größte Teil der Fährschiffe aus Genua etwa legt im modernen Hafen von Porto Torres an.

Der Küstenabschnitt am Golfo dell'Asinara liegt geografisch und landschaftlich mehr als günstig. Der Rio Mannu bildete eine ideale natürliche Anlegestelle und bot seit jeher alle Voraussetzungen zur Errichtung eines Hafens. So war die Region bereits in der Jungsteinzeit besiedelt. Das einstige Turris Libisonis wurde im 1. Jahrhundert v. Chr. als römische Kolonie *Iulia* gegründet, die einzige Kolonie römischer Bürger auf Sardinien. Schon bald entwickelte sich die Stadt zum bedeutenden wirtschaftlichen Zentrum. Thermenanlagen mit gut erhaltenen Mosaikböden, der Palazzo del Re Barbaro, der Ponte Romano und Gräberfelder erinnern an die einstige Blütezeit. Im archäologischen Ausgrabungsgebiet – an der ehemaligen Anlegestelle zwischen dem Bahnhof und dem Rio Mannu entlang der Via Ponte Romano – wurde in den 1980er-Jahren das Museo Archeologico Nazionale Antiquarium Turritano errichtet. Hier wird die römische Geschichte der Stadt dokumentiert.

Im Gemeindegebiet von Porto Torres stehen aber auch mehrere bedeutende Nuraghen-Komplexe, wie die Nuraghe Margone, die Nuraghe Minciared-

Oben: Sehenswert: die archäologische Fundstätte Monte d'Accodi an der Straße nach Sassari
Unten: Sardiniens größter romanischer Kirchenbau ist die Basilika San Gavino in Porto Torres.

Der moderne Hafen in Porto Torres

da und die Nuraghe Nieddu. Aus der Zeit der aragonischen Herrschaft stammen der Turm im Hafen, der einst als Leuchtturm diente, sowie die Torre Abbacurrente.

Im frühen Mittelalter wurde Porto Torres Hauptstadt des nördlichsten der vier sardischen Judikate. Ab dem 12. Jahrhundert verlor die Stadt aber zunehmend an Bedeutung. Aufgrund der sich häufenden Überfälle sarazenischer Piraten zogen sich die Einwohner ins Hinterland zurück und gründeten die Stadt Sassari. Porto Torres wurde seinem Schicksal überlassen – wie so manch andere Küstenstadt Sardiniens in jener Zeit.

Sardiniens größte pisanisch-romanische Kirche

Die Basilika San Gavino in Porto Torres ist Sardiniens größter romanischer Kirchenbau in frühtoskanischer Weiterentwicklung. Santu Bainzu 'e portu nennen die Sarden die Basilika am Hafen, die dem Märtyrer Gavinus, einem der Nationalheiligen der Insel, geweiht ist. Das beeindruckende Bauwerk wurde ab 1065 von pisanischen Baumeistern auf den Überresten einer römischen Nekropole und eines byzantinischen Vorgängerbaus errichtet. Im

Geheimtipp

MONTE D'ACCODDI

Etwas außerhalb von Porto Torres, an der Straße nach Sassari, liegt die archäologische Fundstätte Monte d'Accoddi. Über 6000 Jahre, auf die spätjungsteinzeitliche Ozieri-Kultur, reichen die Besiedlungsspuren in der Gegend zurück. Die Herkunft des Namens ist nicht geklärt, könnte jedoch auf den sardischen Ausdruck *Monte de Code*, Berg aus Stein, zurückzuführen sein. Die gesamte Anlage ist nämlich wie ein megalithisches Bauwerk angelegt: eine zweiphasig errichtete, pyramidenförmige Struktur von 36 x 29 Meter aus großen, kaum bearbeiteten Steinen, mit einer neun Meter breiten und 41,8 Meter langen Rampe, die auf die obere Plattform führt. Für den Mittelmeerraum ist eine solche Anlage einzigartig, sie ähnelt mesopotamischen Tempeln aus dem 3. Jahrtausend v. Chr. Der Komplex ist in mehreren Bauabschnitten entstanden, wurde mehrfach verlassen, aber immer wieder genutzt.

Oben: Romanische Säulen-
reste vor der Basilika lockern
die Piazza auf.
Mitte: Detail am Eingangstor
zur Basilika San Gavino
Unten: Die Basilika ist dem Märtyrer Gavinus, einem der Nationalheiligen der Insel, geweiht.

12. Jahrhundert wurde die Basilika in ihrer heutigen Größe vollendet. Das breite, hohe Mittel-
schiff wird von zahlreichen antiken, teils aus römischer Zeit stammenden Säulen von den schmalen,
niedrigen Seitenschiffen getrennt. Eine doppelte
Apsis, eine im Osten und eine im Westen, prägen
die Eigenart der Kirche und geben ihr eine ganz
besondere Atmosphäre, die einen der Historie
gewahr werden lässt. Mehrere römische Sarko-
phage stehen in der Krypta der Basilika.

Das Leben und Martyrium von Gavino sowie jenes
der zwei lokalen Heiligen Proto und Genuario sind
Gegenstand des ältesten erhaltenen literarischen
Textes in sardischer Sprache aus dem 15. Jahrhundert: *Sa vitta et sa morte, et passione de sanctu
Gavinu, Prothu et Januariu* (»Über Leben und Tod
sowie die Passion der Heiligen ...«). Alljährlich
wird im Mai der drei Märtyrer mit dem wichtigsten Fest der Stadt, der Festha Manna, gedacht.

Im Mittelpunkt steht der Hafen

Für die Wirtschaft der Stadt hat der Hafen von
Porto Torres eine zentrale Bedeutung. Nach Olbia
und Cagliari ist dies der wichtigste Handels- und
Verkehrshafen Sardiniens. Hier wird Erdöl, Kohle
und Gas angeliefert. Ein reger Fährverkehr verbindet Porto Torres täglich mit Genua und Marseille,
Toulon und Ajaccio. Saisonale Verbindungen gibt
es mit Propriano auf Korsika sowie mit Civitavecchia und Barcelona. Über einen kleinen Bahnhof
ist der Hafen von Torres an das Netz der italienischen Staatsbahnen angebunden.

Hausstrand der Einwohner von Porto Torres ist
die Spiaggia Scoglio Lungo in unmittelbarer Nähe
am Lungomare der Stadt. Eine geschützte Lage,
grobkörniger Sand und steiniger Untergrund machen den Strand zu einem beliebten Treffpunkt.

Infos und Adressen

SEHENSWÜRDIGKEITEN

Antiquarium Turritano. Di–So 9–20 Uhr, Palazzo Re Barbaro, Via Ponte Romano 99, Tel. 079 51 44 33, www.ibiscoop.com

Tempio Altare di Monte d'Accoddi. Nov.–Feb. 10–14 Uhr, März–Mai und Sept., Okt. 10–18 Uhr, Juni–Aug. 10–20 Uhr, So geschl., SS 131 nach Sassari, Tel. 33 48 07 44 49, www.museosannsassari.it

Basilica di San Gavino. Tgl. 8–12 und 15.30–19 Uhr, Via Atrio Metropoli Turritana, Tel. 079 51 51 84

ESSEN UND TRINKEN

Ristorante Li Lioni. Rustikales Ambiente mit klassisch sardischer Küche – für von Allergien geplagte Gäste gibt es auch glutenfreie Menüs. Località Li Lioni, SS 131, km 224,4, Tel. 079 50 22 86, www.lilioni.it

Bar Pasticceria Acciaro. Historisches Lokal am Corso: köstliches hausgemachtes Eis und verführerische Süßwaren. Corso Vittorio Emanuele 38, Tel. 079 51 46 05, www.baracciaro.it

ÜBERNACHTEN

Hotel Libyssonis. Elegante Hotelanlage mit Hallenschwimmbad und gutem Restaurant. Località Serra dei Pozzi, Via del Lentischio 1, Porto Torres, Tel. 079 50 16 13, www.hotellibyssonis.it

Hotel Club del Golfo. Strandhotel mit großer Gartenanlage, ideal für Familien. Platamona, Sorso, Tel. 079 31 00 81, www.hotelclubdelgolfo.com

EINKAUFEN

Mercato di Campagna Amica. Immer am Dienstagvormittag: echte Naturprodukte und Handwerksarbeiten, direkt von den Produzenten. Largo Sabelli, www.campagnaamica.it

La Volpe e il Vino. Enoteca mit großer Auswahl an sardischen Weinen sowie Spezialitätengeschäft. Via Benedetto Croce 2, Tel. 33 12 49 30 83

AKTIVITÄTEN

Asinara 4x4. Ausflugsfahrten und Exkursionen mit Schiff und Jeep auf die Isola dell'Asinara. Es sind auch geführte Touren und Wanderungen im Parco Nazionale dell'Asinara im Angebot. Via Monti 19, Tel. 079 50 21 77, www.asinara4x4.com

INFORMATION

www.comune.porto-torres.ss.it

Frisch vom Produzenten: Gemüse und Obst auf dem Mercato di Campagna Amica

41 Sassari
Die erste freie Stadt Sardiniens

Sassari ist mit seinen 130 000 Einwohnern die zweitgrößte Stadt Sardiniens – von ihrer flächenmäßigen Ausdehnung her nach Rom und Ravenna sogar die drittgrößte Italiens. Das von den Sarden »Tàttari« genannte Zentrum im Norden der Insel präsentiert sich als moderne und pulsierende Handelsmetropole mit einer intakten, lebhaften Altstadt und zwei großen Volksfesten, an denen sich ganz Sardinien beteiligt.

Sassari liegt auf einer weiten Kalk-Hochebene, die zum Golfo dell'Asinara hin leicht abfällt. Nordwestlich der Stadt breitet sich die Nurra-Ebene aus, südöstlich ein hügeliges Hinterland. Gegründet wurde Sassari im Mittelalter von den Einwohnern des römischen *Turris Libisonis*, dem heutigen Porto Torres. Diese mussten vor den zunehmenden Übergriffen sarazenischer Piraten aus ihrer Hafenstadt fliehen. 1131 wurde der Name Sassari erstmals in einer Urkunde schriftlich erwähnt. 1294 wurde Sassari zur ersten freien Stadt Sardiniens, mit einer eigenen Verfassung, den *Statuti Sassaresi*. Bis ins Jahr 1771 regelten diese die Geschicke der Stadt.

Città murata, die Stadt innerhalb der Mauern

Die ab dem 12. Jahrhundert errichteten Altstadtviertel von Sassari sind noch fast vollständig erhalten, auch wenn der Zahn der Zeit etwas an den Fassaden nagt. Die alten Gassen und engen Straßen der Altstadt zeugen von einer reichen

Die alten Gassen und engen Straßen der Altstadt sind voller Erinnerungen an eine reiche Geschichte: katalanisch und arabisch geprägt.

Rundgang Sassari

Ⓐ Ausgangspunkt für den Rundgang ist der **Bahnhof** von Sassari. – Ⓑ Das mittelalterliche Viertel der Stadt, die **Città murata** innerhalb der Mauern, lädt zur Entdeckungsreise ein. Die **Stadtmauer** ist noch an einigen Stellen zu sehen, ebenso die Überreste der ehemals fünf **Stadttore** Porta Sant'Antonio, Porta Rosello, Porta Castello, Porta Utzeri und Porta Nuova. – Ⓒ Die kleine Kirche **San Giacomo** im Schatten des Doms wurde zwischen 1438 und 1441 erbaut. – Ⓓ Der **Dom San Nicola** aus dem 13. Jahrhundert beeindruckt mit seiner imposanten Barockfassade. Im Innern herrschen einfache gotische Linien vor. – Ⓔ **Palazzo Ducale**, der Herzogspalast, ist heute Sitz des Rathauses. – Ⓕ Das Hauptgebäude der **Universität Sassari,** das Collegio Gesuitico, beherbergt die älteste Universität Sardiniens. –

Ⓖ An der **Piazza Castello** kann man die Überreste der Burg von Sassari sowie das **Museo storico della »Brigata Sassari«** besichtigen. Ⓗ Die von prächtigen neoklassizistischen Palästen umgebene **Piazza d'Italia** ist der Hauptplatz von Sassari. – Ⓘ Der **Corso Vittorio Emanuele II** durchquert die Altstadt und ist mit seinen Palazzi die beliebte Einkaufs- und Flaniermeile der Stadt: Am Corso liegen etwa das Teatro Civico, die Barockpaläste Santa Elia, Moros y Molinos und Deliperi e Attigui. – Ⓙ Die **Fontana di Rosello,** der Rosello-Brunnen an der Piazza Mercato, wurde im 17. Jahrhundert errichtet. – Ⓚ Die Kirche **Sant'Antonio Abate** beherbergt einen der schönsten geschnitzten Holzaltäre der Stadt. An der gegenüberliegenden Seite der Piazza Sant'Antonio stehen die Überreste eines der mittelalterlichen Stadttore.

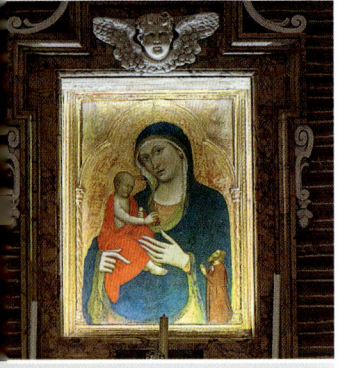

Geschichte: katalanisch und arabisch geprägte Ecken, Barock, Neoklassizismus und Liberty wechseln sich in den mittelalterlichen Vierteln ab. Da gibt es noch die einst typischen, von Handwerksgilden besetzten Straßenzüge, dazwischen kleine Plätze und beschauliche Ecken. Die Altstadt von Sassari, die *Città murata*, die Stadt innerhalb der Mauern, wie sie genannt wird, ist architektonisch klar von der Neustadt abgegrenzt.

Der Corso Vittorio Emanuele II zieht sich als belebte Einkaufsstraße und Flaniermeile durch das Zentrum. Herrliche Palazzi und Bürgerhäuser aus den verschiedenen Stilepochen säumen den eleganten Corso, der auf die Piazza Castello und die Piazza d'Italia, den 1872 neu gestalteten und repräsentativen Hauptplatz von Cagliari, mündet. Der genau 100 x 100 Meter große Platz, in dessen Mitte ein Denkmal von König Vittorio Emanuele II. steht, ist der beliebteste Treffpunkt der Einwohner von Sassari. Der Palazzo della Provincia, der Palast der Provinz direkt an der Piazza d'Italia, wurde 1880 vollendet. Der Palazzo Giordano Apostoli aus dem Jahr 1878 ist heute Sitz der Banca di Credito Sardo. Die Via Roma führt in die südlichen, neueren Teile der Stadt.

San Nicola und der Palazzo Ducale

Der Dom von San Nicola beherrscht mit seiner überbordenden Barockfassade die Altstadt. Die Kirche geht auf eine romanische Basilika aus dem 13. Jahrhundert zurück, wurde jedoch mehrfach umgebaut. Ihre letzte Prägung erhielt das Gotteshaus um 1700 mit der reich verzierten Fassade aus schnörkeligem, spanisch geprägtem Kolonialbarock. Das Innere strahlt noch den einstmals gotischen Charakter aus und beherbergt zahlreiche Kunstwerke, darunter eine Madonna del Bosco

Oben: Straßenszene in der Altstadt von Sassari
Mitte: Katzen gehören zum Straßenbild.
Unten: Im Dom von San Nicola: Madonna del Bosco aus dem 13. Jahrhundert

Wappen der Brigata Sassari

aus dem 13. Jahrhundert. Im Museo del Tesoro befindet sich die Sammlung des Domschatzes. In unmittelbarer Nähe zum Dom steht der Palazzo Ducale, der Herzogspalast. Er wurde zwischen dem Ende des 17. Jahrhunderts von Don Antonio Manca, dem Marquis von Mores und Herzog von Asinara, nach den Plänen des Architekten Carlo Valino gebaut. Seit über einem Jahrhundert ist der Palazzo Sitz des Rathauses. Sassari ist Sitz der ältesten, 1617 gegründeten sardischen Universität. Die ursprünglich von Jesuiten geführte Universität war einst vor allem für ihre juristische Fakultät berühmt.

Cavalcata Sarda und Festa dei Candelieri

Über die Grenzen Sardiniens hinaus bekannt ist Sassari für seine zwei großen Volksfeste. Am vorletzten Sonntag im Mai findet die berühmte Cavalcata Sarda statt, das größte und wichtigste Fest der Stadt und eines der größten Feste auf Sardinien. Im Jahr 1899 kam der italienische König Umberto I. mit seiner Gemahlin Margherita auf Besuch nach Sassari. Ihm zu Ehren organisierte die Stadt einen historischen Umzug mit den traditionellen Trachten – mit 3000 Teilnehmern und über

Nicht verpassen

BRIGATA SASSARI & MUSEO SASSARI ARTE

Seit 1915 trägt eine Brigade der Panzergrenadiere des italienischen Heeres den Namen der Stadt: die Brigata Sassari. In jüngerer Zeit wurde die Einheit im Irakkrieg und bei den internationalen Truppen in Afghanistan eingesetzt. Das Museo storico della Brigata Sassari dokumentiert die spannende Geschichte dieser Eliteeinheit.
Mo–Fr 8–16.30 Uhr, Sa 8–13 Uhr, freier Eintritt, Piazza Castello 18, Sassari, Tel. 07 92 08 53 08, www.assonazbrigatasassari.it

Einen Besuch wert ist das 2008 eröffnete Kunstmuseum MUS'A – Museo Sassari Arte. Mo–Fr 9–13.30 Uhr, Via Santa Caterina 4, Sassari, Tel. 079 23 15 60, www.pinacotecamusa.it

Der Nordwesten

600 Pferden. 1951 knüpften die Tourismus-Verantwortlichen in Sassari an dieses historische Ereignis an und organisierten die erste neue Cavalcata Sarda. Seither eröffnet dieses farbenfrohe historische Volksfest alljährlich die Tourismussaison auf Sardinien. Der Umzug startet am Corso Margherita di Savoia und führt durch die Straßen der Stadt: ein einmaliges Schauspiel an Farben, Folklore, Musik und sardischem Brauchtum.

Am 14. August wird in Sassari die religiöse Festa dei Candelieri gefeiert. Das Fest geht auf das 13. Jahrhundert zurück: auf ein Gelübde der Einwohner, die von der Pest heimgesucht wurden. Die riesigen, bis zu 300 Kilogramm schweren Holzkerzen werden unterm Jahr in der Kirche Santa Maria di Betlem in der Nähe des Bahnhofes, einem der ältesten Gotteshäuser der Stadt, aufbewahrt. Die neun kerzenförmigen, mit bunten Bändern geschmückten Holzsäulen, stellen die Zünfte dar und werden in einer feierlichen Prozession unter lebhafter Anteilnahme der Stadtbevölkerung durch die Altstadt getragen – durch eine tanzende, feiernde Menschenmenge, die dabei ihre Festha manna, ihr »großes Fest«, feiert.

GUT ZU WISSEN

DIE STRÄNDE VON SASSARI

Nach Sassari kommt wohl kaum jemand wegen des Strandlebens. Die Stadt mit ihrem Hinterland hat genügend andere Dinge zu bieten. Wer trotzdem nicht auf das Meer verzichten will, dem bieten sich die kilometerlangen Sandstrände zwischen Porto Torres und Castelsardo an. Die bekanntesten Strände sind Balai, Platamona, Marina di Sorso und Lu Bagnu. Wer es etwas wilder und weniger überlaufen mag, der kann die Strände im Westen der Insel besuchen, etwa jene bei Argentiera und Porto Ferro.

Oben: Farbenfroh und jugendlich frisch ist das Leben im Stadtzentrum.
Unten: Und es ist auch Platz für Oldtimer: ein alter Fiat 500.

Infos und Adressen

SEHENSWÜRDIGKEITEN

Museo Nazionale Archeologico-Etnografico Giovanni Antonio Sanna. Di–So 9–20 Uhr, Via Roma 64, Tel. 079 27 22 03, www.museosannasassari.beniculturali.it

Thematische Rundgänge durch die Altstadt von Sassari. Zu sieben themenbezogenen Rundgängen durch die Città medioevale lädt die Stadt Sassari auf www.comune.sassari.it

ESSEN UND TRINKEN

Trattoria La Vela Latina. Preiswerte Trattoria mitten in der Altstadt. Largo Sisini 3, Tel. 079 23 37 37, www.lavelalatina.com

Ristorante Liberty. Gepflegtes Ambiente in antikem Liberty-Palazzo, Fischküche und große Weinauswahl. Piazza N. Sauro 3, Tel. 079 23 26 81, www.ristoranteliberty.com

Ristorante Sassu. Lokal mit Tradition im Herzen der Altstadt. Spezialität: Fainé – ein klassisches Gericht aus Sassari mit Genueser Wurzeln (Kichererbsen, Zwiebel, Wurst und Pilze). Via Usai 17, Tel. 079 23 64 02

ÜBERNACHTEN

Hotel Vittorio Emanuele. Klassisches Stadthotel im Zentrum. Corso Vittorio Emanuele 100–102, Tel. 079 23 55 38, www.hotelvesassari.it

B & B Capodisopra. Kleines, einladendes Bed & Breakfast im Zentrum von Sassari. Corso Vittorio Emanuele 24, Tel. 07 92 02 80 95, www.capodisopra.com

EINKAUFEN

Padiglione dell'Artigianato »Eugenio Tavolara«. Sardisches Kunsthandwerk in seiner ganzen Bandbreite. Stadtpark, Viale Mancini, www.sardegnacultura.it

Alberti dal 1925. Historischer Delikatessenladen mit typisch sardischen Produkten. Via Roma 23, Tel. 079 23 66 59

Bagella. Traditionelle sardische Bekleidung auf Maß sowie Schuhe. Corso Vittorio Emanuele 20, Tel. 079 23 50 33, www.bagella.it

AKTIVITÄTEN

Sassari Golf Club. Ippodromo Pinna, Via Rockfeller 59, Tel. 34 89 25 47 80, www.sassarigolf.it

INFORMATION

www.prolocosassari.it
www.comune.sassari.it

In Sassari kann man leben und genießen.

Strandleben in Lu Bagnu zu
Füßen von Castelsardo

42 Castelsardo
Die Bergfestung am Meer

Es ist beeindruckend und wohl einmalig, wie der kleine malerische Küstenort Castelsardo hoch oben auf der aus dem Meer aufragenden Felsenformation thront – mit der mittelalterlichen Burganlage der genuesischen Doria als Krönung und absolutem Höhepunkt obendrauf. Egal ob untertags, bei Sonnenuntergang oder nachts – Castelsardo besticht mit seiner einzigartigen geografischen Lage und seinem einmaligen Charme.

Aus dem ursprünglichen Castel Genovese wurde im Laufe der Geschichte ein Castel Aragonese und schließlich das heutige Castelsardo – der Name der bezaubernden Ortschaft an der sardischen Nordküste hat sich mehrmals geändert. Der Ort selbst aber hat seit einem knappen Jahrtausend seinen Charakter und seine Atmosphäre bewahrt – dank seiner geografischen Lage auf dem aufragenden Trachytfelsen, ein natürlicher Schutz, der die Stadt im Laufe der Jahrhunderte vor Zerstörung und Angriffen bewahrt hat.

Die Besiedlungsspuren gehen auch hier bis in die Zeit des Neolithikums zurück. Mehrere *Domus de Janas* und Nuraghen in der näheren Umgebung der Stadt sind Zeugen der hochstehenden nuraghischen Kultur. Es folgten Phönizier, Karthager und Römer, wie überall hier auf der Insel. Entscheidend geprägt wurde der Küstenort aber erst ab dem 11. Jahrhundert. 1102 gründete die genuesische Familie der Doria im Verlauf ihrer kriegerischen Auseinandersetzungen mit der konkurrierenden Seemacht Pisa die Festung Castel Genovese auf dem Felsenhügel am Golfo dell'Asinara. Die

Auf Entdeckungsreise in Castelsardo

A Wer sich von Porto Torres her Castelsardo nähert, dem tut sich plötzlich ein einmaliges Panorama auf: die atemberaubende **Klippe von Castelsardo** mit ihrem schmucken Touristenhafen. Hier ragt der 13 Meter hohe **Turm von Frigiano** empor, ein vorgeschobener Verteidigungsposten der Stadt.

B Vom **Hafen** geht es durch die untere Stadt, vorbei an Geschäften und Restaurants mit einladenden Panoramaterrassen, und durch die **Porta a mare** hinauf in die mittelalterliche, pittoreske **Altstadt** mit ihren steilen Gassen.

C Die **Cattedrale di Sant'Antonio Abate** mit ihrem Kacheldach hat einen romanischen Ursprung und wurde im 16. Jahrhundert zum Bischofssitz.

D Der **Campanile** oberhalb der Kathedrale mit seiner Majolika-Kuppel stammt aus dem 13. Jh.

E Der **Ex-Bischofssitz** in der Via Marconi beherbergt das **Museo dell'Inquisizione Spagnola**.

F Die mittelalterliche Kirche von **Santa Maria delle Grazie** beherbergt das wunderbringende Kruzifix des Lu Cristu Nieddu, des Cristo nero oder schwarzen Christus, aus dem 14. Jahrhundert. Von der Kirche aus startet alljährlich die traditionsreiche Prozession **Lunissanti**.

G Hoch über Castelsardo thront das **Castello dei Doria** – mit dem **Museo dell'Intreccio Mediterraneo**, dem Museum für mediterrane Flechtkunst.

H Die **Piazza del Popolo** ist äußerst beliebter Treffpunkt.

I Der **Palazzo di Nicolò Doria** mit dem Wappen der Doria.

J Der **Palazzo Comunale**, das alte Rathaus mit seiner Loggia aus dem 13. Jahrhundert, war einst das Hauptquartier des Magistrats.

K Über Treppen und Gassen gelangt man zur **Chiesetta del Purgatorio**, der Kapelle des Fegefeuers, und wieder zurück zur Kathedrale.

ROCCIA DELL'-ELEFANTE – DER ELEFANTENFELS

Nicht verpassen

Ein großer Trachytblock am Rande der Strada Statale 134 von Anglona, etwas außerhalb von Castelsardo, erregt Aufsehen: die Roccia dell'Elefante – der Elefantenfels. Der Felsbrocken löste sich einst vom Felskomplex des Monte Casteddazzu, blieb hier an der Straße liegen, und nahm aufgrund von Erosionserscheinungen im Laufe der Jahrhunderte die Form eines Elefanten an, dessen Rüssel zur Straße hin baumelt. Der Fels ist auch unter dem Namen Sa Pedra Pertunta bekannt, also »durchlöcherter Fels«. Im Neolithikum wurden zwei rudimentäre *Domus de Janas* in den Fels geschlagen, die einfache Reliefzeichnungen aus dem Tier- und Pflanzenreich aufweisen, darunter Rinderhörner und Stierdarstellungen. Im Gebiet von Castelsardo und im gesamten Gebiet von Anglona befinden sich weitere *Domus de Janas* sowie mehrere Nuraghen. Die wichtigsten sind die Nuraghen Paddaggiu und Li Colti.

Dorias befestigten den Ort mit stattlichen Wehrmauern und gaben der Stadt eigene Statuten und eine eigene Verwaltung.

Aus Castel Genovese wird Castel Aragonese

1448 eroberten die Aragoneser die Stadt für die spanische Krone und tauften sie sogleich auf Castel Aragonese um. Die Befestigungsanlagen wurden ausgebaut, der Bischofssitz im Jahr 1502 von Tempio-Ampurias nach Castel Aragonese verlegt. Der Bischofssitz in der Via Vittorio Emanuele wurde zum Mittelpunkt des religiösen Lebens in der neuen Diözese. Der Palast hat in seinen Grundzügen all die Jahrhunderte überdauert und kann in seiner ursprünglichen Form besichtigt werden – inklusive der originalen Einrichtungsgegenstände und einer wertvollen Bibliothek.

Zwischen 1597 und 1606 wurde die bereits bestehende romanische Kirche Sant'Antonio Abate zur Bischofskathedrale umgebaut. Romanik, Gotik und Barock prägen das Innere des Gotteshauses mit einem Hauptschiff mit Tonnengewölbe und mehreren Seitenkapellen. Kanzel und Seitenaltäre aus dem 17. und 18. Jahrhundert sind aus Holz geschnitzt und reich mit Gold verziert. Berühmt sind vor allem die Werke des Maestro di Castelsardo, eines unbekannten Meisters aus dem 15./16. Jahrhundert, dessen Kunstwerke auch auf Korsika (Santa Lucia in Tallano) und in Barcelona (Museu d'Art de Catalunya) zu bewundern sind. In der Kathedrale von Castelsardo steht auf dem Hauptaltar noch ein Teil eines Altaraufsatzes mit einer Madonna mit Kind und musizierenden Engeln. Im kleinen Museo Diocesano in der romanischen Krypta der Kirche befinden sich zwei weitere Altarbilder des Künstlers. Der Campanile oberhalb der Kathedrale mit seiner bunten Majolika-Kuppel stammt aus dem 13. Jahrhundert und wurde erst später zum Glockenturm umgewandelt. Nicht zu vergessen sind die einmalige Lage und der einzigartige Blick von der Terrasse vor der Kathedrale auf den Golfo dell'Asinara und die Halbinsel von Stintino. Bei guter Sicht sieht man von hier aus bis zur Küste von Korsika.

Flechtkunst in der »sardischen Burg«

Nach der Machtübernahme der Savoyer taufte Carlo Emanuele III. im Jahr 1769 die Stadt endgültig in das heutige Castelsardo, die »sardische Burg«, um. Die von den Doria im 12. Jahrhundert auf der Spitze des Felsenkaps errichtete Burg, das Castello dei Dori, thront majestätisch über Castel-

Oben: Von hoch oben grüßt die romanische Kirche Sant'Antonio Abate.
Unten: Detail aus dem Museum für mediterrane Flechtkunst im Castello dei Dori

ARAGOSTA ALLA CASTELLANESE

Zu den bekannten gastronomischen Spezialitäten von Castelsardo gehören zahlreiche Fischgerichte und Krustentiere: etwa die berühmte Fischsuppe *Zuppa di pesce alla castellanese*, der Seebarsch in Vernaccia-Soße, gegrillte Tintenfische, Hummer und vor allem die *Aragosta alla castellanese*, die zu einer der köstlichsten im Mittelmeerraum gehört.

Für die Langusten *alla castellanese* werden Knoblauch, Zwiebeln und Petersilie leicht in Olivenöl angebraten. Tomatensoße, Zitronensaft und Peperoncino je nach Geschmack werden dazugegeben und anschließend mit den Langusteneiern und den dunklen Anteilen aus dem Kopf der Langusten vermengt. Die Langusten werden in leicht gesalzenem Wasser circa 15 Minuten lang gekocht und dann mit der vorbereiteten Soße serviert. Dazu passt ein frisch-fruchtiger Vermentino aus der Gegend. Ein wahrer Genuss, der dennoch einfach zuzubereiten ist.

Einfach gut!

sardo. Ein Spaziergang über die einstigen Schutzmauern und Laufgräben der Wachen in schwindelerregender Höhe wird zum spannenden Erlebnis.

Die Burg beherbergt heute das Museo dell'Intreccio Mediterraneo, das »Museum für mediterrane Flechtkunst« – eines der interessantesten und meistbesuchten Museen Sardiniens. Präsentiert wird hier die uralte Tradition der Flechtkunst in all ihren Variationen: vom alltäglichen Gebrauchsgegenstand bis hin zu kunstvollen Arrangements, die zu den bekanntesten Stücken des sardischen Kunsthandwerks zählen. Die Korbflechtkunst haben einst die Ordensbrüder des heiligen Antonius nach Castelsardo gebracht. Aus heimischen Pflanzen und lokalen Materialien – etwa aus den Zweigen der Zwergpalme, aus Binsen, Seegras und Strohhalmen oder aus Oliven- und Myrtensowie Weidenzweigen – werden nach vorgegebenen Mustern die einzelnen Gegenstände vorwiegend in Spiral- oder Kreuzform geflochten. Im Museum wird sowohl den Flecht-Ausgangsmaterialien als auch den Verarbeitungstechniken breiter Raum eingeräumt.

Festa di Lunissanti

Sein wichtigstes volkstümlich-religiöses Fest feiert Castelsardo in der Karwoche, genauer gesagt: am Montag der *Settimana santa*. Die berühmte Prozession beginnt am frühen Morgen in der Chiesa Santa Maria delle Grazie. Die in weiße Gewänder und Kapuzen gehüllten *Apostuli* und *Cantori* der Gebetsbruderschaft Confraternita di Santa Croce tragen, begleitet von antiken, rhythmischen Chorgesängen, die *Misteri*, die Werkzeuge der Passion Christi, durch die Altstadt bis zur Chiesa Santa Maria di Tergu und schließlich am Abend von der Kathedrale wieder zurück nach Santa Maria.

Infos und Adressen

Weinverkostung auf dem Gut Tenute Dettori

SEHENSWÜRDIGKEITEN

Museo dell'Intreccio Mediterraneo – Museum für mediterrane Flechtkunst. Im Sommer tgl., im Juli und Aug. durchgehend 9–24 Uhr, Castello dei Doria, Via Marconi, Tel. 079 47 13 80

Museo Ampuriense-Diocesano, Sant'Antonio Abate. Diözesanmuseum in der Krypta der Kathedrale und im Ex-Bischofspalast. April–Sept. 10–13 und 16–20 Uhr, Tel. 07 96 39 30 99, www.museumtempioampurias.it

ESSEN UND TRINKEN

Ristorante Rocca 'Ja. Atemberaubende Panoramaterrasse, gute Fischküche und Pizza. Via Sedini, Tel. 079 47 01 64, www.ristoranteroccaja.com

Ristorante Da Ugo. Frische Köstlichkeiten aus dem Meer, direkt am Strand von Lu Bagnu. Corso Italia 7c, Tel. 07 89 47 41 24, www.ristorantedaugo.eu

Ristorante La Guardiola. Klassische sardische Küche im historischen Zentrum mit Porceddu und viel Fisch. Piazza Bastione 4, Tel. 079 47 07 55, www.ristorantelaguardiola.it

ÜBERNACHTEN

B & B Casa d'Oria. Freundliches B & B mitten in der Altstadt. Via Garibaldi 10, Tel. 34 93 55 78 82, www.casadoria.it

Hotel Riviera. Herrliche Lage, Wellness-Center und ausgezeichnetes Restaurant. Lungomare Anglona, Tel. 079 47 01 43, www.hotelriviera.net

EINKAUFEN

Il Padiglione dell'Artigianato. Großes Angebot an Kunsthandwerk mit Flecht- und Webarbeiten, Keramik. Via Sedini, Tel. 079 47 03 66, www.sardartis.it/padiglione-dell-artigianato-a-castelsardi.php

Tenute Dettori. Eines der besten Weingüter der Gegend mit Cannonau, Vermentino, Monica und Pascale. Netter Agriturismo. Località Badde Nigolosu, Sennori, Tel. 079 51 27 72, www.tenutedettori.it

AKTIVITÄTEN

World Music Festival. Vielseitiges Konzertangebot im historischen Ambiente des Castello dei Doria in den Monaten Juli und August. Tel. 079 23 61 21, www.teatroemusica.it

INFORMATION

www.castelsardoturismo.it

Alte Cannonau-Rebstöcke vor dem Austrieb

43 Santissima Trinità di Saccargia
Die schönste Landkirche Sardiniens

Ein einmaliges Bild: Direkt an der Schnellstraße SS 597 nach Olbia, wenige Kilometer südlich von Sassari, liegt die ehemalige Abteikirche Santissima Trinità di Saccargia – ein Juwel unter den Landkirchen Sardiniens. Die schwarz-weiß gestreifte Außenfassade erinnert etwas an den Dom von Siena. Allerdings: Hier grasen Schafe und Pferde auf den menschenleeren Weiden rund um das Gotteshaus.

Schon von weitem leuchten die roten Dächer der Kirche im Tal zwischen den zwei Ortschaften Codrongianus und Ploaghe den Reisenden entgegen. Das ehemalige Kloster des Benediktinerordens der Kamaldulenser ist heute zwar völlig zerstört, die Kirche Santissima Trinità di Saccargia strahlt dafür wie einst als bedeutendstes Beispiel für romanisch-pisanische Architektur des 12. Jahrhunderts auf Sardinien. Die Kirche wurde im Auftrag des Richters Constantinus von Porto Torres nach toskanisch-lombardischem Vorbild zwischen 1112 und 1116 von pisanischen Baumeistern errichtet. Gegen Ende des 12. Jahrhunderts kamen die Vorhalle und der 41 Meter hohe Campanile, der Glockenturm, hinzu.

Von betenden Kühen ...

Natürlich rankt sich auch hier eine bildhafte Legende um die Ursprünge des Gotteshauses: Eine gescheckte Kuh lieferte den Mönchen des Klosters tagtäglich ihre Milch – und kniete sich anschlie-

Eine ganz besondere Ausstrahlung hat die Landkirche Santissima Trinità di Saccargia; sie wirkt eigenartigerweise klein und groß zugleich.

Santissima Trinità di Saccargia

ßend zum Gebet nieder. *S'acca àrgia*, so nennen die Sarden im Dialekt eine gescheckte Kuh, *Baccárgia* einen Kuhstall. Von da war es nicht weit hin zum Namen der Kirche: die »Heiligste Dreifaltigkeit zur gescheckten Kuh«. Noch heute ist die Kirche besonders für ihr Kuhkapitell berühmt. Im linken Teil des vorderen Bogengangs sind mehrere in Stein gemeißelte Kühe abgebildet.

... bis zur Höllenfahrt Christi

Die Fassade von Saccargia ist mit Streifen von weißem Kalkstein und schwarzem Vulkangestein verkleidet. Dies verleiht ihr in der grünbraunen Landschaft eine ganz besondere Ausstrahlung. Die offene Vorhalle zeigt auf den Kapitellen und Stirnbögen neben Pflanzenmotiven Fabelwesen sowie Tierfiguren und Menschenköpfe – ausdrucksstarke romanische Steinmetzarbeiten. Das Innere der Kirche ist schlicht gestaltet, hat die Form eines Tau-Kreuzes mit drei Apsiden und orientiert sich an der byzantinischen Tradition. Einzigartig sind die byzantinisch beeinflussten Fresken aus dem 13. Jahrhundert in der Mittelapsis. Sie zählen zu den wenigen erhaltenen Werken romanischer Freskenmalerei in Italien. Das große Fresko ist in vier horizontale Zonen unterteilt: Ganz oben thront Christus von Engeln umgeben. Darunter befinden sich die zwölf Apostel und die Jungfrau Maria. Ganz unten sind Szenen aus der Passion und der Höllenfahrt Christi dargestellt. Die Höllenfahrt wird in der byzantinischen Tradition häufig anstatt der üblichen Himmelfahrt dargestellt.

Die Richter von Torres siedelten in jener Zeit mehrere Ordensgemeinschaften in der fruchtbaren Hochebene von Logoduoro an, dem »Ort des Goldes« und Kernland des nordwestlichen Sardiniens. Diese trugen ganz wesentlich zur landwirtschaftlichen Entwicklung des Gebietes bei.

Infos und Adressen

SEHENSWÜRDIGKEITEN
Santissima Trinità di Saccargia. Tgl. 9–18 Uhr, Codrongianos, Tel. 079 43 50 19

San Michele di Salvenero. Die Abteikirche San Michele di Salvenero in Ploaghe wurde ebenfalls im Zeitraum von 1110 bis 1130 vom Benediktinerorden der Vallombrosaner erbaut. Sie liegt heute in einem ziemlich verwilderten Gelände und ist leider meist verschlossen. www.comune. ploaghe.ss.it

Santa Maria del Regno. Der romanische »Schwarze Dom« in Ardara wurde im Jahr 1107 geweiht. Seinen Beinamen verdankt er dem dunklen Trachyt-Mauerwerk, den Namen »del Regno« seiner Funktion als Palastkapelle für das Judikat Torres. Hier heiratete Enzio, der Sohn des Staufers Friedrich II., im Jahr 1238 Adelasia, die Erbin der Judikate Torres und Gallura. www.comune. ardara.ss.it

ESSEN UND TRINKEN
Ristorante Saccargia. Großes Restaurant mit typisch sardischer Küche. Via Saccargia, Codrongianos, Tel. 079 43 40 13, www.ristorantesaccargia.com

ÜBERNACHTEN
Hotel Funtanarena. Kleines Hotel in einem ehemaligen Herrenhaus. Via S. Istradoneddu 8–10, Codrongianos, Tel. 34 70 32 08 15, www.funtanarena.it

44 Valle dei Nuraghi
Der »Mittelpunkt des Reiches«

Die fruchtbare, von Bergketten geschützte Hochebene südlich von Sassari weist eine Dichte von Nuraghen und Nekropolen auf wie kein anderes Gebiet auf Sardinien. Dass die heutige Valle dei Nuraghi einst der Mittelpunkt des geheimnisumwitterten Nuraghen-Reiches war, ist daher wahrscheinlich. Allein die Nuraghe Santu Antine bei Torralba überragt an Größe alle anderen Nuraghen der Insel.

Immerhin 32 Nuraghen zählt die Valle dei Nuraghi. Die meisten von ihnen sind leider kaum oder nur schwer zu erreichen, viele kaum erforscht und verfallen. Santu Antine bildet eine Ausnahme. Häufig dienten Nuraghen in der Vergangenheit als Steinbrüche für Stallungen und Feldbegrenzungen. Auch die sardischen Schäfer ließen sich beim Bau ihrer Schäferhütten von den 3000 Jahre alten Bauten inspirieren: Ihre runden Hütten aus Steinplatten, die *Pinnettas*, gleichen den einfachen Bronzezeitbehausungen.

Die Nuraghen haben sich bereits vor mehreren Tausend Jahren in der Gegend niedergelassen. Das Tal der Nuraghen ist ein knapp 40 Quadratkilometer großes, rundes Becken und liegt auf einer wasserreichen Hochebene, 350 Meter über dem Meer.

»Valle dei Nuraghi« ist eine Erfindung aus jüngerer Zeit: Touristiker versprechen sich durch den neuen Namen mehr Gäste für die Region. Die Einheimischen bleiben nach wie vor bei den geschichtlich gewachsenen Bezeichnungen für die Gegend: Campo Giavesu, Campu di Cabbu Abbas und Campo di Santa Lucia. Das Wort *Campo* für

Mitte: Geschichtsträchtig und geheimnisvoll: Nuraghen – auf Schritt und Tritt
Unten: Die Reste eines nuraghischen Dorfs mit typischen Rundhütten

Eine wahre Meisterleistung: Die grob behauenen riesigen Basaltblöcke sind präzise aufeinandergeschichtet.

Feld und fruchtbare Ebene spielt immer eine zentrale Rolle. *Cabbu Abbas* steht zudem für »Ursprung der Wasser«. Das gesamte Gebiet liegt im Meilogu: Der Begriff stammt von *Mesu-locu* ab, dem »Mittelpunkt des Reiches«.

Heute teilt die Schnellstraße SS 131 von Sassari nach Cagliari die Hochebene mit den Dörfern Bonorva, Borutta, Cheremule, Giave, Thiesi Torralba, sowie Cossoine und Rebeccu. Dass das Hochland einst ein Zentrum der sardischen Hochkultur war, ist kaum mehr zu bemerken. Wären da nicht an die 30 Nuraghen und ein gutes Dutzend Nekropolen auf engstem Raum verstreut: mächtige steinerne Zeugen einer weitgehend im Dunkeln liegenden Vergangenheit.

Infos und Adressen

SEHENSWÜRDIGKEITEN
Nuraghe Santu Antine.
Tgl. 9–20 Uhr, Località Valle dei Nuraghi, Torralba, Tel. 079 84 74 81, www.nuraghesantuantine.it

Museo della Valle dei Nuraghi del Logudoro-Meilogu. Die ethnografische Abteilung beherbergt Sonderausstellungen, die archäologische ist den Regionen Logudoro und Meilogu gewidmet, vorwiegend der Nuraghen-Anlage Santu Antine. Via Carlo Felice 143, Torralba, Tel. 079 84 72 98, www.nuraghesantuantine.it

Necropoli Sant'Andria Priu.
In den Sommermonaten tgl. 9–19.30 Uhr. Taschenlampe nicht vergessen! Cooperativa Costaval, Località Sant'Andrea Priu, Bonorva, Tel. 079 86 79 88, www.costaval.it

ESSEN UND TRINKEN
Ristorante Su Lumarzu.
Traditionsreiches, familiär geführtes Restaurant mit typisch sardischer Küche. Località Rebeccu, Piazza Regina Elena, Bonorva, Tel. 079 86 79 33, www.ristotantesulumarzu.com

ÜBERNACHTEN
Hotel Il Cavallino Rosso.
Nettes, familiär geführtes Hotel mit Schwimmbad und gutem Restaurant. Via Fratelli Chighine 2, Thiesi, Tel. 079 88 66 43, www.hotelcavallinorosso.com

INFORMATION
www.comune.torralba.ss.it
www.comune.bonorva.ss.it

An die 8000 Nuraghen, 400 Gigantengräber und eine kaum überschaubare Anzahl von Brunnenheiligtümern sind über ganz Sardinien verstreut und Zeugen der großartigen Nuraghenkultur, die bis heute Wissenschaftler vor zahlreiche Rätsel stellt. Die geheimnisvolle Epoche führt uns zurück in die Zeit zwischen der Bronze- und der Eisenzeit, zwischen 1800 und 500 v. Chr.

Das Haus des Königs

Die Umrisse einer der beeindruckendsten Nuraghen-Anlagen Sardiniens, jener von Santu Antine im Zentrum der Ebene von Cabu Abbas, sind schon von Weitem zu sehen. *Sa domu de Su Re* nennen die Sarden die bronzezeitliche Wehranlage: das Haus des Königs. Der imposante Palast liegt einsam zwischen Kornfeldern und Macchia-Gestrüpp. Beim kurzen Fußweg vom Parkplatz zur Anlage taucht man in eine längst vergangene Zeit ein und wird in deren Bann geschlagen. Vor über 3000 Jahren wurde mit dem Bau der klassischen Dreiecksnuraghe begonnen: zunächst mit dem heute noch 17,5 Meter hohen Hauptturm. All-

Eine der beeindruckendsten Nuraghen-Anlagen Sardiniens: die Nuraghe Santu Antine in Torralba

mählich kamen die meterdicken Wehrmauern sowie die drei Ecktürme hinzu.
Rund um die Wehranlage entstand ein
nuraghisches Dorf mit den typischen
Rundhütten. Auffallend ist die sogenannte Sitzungshütte. In ihrem Inneren
befinden sich ein großer Sitz und eine
erhöhte Feuerstelle aus Kalkstein. Durch
den Haupteingang gelangt der Besucher
in den großen Innenhof mit zwei tiefen
Brunnen – direkt vor dem mächtigen
Hauptturm aus dem 16. Jahrhundert
v. Chr. Die Gesamthöhe des Turmes be-
trug ursprünglich einmal 25 Meter. Noch
heute überragt er alle anderen erhaltenen Nuraghen Sardiniens. Die gewal-
tigen Dimensionen der Anlage sind beeindruckend. Wie die grob behauenen
riesigen Basaltblöcke präzise aufeinan-
der geschichtet worden sind, das ist eine
wahre Meisterleistung. Zwei mächtige
Gänge führen zum äußeren Wehrturm.
Über Treppen in der Außenmauer gelangt man zum Obergeschoss mit einer

gut erhaltenen Kragkuppel und von dort
aus ins zweite Obergeschoss. Von der
obersten Plattform überblickt man die
ganze Anlage und die weite Ebene davor.

Die Totenstadt Sant'Andria Priu

Mehr als 1000 jungsteinzeitliche Felsengräber, *Domus de Janas*, verteilen sich
auf ganz Sardinien. Die zwölf Kilometer von Santu Antine entfernt liegende
Nekropole von Sant'Andria Priu zählt
zu den schönsten Anlagen dieser Art.
Sie entstand zur Zeit der Ozieri-Kultur
um 3500–2700 v. Chr. und besteht aus
20 Grabanlagen, die in den Trachytfelsen geschlagen wurden. Mit 18 Kammern und 250 Quadratmetern ist die
Tomba del capo, das Häuptlingsgrab,
die größte prähistorische Grabkammer
Sardiniens. Die frühen Christen haben
das Grab in eine Felsenkirche verwandelt und mit byzantinischen Wandmalereien ausgestaltet. Über der Nekropole
wacht eine aus einem Felsblock gehauene große Figur: ein Stier, dem die ersten
Christen den Kopf abgeschlagen haben.

Nuraghen und Gigantengräber

Auch die Hochebene der Planargia und
von Campeda wird durch eine massive
Präsenz von beeindruckenden Baudenk-
mälern aus der Nuraghenzeit besonders
geprägt. Über 60 Nuraghen zählt man
allein im Großraum von Macomer, von
der einfachen Struktur bis zu komplexen
Arten mit Vormauern und Türmen.

Kultsteine: die Pietras *marmuradas*,
bearbeitete Steinmonolithe in Tamuli

Die Nekropole von Sant'Andria Priu stammt aus der Jungsteinzeit.

In der Nähe von Macomer befindet sich die unterirdische Nekropole von Filigosa, an den Hängen der gleichnamigen Anhöhe. Sie wurde ab Mitte des 3. bis Anfang des 2. Jahrtausends v. Chr. benutzt. Vier beeindruckende Gräber sind zugänglich. Sie wurden allesamt horizontal in den Tuffsteinhügel gegraben, mit jeweils einem langen Korridor, dem Dromos. In der Umgebung trifft man auf mehrere kleine Grotten, die *Domus de Janas*. Auf dem Gipfel der Anhöhe erhebt sich die Nuraghe Ruiu. Die Nekropole hat der Kultur von Filigosa–Abealzu (2400–1855 v. Chr.) den Namen gegeben. Die Periode markiert den Übergang von der Steinzeit ins Metallzeitalter.

Die Nekropole Chirisconis in Suni besteht aus zwölf *Domus de Janas*, die an der nordöstlichen Seite eines basaltischen Hügels ausgegraben wurden. In Sindia befindet sich das Gigantengrab Furrighesu, nur wenige Meter von einem Dolmen entfernt. Beeindruckend sind auch die steinernen Zeugnisse von Boro-re: Das Gigantengrab Imbertighe mit einem langen Hauptgrab mit viereckiger Grabkammer und der über drei Meter hohen Monolithstele, die das Grab verschließt, sowie der Dolmen Muttianu, ein Megalithmonument aus vier Platten, die eine polygonale Kammer umschließen. Sehenswert ist schließlich auch noch die Menhir-Statue von Tamburi im Gemeindegebiet von Montresta.

Südöstlich von Macomer, in der Zona Turistica Parco Sant'Antonio, trifft man auf die archäologische Stätte von Tamuli mit drei Gigantengräbern. Sechs bearbeitete Steinmonolithe von konischer Form, sogenannte Bätyle, sind vor dem größten Grab vertikal im Boden verankert. Der Name stammt vom Hebräischen beth-el, was »Haus Gottes« bedeutet. Östlich von Macomer, nahe dem Ort Silanus, tirfft man auf eine nuraghische Siedlung aus der zweiten Hälfte des 2. Jahrtausends v. Chr., von der eine Nuraghe, zwei Gigantengräber und ein Brunnenheiligtum überlebt haben.

DAS LANDES-INNERE

45 Nuoro
Hochburg der Künstler und Dichter

Das ehemalige Bauern- und Hirtendorf Nuoro im Zentrum der Barbagia hat sich erst in den letzten 100 Jahren zur Stadt entwickelt – mit allen Vor- und Nachteilen. Viel Beton und graue Neustadtviertel prägen das Stadtbild. Einladend ist nur der historisch gewachsene Altstadtkern. Und auf jeden Fall einen Besuch wert sind die vier großen Museen der Stadt mit ihren über Sardiniens Grenzen hinaus berühmten Künstlern.

Nuoro liegt auf einem Granitplateau des Riu-d'Oliana-Tals und bildet den geografischen Mittelpunkt Sardiniens. Erwähnt wurde der Ort erstmals im 12. Jahrhundert. 1779 wurde Nuoro Bischofssitz. 1836 erhielt es die Stadtrechte. 1889 wurde die Gemeinde an das sardische Eisenbahnnetz angeschlossen und ist seitdem Endbahnhof der Schmalspurstrecke Macomer–Nuoro. 1927, während der Zeit des Faschismus, wurde der 4000 Einwohner zählende Ort zur Provinzhauptstadt erhoben, und eine rasante Entwicklung begann. Die faschistische Architektur hat städtebaulich markante Spuren hinterlassen. Nuoro zählt heute an die 38 000 Einwohner und lebt vorwiegend von der Landwirtschaft, vom Weinbau und von der Käseproduktion sowie vom Kulturtourismus.

Vorherige Doppelseite: Man ist stolz auf »seine« Murales
Mitte: Auf Murales (Wandmalereien) trifft man auf Sardinien sehr häufig – hier in Nuoro.
Unten: Leseprobe und Ruhepause im idyllischen Garten von Grazia Deleddas Geburtshaus

Berühmte Namen: Deledda, Ciusa, Satta und Satta

Nuoro hat eine hohe Dichte an Künstlern aufzuweisen. Der Bildhauer Francesco Ciusa (1883–1949) wurde im selben Stadtviertel geboren wie

Nuoro

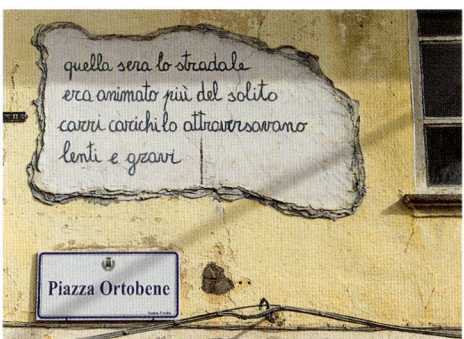

Zitate von Grazia Deledda finden sich überall in der Stadt.

Grazia Deledda, Italiens erste Literatur-Nobelpreisträgerin. Ciusa gewann 1907 mit seiner Skulptur
La Madre dell'Ucciso (»Die Mutter des Getöteten«)
den ersten Preis bei der Kunst-Biennale in Venedig. Der Rechtsanwalt und Dichter Sebastiano
Satta (1867–1914) beschreibt in seinen 1910 erschienenen Gedichten *Canti Barbaricini* in beeindruckender Weise die karge Schönheit und das
raue Leben der Barbagia. Zu seinen Ehren wurde
der Platz, an dem sein Geburtshaus steht, in Piazza
Sebastiano Satta umgetauft. Bronzestatuen des
Künstlers Costantino Nivola (1911–1988) stellen
Episoden aus dem Leben des Dichters dar.

Ein weiterer Satta ist der Dichter Salvatore Satta
(1902–1975). Sein wichtigster Roman *Il Giorno
del Giudizio* (»Der Tag des Gerichts«) wurzelt ebenfalls in den Bräuchen und Mythen der Barbagia
und wurde erst posthum veröffentlicht. Die 1928
in Nuoro geborene und seit 1958 in Kopenhagen
lebende Schriftstellerin Maria Giacobbe wurde
1957 durch ihr erstes veröffentlichtes Werk *Diario
di una maestrina* (»Meine sardischen Jahre«) über
die Grenzen Sardiniens hinaus bekannt. Das Tage-
buch einer Lehrerin schildert die abenteuerliche
Reise einer jungen Lehrerin durch die Barbagia-
Dörfer in der Zeit nach dem Zweiten Weltkrieg.

Infos und Adressen

SEHENSWÜRDIGKEITEN
Museo Deleddiano siehe S. 251

**Museo d'Arte Provincia di
Nuoro MAN.** Sardisches Kunst-
schaffen im 20. Jahrhundert.
Tgl. 10–13 und 15–19 Uhr,
Mo geschl., Via Sebastiano
Satta 15, Tel. 07 84 25 21 10,
www.mueseoman.it

**Museo archeologico nazionale
»Giorgio Asproni«.** Archäologie
und Geschichte. Di, Do 9–13 und
15–17 Uhr, Mi, Fr, Sa 9–13 Uhr,
freier Eintritt, Piazza Asproni/
Via Manno 1, Tel. 078 43 16 88,
www.museoarcheologiconuoro.it

ESSEN UND TRINKEN
Trattoria Il Rifugio. Bodenständige
sardische Küche. Via A. Mereu 28/
Via Pozzo 4, Tel. 07 84 23 23 55,
www.trattoriarifugio.com

ÜBERNACHTEN
Hotel Grillo. Einfaches Hotel mit
gutem Restaurant. Via Monsignor
Melas 14, Tel. 078 43 86 68,
www.grillohotel.it

EINKAUFEN
Costumenes. Traditionelle
sardische Trachtenkleidung,
herrliche Schals … Via A. Lamarmora 75, Tel. 07 84 23 24 92,
www.costumenes.com

AKTIVITÄTEN
Festa del Redentore.
Großes Fest mit historischen
Kostümen am letzten Sonntag
im August. Tel. 07 84 21 67 98,
www.comune.nuoro.it

INFORMATION
www.provincia.nuoro.it

Museum für Italiens Literatur-Nobelpreisträgerin: das Geburtshaus von Grazia Deledda in Nuoro

Das kleine Städtchen Nuoro, das Zentrum der Barbagia, gilt als eine Künstlerhochburg und hat in der Vergangenheit eine Reihe von Dichtern hervorgebracht. Umgeben von einer rauen und unzugänglichen Landschaft, sind auch die Einwohner von Nuoro ein wenig unnahbar, stolz und in ihren Traditionen stark verwurzelt wie kaum anderswo in Sardinien – vielleicht ein Grund für die hohe Dichte an Künstlern.

Allen voran ist da Grazia Deledda zu nennen, im Jahr 1926 Italiens erste Literatur-Nobelpreisträgerin. Das Nobelpreiskomitee hat ihr den Preis »für ihre von Idealismus getragenen Werke, die mit Anschaulichkeit und Klarheit das Leben auf ihrer heimatlichen Insel schildern und allgemein menschliche Probleme mit Tiefe und Wärme behandeln«, verliehen. Sie war nach der schwedischen Autorin Selma Lagerlöf (1858–1940) die zweite Frau, die diese Auszeichnung erhielt. Und sie ist nach wie vor die einzige italienische Nobelpreisträgerin für Literatur.

Grazia Deledda (1871–1936) ist Nuoros berühmteste Tochter. 1866, als sie gerade einmal 15 Jahre alt war, erschienen ihre ersten Erzählungen. 1892 veröffentlichte sie ihren ersten Roman *Fior di Sardegna*. Sie schrieb bis zu ihrem Tod 350 Novellen, 30 Erzählungen, acht Fabeln, 15 Skizzen und 35 Romane. Das Schreiben war ihr Leben, die Sprache ihre Heimat. Seit 1900 in Rom lebend, zählte Grazia Deledda zu den bedeutendsten Autorinnen des Naturalismus innerhalb der italienischen Literatur. In ihren Werken schilderte sie das harte Leben der Menschen ihrer Heimat.

In ihrem Geburtshaus, das sich in der Via Grazia Deledda im historischen Stadtviertel San Pietro (in den Sommermonaten tgl. 9–19 Uhr, Tel. 07 84 25 80 88, www.isresardegna.it) befindet, lässt sich gut nachvollziehen, wie eine angesehene Bürgersfamilie – Deleddas Vater war ein wohlhabender Händler – um die Wende vom 19. auf das 20. Jahrhundert im sardischen Hinterland gelebt hat. Im Museum sind zahlreiche Erinnerungsstücke, Bücher und Fotos der Nobelpreisträgerin ausgestellt.

In Deleddas Werken stehen die Barbagia und das Leben ihrer Einwohner im Mittelpunkt. »Hier schlägt das Herz Sardiniens, es ist Sardinien selber, in all seinen Facetten«, schreibt sie 1894 über Nuoro. Zu ihren wichtigsten Werken zählen: *La via del male* (1896), *Elias Portolu* (1900), *Asche* (1904), *Nel deserto* (1911), *Canne al vento* (1913), *La madre* (1920), *Il Dio dei venti* (1922) und *La vigna sul mare* (1932). 1916 wurde ihr Roman *Asche* unter der Regie von Arturo Ambrosio und Febo Mari verfilmt, mit Eleonora Duse in der Hautrolle. 1956 drehte Mario Monicelli den Film *Proibito*, nach Deleddas Roman *Die Mutter*.

Grazia Deledda starb am 15. August 1936 in Rom im Alter von 64 Jahren an Krebs. Die Schriftstellerin fand ihre letzte Ruhe in der kleinen, von dem ebenfalls in Nuoro geborenen Maler und Architekten Giovanni Ciusa 1959 errichteten Kapelle Nostra Signora della Solitudine.

46 Orgosolo
Banditen und Murales

An die 350 Wandmalereien, die einzigartigen Murales, haben Orgosolo in neuerer Zeit berühmt und zum Zielort für Touristen gemacht. Bis vor wenigen Jahrzehnten aber war das Hirtendorf in der Barbagia als das berüchtigtste Banditendorf Sardiniens bekannt. Alte Familienfehden und das Gesetz der Blutrache bestimmten den Alltag. Pure Not machte so manchen Hirten zum gesuchten Banditen.

Besuche in der Banditenhochburg mit Mittagessen bei den *Banditi* in Orgosolo – bis vor wenigen Jahren standen solche Highlights auf den Programmen vieler Reiseveranstalter auf Sardinien. Den zahlenden Touristen musste ja etwas geboten werden. Die Zeiten sind vorbei. Auch wenn Orgosolo immer noch etwas der Banditennest-Mythos nachhängt, der sich im Widerstand gegen die zahlreichen Eroberer im Laufe der Jahrhunderte gebildet hat. Durch einen archaischen Rechtskodex legitimierte Gewalt war hier bis in die 1990er-Jahre an der Tagesordnung. 50 Tote und mehr pro Jahr waren in den wildesten Jahren keine Seltenheit. Bis zu 800 Polizisten der »Fremdmacht« Italien standen den 4000 Einwohnern gegenüber. Ohne großen Erfolg – im Gegenteil. 1961 drehte der Regisseur Vittorio De Seta seinen preisgekrönten Film *Banditi a Orgosolo*, mit Laiendarstellern aus dem Dorf. Er erzählt, wie aus einem unbescholtenen Schafhirten einer der meistgesuchten Banditen Sardiniens wird.

Heute kommen die Touristen vor allem wegen der *Murales* nach Orgosolo. Die großflächigen Wandmalereien an den Häusern gibt es mittlerweile in

Mitte: Wandmalereien an jeder Ecke: Orgosolo ist das bekannteste *Murales*-Dorf Sardiniens.
Unten: Orgosolo hängt immer noch etwas der Banditennest-Mythos nach.

mehreren Ortschaften Sardiniens. Orgosolo aber darf für sich in Anspruch nehmen, das bekannteste *Murales*-Dorf mit den meisten Wandmalereien zu sein. Angefangen hat hier alles 1969, im Jahr der Studentenrevolten. Die durchziehende anarchistische Theatergruppe Dioniso aus Mailand hinterließ im Ortszentrum – nach lateinamerikanischem Vorbild – das erste Wandbild als Zeichen öffentlichen Protests: Auf einer Italienkarte steht ein großes Fragezeichen am Platz Sardiniens. Die Insel existiert für den alles beherrschenden amerikanischen Imperialismus nicht.

Einige Jahre später kam der Kunstlehrer Francesco del Casino aus Siena an die Schule nach Orgosolo. 1975 begann er mit seinen Schülern und Schülerinnen damit, den öffentlichen Raum neu und bunt zu gestalten: mit ausdrucksstarken Bildern und klaren Botschaften. Anlass war der 30. Jahrestag des Partisanenkampfes gegen den Faschismus. Dann folgte der geschlossene Protest der Einwohner von Orgosolo gegen den geplanten NATO-Truppenübungsplatz auf der Hochebene Pratobello, den uralten Weideplätzen des Dorfes. Straßen wurden blockiert, Wegweiser verdreht und Viehherden auf die Zufahrtswege getrieben. Mit Erfolg. Das Militär zog schließlich wieder ab. Der Kampf um den Pratobello wurde zum Symbol des sardischen Widerstandes, das Ereignis am Rathaus verewigt.

Bilder und Botschaften

Die politischen Veränderungen in der italienischen Gesellschaft in den 1970er- und 1980er-Jahren wurden zum großen Thema der Wandmalereien: Wasserknappheit und Weiderechte, Hirtenleben und Steuerlast, Banditentum und Korruption, Vietnamkrieg, Ausbeutung durch den

CANTI A TENORES

Die berühmten sardischen *Canti a tenores* kommen in Orgosolo in ganz besonderer Art zum Ausdruck. In der Tradition der polyphonischen Männergesänge trägt ein improvisierender Tenor Verse aus einem Gedicht vor. Drei Choristen – ein Bass, ein Bariton und ein Alt – antworten mit Silben. Die Männer stehen in einem geschlossenen Kreis und halten sich mit einer Hand ein Ohr zu, um ihre eigene Stimme besser zu hören. Die Motive der Texte erzählen vom Alltag der Hirten, vom Leben im Dorf, von Kämpfen, von der Barbagia – sehr ähnlich den *Murales*. Der Gruppo Rubano, der Gruppo Pratobello und der Coro d'Orgosolo del Supramonte pflegen in Orosolo aktiv das alte Liedgut. Hier hat sich auch die Tradition der archaischen, mehrstimmigen Frauengesänge zum Rosenkranz-Gebet erhalten und wird von der Gruppe Actores Alidos gepflegt. Die Chöre treten mehrmals im Jahr bei religiösen Feierlichkeiten und Volksfesten auf. Die Canti sind vor Ort auch auf CD erhältlich.

Die *Murales* sind als politische Äußerungen zu verstehen.

Staat ... Die Techniken der Wandmalereien sind meist sehr einfach gehalten, die Malstile sehr unterschiedlich. Einige *Murales* orientieren sich stilistisch am Kubismus von Pablo Picasso, andere lassen sich vom Impressionismus und vom Realismus sowie von der naiven Kunst inspirieren. Neben Francesco del Casino und seinen Schülern und Schülerinnen zeichnen schon bald verschiedene Künstler aus dem Dorf und von auswärts für die *Murales* mitverantwortlich. Darunter machen sich der aus Orgosolo stammende Autodidakt Pasquale Buesca, der Mailänder Künstler Massimo Cantoni und die Künstlerinnengruppe Le Api einen Namen.

Ein Wandgemälde zieht deutsche Besucher besonders an: jenes an der Fassade der Bar Ziu mesina. Eine Büste des ehemaligen deutschen Bundeskanzlers Helmut Schmidt steht über den Leichen von Andreas Baader, Gudrun Ensslin, Ulrike Meinhof und Jan-Carl Raspe und zeugt von der Solidarisierung mit der RAF-Bewegung in Deutschland. Die Aufschrift: »Chef der deutschen Regierung, Verteidiger der Demokratie und der abendländischen Kultur, Experte im Selbstmord durch den imperialistischen Staat.« (17.10.1977)

Oben Die Fassade der Bar Ziu mesina zeigt Helmut Schmidt und die RAF-Bewegung in Deutschland.
Unten: Die ersten Wandbilder als Zeichen öffentlichen Protests entstanden 1969 in Orgosolo.

Infos und Adressen

SEHENSWÜRDIGKEITEN

Corso Repubblica. Ein Spaziergang entlang des zentralen Corso Repubblica gestaltet sich zum Entblättern eines neuzeitlich historischen Bilderbuchs. Beim Streifzug durch Orgosolo sollte man sich aber nicht nur auf die Hauptstraße beschränken, sondern auch mal einen Blick auf die Fassaden der Nebenstraßen werfen.

Der Friedhof. »Ermordet am …«, »Erschossen von …« – viele Gräber am Cimitero von Orgosolo tragen leider solche oder ähnliche Aufschriften. Mittlerweile ist der Gottesacker eine Touristenattraktion.

ESSEN UND TRINKEN

Ristorante Il Portico. Bodenständige sardische Küche im Zentrum von Orgosolo, auch vegetarische Menüs. Via Giovanni XXXIII, Tel. 07 84 40 29 29

Ai Monti del Gennargentu. Familiäre Atmosphäre und Gerichte aus der Tradition der Barbagia. Località Settiles, Strada Orgosolo-Pratobello, Tel. 07 84 40 23 74

Ristorante Tipico Supramonte. Typisches sardisches Lokal. Località Sarthu Thithu, Orgosolo, Tel. 07 84 40 10 15

ÜBERNACHTEN

Petit Hotel. Kleines, einfaches Hotel im Zentrum. Via Guscana 2, Tel. 07 84 40 20 09

Bed and Breakfast Turre. Im Zentrum von Orgosolo – mit Halbpension. Via Toscana 1, Orgosolo Centro, Tel. 07 84 40 23 47

EINKAUFEN

Fotostudio Kikinu. Postkarten und Posters zu den *Murales*, große Literaturauswahl. Corso Repubblica 290, Tel. 07 84 40 23 69

AKTIVITÄTEN

Equiturs. Der Agriturismo bietet Reitausflüge auf alten Hirtenpfaden an. Nach dem Ausflug kann man sich im Restaurant zu Pizza und mehr niederlassen. Località Monte Nieddu/Locoe, SP 58 Nuoro–Orgosolo, Tel. 34 83 50 07 24

INFORMATION

www.visitaorgosolo.it
www.lamiasardegna.it/files/orgosolo.htm

Die Techniken der Wandmalereien sind meist sehr einfach gehalten, die Malstile sehr unterschiedlich.

47 Mamoiada
Schwarze Masken und uralte Karnevalsriten

Hier oben weht ein anderer Wind: im Sommer angenehm kühl, im Winter bissig und kalt. Mamoiada liegt auf 650 Meter Meereshöhe, mitten in der Barbagia Ollalai in den nördlichen Ausläufern der Monti del Gennargentu. Das Dorf ist für seinen Karneval und seine »Mamuthones« und »Issohadores« mit den beeindruckenden Masken bekannt.

Die Barbagia gehört zu den wildesten Landstrichen von Sardinien, nicht nur landschaftlich. Bereits die Römer tauften das Gebiet *Barbaria*: vor allem wegen der stolzen und rebellischen Art ihrer Bewohner, die sich nie wirklich jemandem unterworfen haben. Weder Karthager noch Römer, Spanier oder andere fremde Herrscher, und schon gar nicht der italienische Staat später schafften es, sich diese entlegene Gebirgslandschaft vollkommen untertan zu machen. In der Abgeschiedenheit dieser rauen Landschaft haben sich über die Jahrhunderte hinweg alte Traditionen und Bräuche entwickelt und erhalten, wie sonst nirgendwo auf der Insel. Diese sind noch heute vielfach Bestand des alltäglichen Lebens: mit farbenprächtigen Trachten, alten Ritualen und unzähligen Festen.

Der Tanz der Mamuthones

Das 2500 Einwohner zählende Mamoiada hat sich weit über die Grenzen hinaus mit seinem traditionsreichen, leicht düsteren Karneval einen Namen gemacht. Die traditionellen Karnevalsfiguren treten jedes Jahr am 17. Januar, zum Fest des heiligen Antonius des Täufers, erstmals in Erschei-

Mitte: Masken jeder Art – hier beim Maskenschnitzer Ruggero Mameli
Unten: Im Maskenmuseum von Mamoiada sind auch traditionelle Karnevalsfiguren zu bewundern.

Einfach gut!

nung. Das ganze Dorf ist auf den Beinen und nimmt an dem Geschehen teil. Gäste aus nah und fern bevölkern die Straßen des Bergdorfs. Da tauchen sie auf, die *Mamuthones* mit ihren furchterregenden, etwas traurigen schwarzen Masken, in Felle gekleidet, mit Dutzenden von Glocken behangen – springen langsam und rhythmisch auf und ab, unter den schaurig aufrüttelnden Klängen der vielen Glocken, vorbei an großen Feuern, die im Dorf brennen. Um sie herum tänzeln ganz in Rot gekleidete, elegante *Issohadores* mit weißen Masken, Lassos in der Hand, mit denen sie die *Mamuthones* in Schach halten – und nach so mancher netten Zuschauerin am Straßenrand werfen.

Die beinahe feierliche Atmosphäre schlägt die Zuschauer in ihren Bann. Für die Teilnehmer an der Prozession ist ihre Rolle Berufung und Ehre. Überhaupt steht die Karnevalstradition in der Barbagia in direktem Bezug zum Alltag, zu den Lebensbedingungen der Bauern und Hirten, zur Natur. Für die einen hat der Ritus seine Wurzeln bei den Nuraghen, für andere sind es schwarze Gefangene aus der Zeit der Sarazenenüberfälle, die von den sardischen *Issohadores* bewacht werden. Die *Mamuthones* könnten aber auch die einst Leibeigenen sein, die in völliger Abhängigkeit von den *Issohadores* lebten. Archaische und dionysische Anklänge fehlen bei dem beeindruckenden Fest ebenso nicht – spätestens dann, wenn zum Abschluss Einwohner und Gäste gemeinsam auf den Straßen und in den Gasthäusern tanzen, feiern und das Fest ausklingen lassen.

Il Museo delle Maschere

Das Maskenmuseum von Mamoiada wurde 2012 von den Gebrüdern Paffi eröffnet. Eine Multivisionsschau über die wichtigsten Etappen des

CARASAU – DAS BROT DER HIRTEN

Pane Carasau ist das Brot Sardiniens: ein knuspriges und hauchdünnes Brot, das deshalb auch *Carta di Musica*, »Notenpapier«, genannt wird. Die sardische Spezialität wird traditionell aus Hartweizengrieß, Hefe, Wasser und Salz hergestellt. Die dünnen Fladen werden schnell und sehr heiß zweifach gebacken. So bleibt das dünne Brot lange haltbar, weshalb es früher zum Hauptproviant der Bauern und Hirten zählte. *Pane Carasau* ist eine geschätzte Beilage, die hervorragend zu Käse und Wurstwaren passt und sich als idealer Begleiter für süße oder salzige Speisen und Salate eignet. Ein Tipp: Das Brot kurz aufbacken, etwas Olivenöl und Salz darauf, mit Käse oder als Pizza-Unterlage …

Eine Variante des *Pane Carasau* ist das *Pane Guttiau*: Hier wird der Teig gleich mit Salz und Olivenöl beträufelt und anschließend im Holzofen gebacken.

Jede Bäckerei auf Sardinien hat diese knusprige Verführung im Angebot.

traditionellen Karnevals in Mamoiada eröffnet
die Ausstellung. Das Museum zeigt Kostüme und
Masken der Karnevalstradition und der *Mamuthones* aus den verschiedenen Dörfern der Barbagia.
In der Sala del Mediterraneo sind Masken aus dem
gesamten Mittelmeerraum sowie aus den Alpen
ausgestellt. Die Betreiber streben mit dem Museum einen Ort des Kontakts, der Information und
des Austausches zwischen der kulturellen Tradition des kleinen Mamoiada mit der großen
Welt der Masken und Karnevalsbräuche an. Im
Museumsshop werden vertiefende Literatur, Fotos
sowie handgeschnitzte *Mamuthones*-Masken aus
Mamoiada angeboten.

Schafzucht, Milch- und Käsewirtschaft, die Viehzucht sowie die Herstellung von Brot, Gebäck und
Süßwaren bilden neben dem Weinanbau die wichtigsten Einkommensquellen des Ortes. Auf dem
Weingut der Familie Sedilesu, einem der bekanntesten Weingüter Sardiniens, sind 15 Hektar mit
Cannonau-Reben im Alberello-System bepflanzt.
Hinzu kommen einige Weinberge mit der alten
autochthonen weißen Rebsorte Granazza.

Oben: Hier hat sogar der Cannonau Wein eine gute Aussicht
auf Mamoida.
Unten: Furchterregend und
geheimnisvoll: die *Mamuthones*
im Karneval

Infos und Adressen

SEHENSWÜRDIGKEITEN

Il Museo delle Maschere Mediterranee. Karnevalsmasken aus der Tradition von Mamoiada und aus dem Mittelmeerraum. Di–So 9–13 und 15–19 Uhr, Piazza Europa 15, Tel. 07 84 56 90 18, www.museodellemaschere.it

Museo della Cultura e del Lavoro. Das kleine Museum erzählt die Geschichte vom alltäglichen Leben der Menschen in Mamoiada. Di–So 10–13 und 15–18 Uhr, Via Sardegna 17, www.viseras.it

ESSEN UND TRINKEN

Locanda Sa Rosada. Bodenständige Barbagia-Küche mit typischen Gerichten und einigen Zimmern. Piazza Europa 2, Tel. 078 45 67 13

Ristorante Pizzeria La Campagnola. Einfaches Lokal mit gutem Preis-Leistungs-Verhältnis. Via Satta 2/A, Tel. 078 45 63 96

ÜBERNACHTEN

B & B S'Ortensia. Kleines, familiäres B & B im historischen Zentrum von Mamoiada. Via Giovanni XXIII 11, Tel. 33 33 55 05 43, www.sortensia.it

EINKAUFEN

Cantina Giuseppe Sedilesu. Die beste Weinkellerei der Gegend – mit ausgezeichneten weißen und roten Tropfen. Via Vittorio Emanuele II 64, Mamoiada, Tel. 078 45 67 91, www.giuseppesedilesu.com/it

Cantina Giovanni Montisci. Alte Weinberge, junger Winzer und Spitzen-Cannonau »Barrosu«. Via Asiago 7b, Mamoiada, Tel. 078 45 64 87, http://giovannimontisci.centovigneitalia.com

Maschere Ruggero Mameli. Traditionelle Karnevalsmasken direkt vom Maskenschnitzer – mit kleinem besuchenswertem Museum. Via Crisponi 19, Tel. 078 45 62 22, www.mascheremameli.com

Azienda Erkiles di Giovanni Agostino Curreli. Fantastisches Sortiment an Käse vom Schaf – auch mit vegetalem Lab. Via Sant'Anastasio 23, Olzai, Tel. 078 45 53 44, www.erkiles.it

INFORMATION

www.mamoiada.net
www.mamuthonesmamoiada.it

In der Käserei Erkiles ist man zurecht stolz auf den reifenden Käse.

48 Monti del Gennargentu
Das Dach Sardiniens

Wer die wild-faszinierende Berglandschaft Sardiniens kennenlernen will, wer Lust auf herrliche Wanderungen, Reitausflüge auf alten Hirtenpfaden und unberührte Natur hat, sich für archäologische Ausgrabungen interessiert, unterirdische Grotten und tiefe Canyons erkunden will, altes Brauchtum erleben und kulinarische Spezialitäten genießen will … der ist hier im Gennargentu-Gebirge am richtigen Platz.

Gennargentu ist das höchste Gebirge der Insel und wird gerne auch als »Dach Sardiniens« bezeichnet. Im unregelmäßigen, vorwiegend aus Schieferformationen und zahlreichen Porphyradern geformten Gebirgskamm stoßen wir auf Sardiniens höchste Gipfel: die 1834 Meter hohe Punta La Marmora und den 1829 Meter hohen Bruncu Spina. Gennargentu, der Name leitet sich von *genna*, dem »Pass«, und von *argentu*, dem Silber, ab. »Silberpass« – der Name bezieht sich auf die ehemaligen Silbererzvorkommen der Gegend.

Die ältesten Steineichen Europas

Steineichenwälder prägen das Bild der hügeligen Gebirgskette – vor allem im Supramonte im Norden. In höheren Lagen gedeihen Stieleichen und Ahornbäume, Eiben, Stechpalmen und Wacholderbäume. Ganz oben unter den Gipfeln wachsen Dauergräser, Bergsträucher sowie einige endemische Pflanzen wie das Sardische Heiligenkraut. Einzigartig präsentiert sich auch die Tierwelt des Gennargentu mit typischen Bewohnern wie Mufflons, Wildschweinen und Wildkatzen, Steinadlern,

Mitte: In Aritzo an den Hang geschmiegt überragt ein Haus das andere, es wirkt fast so, als wollten sie alle neugierig ins Tal schauen.
Unten: Natalino Costantino vom Torronificio Marotta in Tonara hat sein ganzes Leben dem *Torrone* (weißer Nougat) gewidmet.

Mäusebussarden und Wanderfalken. An der »Bruncu Spina« nahe Fonni befindet sich der einzige Skilift Sardiniens, der im Winter die Freunde des Wintersports ins Gennargentu lockt.

Geschichtsträchtiges Supramonte

Beim Gennargentu-Massiv handelt es sich um einen Gebirgszug, der sich in eine Reihe von Ausläufern gliedert, die im Norden bis nach Nuoro und im Süden bis zum Tal des Flumendosa reichen. Einer dieser Ausläufer ist das Supramonte östlich von Oliena und Orgosolo, ein zerklüftetes Kalksteinmassiv, das zu den menschenleersten und wildesten Gegenden Europas zählt – und eine der schönsten Wanderregionen Sardiniens ist.

Nur wenige Kilometer von Oliena entfernt entspringt aus einem Granitfelsen Sardiniens größte Süßwasserquelle Su Gologone mit einem Ausstoß von 300 Litern pro Sekunde. Gleich in der Nähe führt ein Weg zu den drei im Tal Lanaittu liegenden Karststeingrotten Sa Och (»Die Stimme«), Su Bentu (»Der Wind«) und Corbeddu mit unterirdischen Teichen und kilometerlangen Gängen. Die Grotte Corbeddu ist für die Geschichte Sardiniens von großer Bedeutung. Hier wurden die ältesten Spuren menschlichen Lebens auf Sardinien gefunden: bearbeitete Hirschknochen, die über 13 500 Jahre alt sind. Die Schlucht Gola di Su Gorroppu ist acht Kilometer lang und mit 400 Meter hohen Felswänden die tiefste Italiens. Zu den bekannten Sehenswürdigkeiten gehört auch das fast 4000 Jahre alte Nuraghendorf Tiscali mit 40 runden und rechteckigen Steinbauten aus der Bronzezeit – versteckt in einer Doline, die durch den Einsturz einer Karsthöhle entstanden ist. Europas zweitgrößter Internet-Service-Provider mit Sitz in Cagliari hat sich hier seinen Namen geholt.

Oben: Im Gennargentu-Massiv stoßen wir auf Sardiniens höchste Bergspitzen.
Unten: Wild zerklüftet und beeindruckend: bei den Karstquellen Su Gologone in Oliena

Die Dörfer des Gennargentu

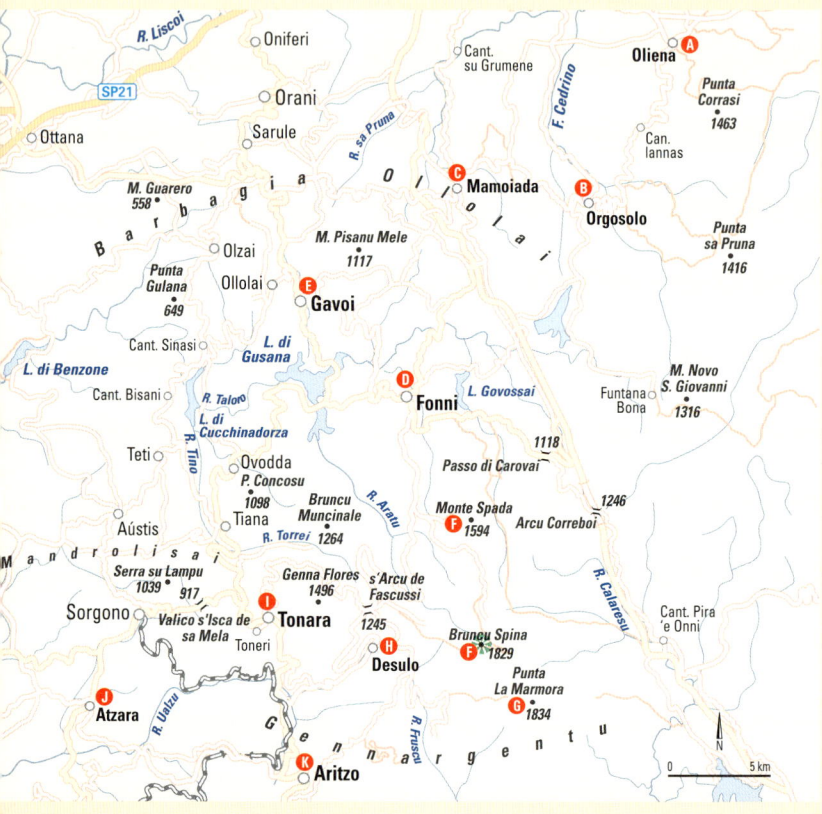

A Oliena – Das reizvolle Bergdorf liegt am Fuß des höchsten Supramonte-Gipfels Monte Corrasi (1462 Meter). In seinem Hinterland liegen unter anderem die Sorgente su Gologone, das Nuraghendorf Tiscali sowie die Grotta Corbeddu.

B Orgosolo – Eines der bekanntesten Dörfer Sardiniens. Das hat es seinen Banditen, der Blutrache und den Hunderten von *Murales*, den Wandgemälden zu verdanken, die das ganze Dorf schmücken.

C Mamoiada – Das einstige Hirtendorf ist für seinen düster-archaischen Karneval mit *Mamuthones* und *Issohadores* und für seine Cannonau-Weine auf der ganzen Welt bekannt.

D Fonni – Das mit 1000 Meter höchstgelegene Dorf Sardiniens ist aus grauem Granit erbaut und ein beliebter Höhenluftkurort.

E Gavoi – 777 Meter hoch gelegener Sommerfrischort; im Juli/August Austragungsort des Musik- und Literaturfestivals Isola delle storie. (www.isoladellestorie.it)

Tonara ist bekannt für seine Campanacci und den berühmten Torrone.

F Bruncu Spina und Monte Spada – (1595 Meter) laden mit ihren Skiliften – den einzigen auf Sardinien – zum Wintersport.

G Punta La Marmora – Vom Rifugio Sa Crista führt ein Wanderweg in gut zwei Stunden auf den mit 1834 Metern höchsten Berggipfel Sardiniens. Eine grandiose Weitsicht ist garantiert.

H Desulo – Das Barbagia-Dorf ist geprägt von seinen Traditionen und von seiner Kultur. Hier wird noch die bunte Alltagstracht getragen. Sehr gefragt sind Stickereien, Honig und Wurstwaren aus Desulo.

I Tonara – Der berühmteste *Torrone* Sardiniens – aus Haselnüssen, Walnüssen, Mandeln, Honig und Eiweiß – kommt aus den Backstuben von Tonara. Bekannt ist das Dorf auch für seine *Campanacci*, die aus Blech geschmiedeten Schellen für Ziegen und Schafe.

J Atzara – Das mittelalterliche Bergdorf ist berühmt für seine Tradition der Teppichweberei.

K Aritzo – Der quellenreichste Ort Sardiniens liegt auf 800 Metern und ist ein beliebter Sommerfrischort – und bekannt für seine Kastanien.

Infos und Adressen

ESSEN UND TRINKEN
Experience Hotel Su Gologone. Wellness-Hotel mit traditioneller Barbagia-Küche. Località Su Gologone, Oliena, Tel. 07 84 28 75 12, www.sugolgone.it

Agriturismo Tascusi. Die Spezialitäten: Wurstwaren, Pasta und Lammfleisch. Località Is Cubbas, Desulo, Tel. 07 84 61 96 68, www.agriturismotascusi.it

Locanda del Muggianeddu. Berg-Trattoria. Via Monsignore Tore 10, Tonara, Tel. 078 46 38 85.

ÜBERNACHTEN
Hotel Ci Kappa. Im Ortszentrum, mit Restaurant. Corso Martin Luther King 2–4, Oliena, Tel. 07 84 28 80 24, www.cikappa.com

Hotel Sa Orte. In einem restaurierten Granitpalazzo im Zentrum – mit Restaurant Il Pergolato. Via Roma 14, Fonni, Tel. 078 45 80 20, www.hotelsaorte.it

EINKAUFEN
Azienda agricola Fratelli Puddu. Hausgemachte Wurstspezialitäten. Località Orbuddai, Oliena, www.aziendapuddu.it

Torronificio Antonietta Marotta. Klassische *Torroni* aus Tonara. Via Roma 6, Tonara, Tel. 078 46 38 24, www.torronificiomarotto.com.

AKTIVITÄTEN
Centro escursioni Sardegna nascosta. Exkursionen und geführte Touren jeder Art. Tel. 07 84 28 85 50, www.sardegnanascosta.it

INFORMATIONEN
www.supramonte.it

49 Barumini, Villanova-franca, Orroli
Im Reich der Nuraghen

Barumini, Villanovafranca, Orroli ... die kleinen Bauerndörfer auf der Hochebene der Marmilla werden in einem Atemzug mit den bedeutendsten Nuraghen Sardiniens genannt. Su Nuraxi, der größte freigelegte Nuraghen-Komplex der Insel, gehört seit 1997 zum Weltkulturerbe. Die Gegend hat aber mehr zu bieten, vor allem landschaftlich und kulinarisch.

Die hügelige Landschaft der Marmilla zwischen dem Campidano-Graben im Westen und der Barbagia im Norden breitet sich in endloser Weite über das Landesinnere im Süden Sardiniens aus. Getreideanbau, Weinberge und Olivenhaine prägen das Bild – Produkte, von denen die Bewohner noch heute zu einem großen Teil leben. Lange Zeit leitete man den Namen Marmilla aufgrund der sanften Hügel und Kegelberge, die die Hochebene prägen, vom lateinischen *Mamilla* ab, dem weiblichen Busen. Der Namen stammt jedoch aus dem summerisch-akkadischen Sprachgebrauch: *Mar-Midda* bedeutet dort »der Knecht mit der göttlichen Waffe« – vielleicht ein Hinweis auf historische Waffen in lange versunkenen Zeiten. Mitten in diesen sagenumwobenen Hügeln liegen drei der größten und wichtigsten Nuraghen-Anlagen Sardiniens: Su Nuraxi bei Barumini, Su Mulinu bei Villanovafranca und Arrubiu bei Orroli.

Barumini

Die wahre Bedeutung des heute größten und wohl am besten erhaltenen Großnuraghen Sardiniens erkannte man erst in den 1950er-Jahren, genauer

Mitte: Im Palazzo Zapata in Barumini sind das archäologische Museum und ein Volkskundemuseum untergebracht.
Unten: Die hügelige Landschaft der Marmilla: zwischen dem Campidano-Graben im Westen und der Barbagia im Norden

Sardegna in Miniatura: Sardinien im Kleinformat

Nicht verpassen

gesagt im Jahr 1949. Nach heftigen, tagelangen Regenfällen rutschte ein Teil der Hänge vor den Toren Baruminis ab. Was da zum Vorschein kam, überraschte nicht nur den Archäologen Giovanni Lilliu, der mit den Ausgrabungs- und Freilegungsarbeiten der Anlage begann. Auf über 1000 Quadratmetern erstreckt sich eine großartige, zwischen 1500 und 1000 v. Chr. erbaute Nuraghen-Bastion samt Dorf. Die Burganlage besteht aus einem 15 Meter hohen Hauptturm und einer rautenförmigen Bastion mit vier Seitentürmen sowie einem äußeren Mauerring mit weiteren sieben Außentürmen – eine gewaltige Wehrburg und Verteidigungsanlage, die für jede Belagerung gut gerüstet war. Über 200 Rundhütten umgaben halbkreisförmig die Bastion und waren vermutlich noch in punischer Zeit bewohnt. Übrigens: Su Nuraxi (ausgesprochen: Su Nuraschi) bedeutet wörtlich »die Nuraghe«.

Der Palazzo Zapata der einstigen aragonesischen Feudalherren der Gegend, im Zentrum von Barumi, ist auf einer Nuraghen-Bastion errichtet. Unter dem Herrschaftshaus aus dem 17. Jahrhundert haben Archäologen in den 1990er-Jahren eine komplexe Nuraghe aus der späten Bronzezeit

SARDEGNA IN MINIATURA

Sardinien im Kleinformat bietet der Miniaturpark Sardegna in Miniatura, der das ganze Jahr über zum Besuch einlädt. Der Park liegt in Tuili, nur wenige Kilometer von der Nuraghe Su Nuraxi in Barumini entfernt. Auf 50 000 Quadratmetern sind Sardinien sowie zahlreiche berühmte Bauwerke der Insel detailgetreu nachgebildet. Bei einer Bootsfahrt kann die zweitgrößte Mittelmeerinsel umrundet werden. Durch die Insel geht es mit der Parkeisenbahn. Ein zwölf Meter hoher Aussichtsturm, Spielplätze sowie bunte Rahmenveranstaltungen sorgen für Abwechslung. Seit 2008 bietet der Miniaturpark eine besondere Attraktion: eine Reise durch das Weltall im Museo dell'Astronomia mit Planetarium.

Miniaturpark Sardegna in Miniatura. Località Riu Lardi, Tuili, Tel. 07 09 36 10 04. www.sardegnainminiatura.it/de

zwischen 1200 und 1000 v. Chr. entdeckt. Die dreitürmige Su Nuraxi 'e Cresia kann über Stege und Glasplatten besichtigt werden. Im Palazzo sind neben einem archäologischen Museum auch eine Ausstellung über die Geschichte der Familie Zapata seit 1541 sowie ein kleines Volkskundemuseum mit Alltagsgegenständen des ländlichen Lebens untergebracht.

Villanovafranca und Orroli

Das am 500 Meter hohen Monte San Mauro gelegene, 1500 Einwohner zählende Villanovafranca punktet mit seiner Nuraghe Su Mulinu, die seit 2003 zugänglich ist. Der aufgefundene Votivaltar mitten in einer Verteidigungsanlage zählt zu den einzigartigen Entdeckungen der Nuraghen-Kultur. Daneben fand man in Su Mulinu zahlreiche Terracotta-Lampen, die wohl dem weit verbreiteten Kult der Sommersonnenwende gedient haben mögen. Die außergewöhnlichen Fundstücke sind im Museo archeologico in Villanovafranca ausgestellt.

Mit Dutzenden von archäologischen Stätten kann auch die etwas weiter östlich liegende Gemeinde Orroli aufwarten. Neben der Nekropole Su Motti mit zahlreichen *Domus de Janas* und den kleineren Nuraghen Gasoru und Su Putzu ist vor allem die Nuraghe Arrubiu, eine eindrucksvolle Festungsanlage auf einer Hochebene in 510 Meter Höhe von besonderer Bedeutung. An die 30 Meter hoch war einst der zentrale Turm der Anlage. 15 Meter hoch ragt der Hauptturm, der mit fünf kleineren Türmen verbunden ist, auch heute noch in den Himmel. Eine weitere Außenmauer mit sieben Türmen, ähnlich jener von Su Nuraxi, umgibt das Zentrum der Anlage. Die zwischen 1300 und 900 v. Chr. erbaute Anlage wurde noch zu Zeiten der Römer benutzt.

Oben: Der Palazzo Zapata im Zentrum von Barumi ist auf einer Nuraghen-Bastion errichtet.
Unten: Barumini Su Nuraxi: die am besten erhaltenen Großnuraghen Sardiniens

Infos und Adressen

SEHENSWÜRDIGKEITEN

Polo Museale Palazzo Zapata. April–Aug.
tgl. 10–20 Uhr. Piazza Giovanni XXIII 2,
Barumini, Tel. 07 09 36 84 76,
www.fondazionebarumini.it

Nuraghe Su Nuraxi. In den Sommermona-
ten tgl. 9–19.30 Uhr, Führungen finden im
Halbstundentakt statt. Sammelticket für Su
Nuraxi, Palazzo Zapata und Centro »Giovanni
Lilliu«. Viale Su Nuraxi, Tel. 07 09 36 81 28,
www.fondazionebarumini.it

Museo archeologico Su Mulinu. Außer-
gewöhnliche Fundstücke von Su Mulinu.
Piazza Risorgimento 6, Villanovafranca,
Tel. 07 09 36 74 58

Museo Villa Asquer. Olivenölmuseum und
Museum sardischer Musikinstrumente.
Tgl. 10–13 und 15–19 Uhr, Mo geschl.,
Piazza San Pietro, Tuili, Tel. 07 09 36 30 18,
www.prolocotuili.it

ESSEN UND TRINKEN

Hotel Su Nuraxi. Geräumige Hotelanlage und
Restaurant, in dem typische lokale Gerichte
auf den Tisch kommen, gute Übernachtungs-
möglichkeit. Viale Su Nuraxi 6,
Barumini, Tel. 07 09 36 83 05,
www.hotelsunuraxi.it

ÜBERNACHTEN

Hotel Sa Lolla. Kleines Hotel in einem
herrschaftlichen Anwesen im Zentrum von
Barumini. Via Cavour 49, Tel. 07 09 36 84 19,
www.barumini.net/sa-lolla

EINKAUFEN

Centro »Giovanni Lilliu«. Fotodokumentation
von Su Nuraxi mit Modell der Anlage und
Verkaufsausstellung von Kunsthandwerk. An
der Straße zwischen Barumini und Su Nuraxi,
an den Wochenenden durchgehend geöffnet.
www.fondazionebarumini.it

AKTIVITÄTEN

Sagra della Tosatura. Ein großes Fest
der Schafschur wird im Mai in Barumini
gefeiert – mit reichem folkloristischem
Rahmenprogramm. Fiera comunale,
Via Principessa Maria, Tel. 07 09 36 80 24,
www.comune.barumini.ca.it

Sagra dello Zafferano. Großes Fest rund
um den Safran in den Gassen von Villanovafranca im November. Tel. 07 09 36 73 56,
www.comune.villanovafranca.it

INFORMATION

www.fondazionebarumini.it
www.comune.villanovafranca.it

Palazzo Zapata: Hier regierten die einstigen
aragonesischen Feudalherren der Gegend.

50 Monte Arci
Das schwarze Gold der Steinzeit

Ein erloschenes Vulkanmassiv ist an und für sich keine große Besonderheit. Wenn da aber in großen Mengen ein begehrtes Gestein vorkommt, dann wird die Sache schon interessanter. Bereits vor einigen Tausenden von Jahren wurde am Monte Arci Obsidian entdeckt, ein meist schwarzes, glasartiges Material. Und das wurde zur Herstellung von Nutzgegenständen und Waffen verwendet.

Das Vulkanmassiv des Monte Arci erstreckt sich über die Ebene von Uras in der Provinz Oristano. Die Punta Trebina Longa ist mit 812 Metern die höchste Erhebung des Parco Naturale del Monte Arci. Daneben stechen die Basaltkegel Trebina Lada mit 703 Metern, Genna Spina mit 738 Metern und die Punta Laccu sa Vitella mit 630 Metern aus dem dicht bewachsenen hügeligen Massiv hervor. Das Gebiet erstreckt sich über zehn Kilometer und ist eines der wenigen geschlossenen Waldgebiete Sardiniens. Der Kern des Massivs besteht aus Trachytgestein, von einer vulkanischen Schicht aus Basalt überzogen, das während des Quartärs als Lava aus den Vulkankratern geflossen ist. Die Vulkane sind seit dem Tertiär nicht mehr tätig. Dafür wurden sie schon bald zu einer wichtigen Quelle für das begehrte Gestein Obsidian.

Die größten Obsidian-Vorkommen Europas

Beim Obsidian handelt es sich um Magma, die sehr schnell erstarrte. Dadurch konnten sich beim Abkühlen derselben keine größeren Kristalle bil-

Mitte: Das Massiv eines erloschenen Vulkans im Naturpark des Monte Arci
Unten: Kunstwerke aus Obsidian sind (natürlich) im Museo dell'Ossidiana in Pau zu finden.

den. Obsidian hat eine Beschaffenheit wie Glas, ist sehr hart und war einst sehr begehrt: früher als Material für Werkzeuge, Messer und Waffen, heute vorwiegend als Schmuckstein. Nachdem Obsidian im Mittelmeerraum selten zu finden ist, zog es seit der Neusteinzeit Völker auf der Suche nach dem wertvollen Gestein nach Sardinien. Jahrtausendealte Abbaustellen an den Abhängen des Monte-Arci-Massivs sowie Sammelstellen und Werkstätten zeugen von einer bewegten Geschichte. Die verschiedenen Tätigkeiten brachten eine starke Besiedelung der Gegend mit sich. Davon sind zahlreiche Spuren zu finden: in Pau etwa die neusteinzeitliche Ausgrabungsstätte Su forru de is sintzurreddus, in Villaverde der Nuraghen-Komplex Brunk' 'e s'omu oder in Morgongiori das Grottenheiligtum Sa domu de is coambus.

Das Obsidian-Museum in Pau

Das im Mittelmeerraum einzigartige Museo dell' Ossidiana in Pau wurde 1999 eröffnet und stellt Funde aus den Ausgrabungen im Monte-Arci-Gebiet sowie Mineralien aus und dokumentiert den Abbau des Obsidians im Laufe der Geschichte. Daneben sind Kunstwerke aus Obsidian, darunter solche von Karmine Piras, dem ersten und angesehensten Bildhauer, der mit Obsidian arbeitete, sowie der Brüder Atzori aus Oristano ausgestellt. Ein Naturpfad führt an den antiken Obsidianbrüchen vorbei auf den Gipfel des Monte Arci. In Pau selbst sind an verschiedenen Stellen aus Obsidian gemeißelte Skulpturen von beeindruckender Größe zu bewundern.

Durch die Steineichen-, Kork- und Flaumeichenwälder, die den Monte Arci bedecken, führen heute zahlreiche Wanderwege. Mit etwas Glück entdeckt man Bruchstücke und Überreste des einstigen »schwarzen Goldes« der Steinzeit.

SEHENSWÜRDIGKEITEN

Museo dell'Ossidiana. Obsidian-Museum. In den Sommermonaten Di–So 10–12 und 16–19 Uhr, Wintermonate Di–So 10–12 und 15–18 Uhr, Via San Giorgio 8, Pau, Tel. 07 83 93 40 11, www.muesossidiana.it

GeoMuseo Monte Arci. In den Sommermonaten Di–So 10–12 und 16–19 Uhr, Wintermonate Di–So 10–12 und 15–18 Uhr, Piazza Convento, Masullas, Tel. 07 83 99 02 51, www.geomuseomontearci.it

ESSEN UND TRINKEN

Bar Pizzeria Taraxi. Typisch sardische Gerichte in lockerem Ambiente. Località Taraxi, SS 442, km 43,7 Uras–Laconi, Masullas, Tel. 34 79 14 37 26

Agriturismo Terra Noas. Ländliche Trattoria mit schmackhafter Hausmannskost. Località Sameliana, Villaurbana, Tel. 078 34 41 28

ÜBERNACHTEN

Campeggio Montano Sennisceddu. Bergcamping mit Bungalows und Restaurant. Villaggio Campeggio Montano, Località Sennixeddu, Pau, Tel. 07 83 93 93 07, www.parcomontearci.it

B & B Da Cristina. Ländliches B & B in familiärer Atmosphäre. Via Nazionale 26, Masullas, Tel. 360 35 79 59, www.bbdacristina.it

INFORMATION

www.comune.pau.or.it
www.masullascomunitaospitale.it

REISEINFOS

Der Leuchtturm am Capo d'Orso gibt den
Schiffen sicheres Geleit.

Anreise

Auto und Fähre

Wer mit dem Auto nach Sardinien kommt – die Anreise mit dem Auto garantiert eine maximale Mobilität auf der Insel –, muss die Fähre nehmen. Für viele ein schönes Erlebnis gleich zu Ferienbeginn. Fährverbindungen stehen eine ganze Reihe zur Auswahl. Die Preise sind in den letzten Jahren allerdings massiv gestiegen. Je früher man bucht und je mehr Angebote verglichen werden, desto niedriger ist zumeist der Preis.

Fähre ab Genua: Für aus dem Norden kommende Reisende die kürzeste und beliebteste Fährverbindung.

Fähre ab Livorno oder Piombino: Beide Städte liegen südlich von Genua in der Toskana und sind für diejenigen interessant, die bereits in Italien mit dem Auto unterwegs sind.

Fähre von und nach La Maddalena

Angefahren werden vorwiegend die Häfen von Olbia, Porto Torres, Arbatax und Cagliari. Sardinia-Ferries und Moby Lines sowie Tirrenia sind die großen Anbieter am Markt. Achtung: Einige Fährverbindungen gibt es nur während der Saison. Bei nächtlichen Überfahrten sind Kabinenplätze zu empfehlen, wenn man nicht auf unbequemen Liegesesseln die Nacht verbringen will. Viele Touristen verbringen die Überfahrt mit Schlafsack auf den gepolsterten Bänken und Sesseln der Bordcafés.

Flugzeug

Sardinien ist ganzjährig fester Bestandteil des Flugplans vieler Airlines. Drei internationale Flugplätze Olbia (Costa Smeralda) im Nordosten, Alghero (Fertilia) im Nordwesten und Cagliari Elmas (Mario Mameli) im Süden) sind Sardiniens Drehscheibe zur Welt. Alle drei Ziele sind von mehreren Flughäfen in Deutschland, Österreich und der Schweiz aus nonstop zu erreichen. Mehrere Billig- und Ferienflieger bringen Urlauber günstig und schnell auf die Mittelmeerinsel. Mietwagen sowie öffentliche Busverbindungen stehen an allen Flughäfen zur Verfügung. Vor allem der nur 4 Kilometer von Olbia entfernte Flughafen Costa Smeralda bietet in der Tourismussaison direkte Verbindungen zu den wichtigsten Urlaubszentren an der Costa Smeralda und in der Gallura.

Apotheke

Eine Apotheke, die *Farmacia*, findet man in fast jedem Ort. Sie ist immer gut aus-

Einladend sind die weiten Sandstrände in San Giovanni di Posada im Osten.

geschildert und an einem grünen Kreuz auf weißem Hintergrund erkennbar.

Badestrände

Sardinien wartet auf seinen 1850 Kilometern Küste mit zahllosen einmaligen Badebuchten und einladenden Badesträndien auf. Vom Norden bis in den Süden gilt es einzigartige Strände zu entdecken und zu genießen.

Camping

Auf Sardinien gibt es wenig professionell organisierte Campingplätze mit Strom, Wasser und Entsorgungsschächten. Diese liegen zumeist entlang der großen Küstenstraßen und sind gut ausgeschildert. In der Hauptsaison ist es ratsam, den Campingplatz im voraus zu reservieren. Wildes Campen und Parken auf nicht

eigens markierten Stellplätzen ist verboten und wird zumindest zur Saison auch von der Küstenwache, Forstwache und Polizei überwacht und bestraft.

Fremdenverkehrsämter

Informationen über Italien und Sardinien gibt es bei der Italienischen Zentrale für Tourismus, der **Ente Nazionale Italiana per il Turismo ENIT:** Barckhausstr. 10, 60325 Frankfurt, Tel. 069 23 74 34, www.enit.de

Auf der offiziellen Website der Region Sardinien www.sardegnaturismo.it sind alle wichtigen Informationen für einen Urlaub auf Sardinien zu finden.
In den meisten Urlaubsorten gibt es lokale Tourismusbüros (Pro Loco), welche in der Saison – mit variierenden Öffnungszeiten – zur Verfügung stehen.

FESTEKALENDER/FEIERTAGE

Prozession mit der Madonna dei Dolori, der Schmerzensmutter, in der Settimana Santa, der Karwoche

Zu den gesetzlichen Feiertagen in Italien gesellen sich eine große Anzahl an Festen und Festivals. Im Folgenden ist nur eine Auswahl aufgeführt.

JANUAR
1. Januar: Neujahr (Capodanno)
6. Januar: Heilige Drei Könige (Epifania)

FEBRUAR
Karneval: Im ganzen Land werden Karnevalsveranstaltungen abgehalten, besonders sehenswert ist jene in Mamoiada.

Sa Sartiglia: Das historische Reiterturnier findet in Oristano statt.

MÄRZ/APRIL
Ostern: Ostern – auf Sardisch Pasca Manna – zählt zu den wichtigsten religiösen Festen der Insel. Zu den Bräuchen rund um Ostern, die bereits in der Karwoche – der Settimana Santa – beginnen, gehören Mysterienfeiern, Fackelumzüge und Chorgesänge.

Pasquetta: Ostermontag

25. April: Tag der Befreiung vom Faschismus (Anniversario della Liberazione)

28. April: Sa Die de Sa Sardigna, der Tag Sardiniens, ist ein regionaler Feiertag.

MAI
1. Mai: Tag der Arbeit (Festa del Lavoro)

Sagra di Sant'Efisio: historische Prozession von Cagliari nach Nora

JUNI
2. Juni: Tag der Republik (Festa della Repubblica)

Fiera Regionale del Cavallo: In San Leonardo di Siete Fuentes findet am ersten Wochenende im Juni die bedeutendste regionale Pferdeschau mit Wettkämpfen und Pferdeshows statt.

AUGUST
15. August: Maria Himmelfahrt (Ferragosto)

NOVEMBER
1. November: Allerheiligen (Ognissanti)

DEZEMBER
8. Dezember: Maria Empfängnis (Immacolata Concezione)

24./25. Dezember: Weihnachten (Natale)

26. Dezember: Stefanstag (Santo Stefano)

Karfreitag, Pfingstmontag, Christi Himmelfahrt und Fronleichnam sind auf Sardinien keine Feiertage. Liegen Feiertage günstig, schieben die Italiener gerne einen *ponte*, einen oder mehrere Brückentage, ein.

Geld/Währung

Die italienische Landeswährung ist der Euro, die Cent-Münzen heißen *Centesimi*. Banken mit Geldautomaten gibt es in allen größeren Ortschaften. Der Höchstbetrag pro Abhebung liegt in der Regel zwischen 250 und 500 Euro. Bei jeder Abhebung wird eine Gebühr von durchschnittlich 5 Euro berechnet. Nicht überall kann mit Karte bezahlt werden.

Auf Polizeikontrollen trifft man auf Sardiniens Straßen recht häufig.

Gesundheit

Die Europäische Versicherungskarte EHIC ermöglicht eine kostenlose Behandlung bei den Basisärzten und in den Notaufnahmen *Pronto soccorso* der Krankenhäuser. Leistungen von Privatärzten werden im Normalfall nicht von den gesetzlichen Krankenkassen übernommen. Bei den ärztlichen Bereitschaftsdiensten *Guardia medica* in den größeren Zentren wird bei Notfällen ebenfalls eine kostenlose Behandlung garantiert.

Internet

Sardinien-Informationen im Internet:
www.enit.de/reiseziele/regionen/ sardinien/allgemeines.html – Die Website der italienischen Tourismuszentrale ENIT in Deutschland.
www.italien-inseln.de/italia/sardinien- sardegna.html – Sardinien-Reiseführer.
www.sardinien-reiseinfo.net – Übersichtliche Reiseinformationen.
www.sardinia-tours.com – Professioneller englischsprachiger Tour-Guide für Sardinien.

www.ferien-in-sardinien.com – Ferienhäuser, Hotels, Agriturismo, Rundreisen, Segelcharter, Wohnmobile, Mietwagen …
www.vacanzeinsardegna.it – Reiseagentur mit breit gefächertem Angebot.
www.sardinien-roadbook.de – Rundum-Service für Biker, Fahrausstattung und On&Offroad-Touren.

Fährverbindungen nach Sardinien:
www.faehresardinien.de
www.mobylines.de
www.corsica-ferries.de
www.directferries.de/sardinien.htm

Klima/Reisezeit

Die Winter auf Sardinien sind eher nass und etwas verregnet. Der Hochsommer

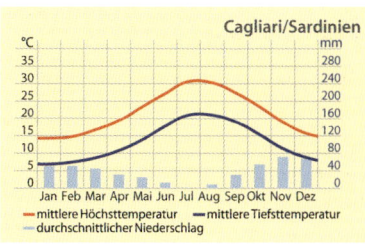

Der größte Fischmarkt Sardiniens findet sich in der Markthalle Mercato San Benedetto in Cagliari.

im August kann bis zu 40 Grad heiß werden. Beste Reisezeit für die Insel sind das Frühjahr, wenn alles blüht und duftet, sowie die Monate von Mai bis Oktober. Wer kann, meidet den Rummel der Hochsaison in der zweiten Julihälfte und im August und nutzt den Früh- oder Spätsommer für seine Ferien.

Mietwagen

Vom Fiat Panda bis zum Cabrio mit Sonnendach – alle namhaften Autovermieter aus dem In- und Ausland sind auf Sardinien vertreten. Ihre Büros liegen an den Flughäfen Olbia, Cagliari und Alghero sowie an den größeren Bahnhöfen und Urlaubsorten der Insel. Beim Vergleich von Anbietern und Preisen sollte immer auch auf das Kleingedruck-

te, die Versicherungsleistungen und auf die Höhe der Selbstbeteiligung geachtet werden. Mietwägen sind immer haftpflichtversichert und in der Regel auch gegen Schäden durch Diebstahl, Feuer und Naturgewalten versichert. Schäden an Autofenstern, Unterboden und Reifen sind generell nicht abgedeckt. In jedem Fall sollte der Wagen nach Übergabe genau auf Vorschäden untersucht werden.

Notrufnummern

Die Nummern sind vom Festnetz oder Handy ohne Vorwahl wählbar:
Allgemeine Notrufnummer
(Carabinieri): 112
Polizei und Rettungswagen: 113
Feuerwehr: 115
Pannenhilfe (ACI): 116

Notarzt, Krankenwagen, Bergrettung: 118
Forstwache/Corpo Forestale (bei Wald-
bränden): 1515

Öffnungszeiten

Geschäfte und Läden in den Touristen-
orten schließen mittags zwischen 12
und 14 Uhr und öffnen wieder zwischen
16 und 17 Uhr. Am Abend haben viele
Geschäfte bis 21 oder 22 Uhr geöffnet.
Supermärkte haben meist durchgehend
von 8–20 Uhr geöffnet, Bäckereien
oft nur am Vormittag.
Restaurants und Gasthäuser öffnen mittags zwischen 12 und 13 Uhr und abends
zwischen 19 und 20 Uhr. Warmes Essen
gibt es mittags meist bis gegen 15 Uhr
und abends bis 23 Uhr. Es empfiehlt sich,
vor allem in der Hochsaison, einen Tisch
zu reservieren. Achtung: Adressen und
vor allem Telefonnummern wechseln auf
Sardinien häufig – Betriebe machen zu,
andere öffnen neu. Es empfiehlt sich
deshalb, bei Restaurants und Hotels immer vorher anzurufen.

Rauchen

In Italien ist in allen öffentlichen Gebäuden, Restaurants, Cafés, Bars und Lokalen
das Rauchen seit dem Jahr 2005 verboten. Das Verbot wird strikt eingehalten.

Sprache

Italienisch ist die offizielle Landessprache.
Die Sarden sprechen aber eine eigene
Sprache, die *Limba sarda*. Das Sardische
ist eine eigenständige altromanische
Sprache, deren Wurzeln im Latein der
Römer liegen. Neben den fünf Haupt-
dialekten (Nuorese, Gallurese, Sassarese,
Logudorese und Campidanese) gibt es
auf Sardinien weitere sprachliche Min-
derheiten: Auf den beiden Inseln im
Südwesten, in Sant'Antioco und in San
Pietro, werden ein ligurischer Dialekt,
das sog. Tabarchino, und in Alghero ein
katalanischer Dialekt gesprochen. Fremd-
sprachen sind für viele Sarden noch ein
»Fremdwort«. Englisch und Deutsch setzen sich aber immer mehr durch, vor
allem bei der jungen Generation.

Taxi

Taxis findet man auf Sardinien meist nur
in den größeren Städten. Auf dem Land
und in kleinen Gemeinden ist es meist
schwierig, auf die Schnelle an ein Taxi zu
kommen. Es empfiehlt sich, die Fahrzei-
ten der öffentlichen Busse zu studieren.

Benvenuti – herzlich willkommen: in den
zahlreichen Trattorie und Restaurants

Trinkgeld

Das Thema Trinkgeld wird in Italien nicht großgeschrieben. Italiener selbst geben wenig Trinkgeld. In den Restaurants muss häufig ohnehin für das Gedeck (*Coperto*) extra bezahlt werden. Das Personal freut sich jedoch überall über eine Anerkennung. 5–10 % der Rechnungssumme sind mehr als angemessen und werden im Restaurant meist am Tisch als Trinkgeld liegen gelassen. In Bars und Cafés lässt man ein paar Cent am Tresen liegen.

Stimmungsbild aus Calasetta auf der Isola di Sant'Antioco

Unterwegs auf Sardinien

Autofahren auf Sardinien

Das gesamte Straßennetz Sardiniens ist gut ausgebaut, auch wenn es nur wenige Schnellstraßen gibt. Die Staatsstraße SS 131 Carlo Felice verbindet den Norden Sardiniens mit dem Süden der Insel. Auf ihr kann man innerhalb von dreieinhalb Stunden die Insel durchfahren. Eine Vielzahl von Landstraßen und engen Zufahrtsstraßen sorgt dafür, dass selbst abgelegene Ortschaften gut zu erreichen sind. Auf den zweispurigen Autostraßen gilt in der Regel eine Höchstgeschwindigkeit von 110 km/h – mit wenigen Ausnahmen, 90 km/h auf den Landstraßen, 50 und zum Teil 30 km/h in den Ortschaften. In Italien müssen Auto-, Motorrad- und Mofafahrer auch tagsüber auf allen Straßen außerhalb geschlossener Ortschaften das Abblendlicht einschalten. Eine Warnweste – und zwar für jeden Autoinsassen eine – muss griffbereit mitgeführt werden. Die Promillegrenze liegt in Italien bei 0,5.

Mit dem Bus durch Sardinien

Sardische Fernbusse fahren jeden auch noch so kleinen Ort auf Sardinien an. Die Verkehrsgesellschaften decken unterschiedliche Regionen der Insel ab. Fahrscheine können vor Antritt der Fahrt in Tabakläden, Zeitschriftenkiosken, in Bars, an speziellen Schaltern in der Nähe der Haltestelle oder beim Busfahrer gekauft werden. Die Fahrpläne der größten sardischen Busgesellschaft ARST sind über Google Maps recherchierbar. Allgemein

Auf und ab: Sardinien ist ein Eldorado für Biker.

gilt: Eine Reise durch Sardinien mit dem Bus will geplant sein.

Mit dem Zug durch Sardinien

Sardinien verfügt über ein Eisenbahnnetz, das den Norden der Insel von Palau mit dem Westen, dem Osten und dem Süden verbindet. Wichtigster Knotenpunkt Sardiniens ist Ozieri-Chilivani im Norden der Insel. Mit den Zügen von Trenitalia (FS) kommt man – mit etwas Geduld – fast überall hin. Trenitalia-Fahrscheine müssen vor Antritt der Reise an der Kasse oder am Automaten gelöst werden, sind jedoch auch über das Internet verfügbar. Das sardische Eisenbahnnetz verfügt auch über eine Schmalspurversion mit Dampfzuglokomotiven – ein besonderes Highlight für Eisenbahnfreunde unter den Urlaubsgästen.

Sardinien für Biker

Sardinien ist ein Eldorado für Biker. Die Insel eignet sich für Etappentouren genauso wie für Standortreisen. Vor allem Kurvensammler kommen auf den extremen Touren auf ihre Kosten. Fahrkönnen erfordern die extremen Pässe im Gennargentu von Fonni bis Seùi. Für Abwechslung ist gesorgt: etwa entlang der atemberaubenden Küstenstraße von Alghero nach Bosa, über die faszinierende Bergstrecke Villanova Monteleone, von Costa Rei entlang der kurvenreichen Küstenstrecke nach Villasimius und Cagliari oder durch die engen Täler der Sette-Fratelli-Berge, um nur einige zu nennen. Biker-Werkstätten sind rar. Der Tank sollte bei längeren Touren immer voll sein, da Tankstellen auf dem Lande eher selten sind.

SARDINIEN

für Kinder und Familien

Sardinien bietet für Kinder und Familien großartige Ferienerlebnisse – weit mehr als nur Strand, Pizza und Eisdielen. Die verschiedensten Ziele laden zu abwechslungsreichen Ausflügen und Exkursionen, zu Spannung und Abenteuer, Spaß und Unterhaltung mit Kindern und Jugendlichen ein. Schon auf der Hinreise kann die Fahrt auf der Fähre zu einem anregenden Erlebnis für alle werden. Italiener sind im Normalfall ausgesprochen kinderfreundlich. Für die Bambini machen die Italiener (fast) alles, und sie begegnen dem durch Kinder verursachten Lärm mit beispielhafter Toleranz. Selbst in Hotels und Restaurants hat man mit seinen herumtobenden Kleinen kaum Probleme. Die Eltern profitieren von der gezeigten Sympathie meist gleich mit.

Natur erleben

Parco Donnortei. Sardische Hirsche, Mufflons, Wiesel, Marder und Füchse ... – ein Tierpark mit sardischen Wildtieren zum Anschauen und Streicheln. Mit angrenzendem Agriturismo. Via San Antonio 6, Fonni, Tel. 078 45 85 75, www.agriturismodonnortei.com

Sardegna in Miniatura. Der Themenpark von 50 000 m^2 Fläche kombiniert Realität und Fiktion, Geschichte, Geologie, Astronomie und Archäologie Sardiniens im Miniaturformat. Für große und kleine Besucher eine faszinierende Reise durch die abwechslungsreiche Landschaft und Geschichte Sardiniens. Mit Digitalplanetarium und Astrologiemuseum. April–Nov. tgl. 9–19 Uhr, Strada Provinciale Las Plassas-Tuili, Tuili, Tel. 07 09 36 10 04, www.sardegna inminiatura.it

Tierpark Parco Degli Angeli. In Giba, im Süden Sardiniens, kann man im Parco Degli Angeli sehr entspannt einige schöne Stunden mit seinen Kindern inmitten der heimischen Tier- und Pflanzenwelt verbringen. Mit Spiel- und Picknickplatz und einem Restaurant. Mitte April–Ende Okt. So und feiertags 10.30–17 Uhr (April bis 18 Uhr, Mai–Sept. bis 19 Uhr), Via Amsicora 2, Giba, Tel. 34 78 43 55 18, www.parcodegliangeli.it

Tropfsteinhöhle Is Zuddas. Die Grotte Is Zuddas ist eine faszinierende Kalksteinhöhle im Süden Sardiniens, in der Nähe von Santadi. Die begehbare Route verläuft über 500 Meter entlang bizarrer Stalaktiten und Stalagmiten und durch einen Tunnel zu den seltenen und sogenannten exzentrischen Aragoniten. Nur mit Führung Juli–Sept. 10–12.15 und

Riesenspaß im kühlen Nass

14.30–18 Uhr, März, Okt. 12 und 16 Uhr, April–Juni 11, 12.15, 15, 16.15 und 17.30 Uhr, Località Is Zuddas, Santadi, Carbonia Iglesias, Tel. 07 81 95 57 41, www.grotteiszuddas.com

Tropfsteinhöhle Ispignoli. In einer der größten Karsthöhlen von Sardinien findet sich die 38 Meter hohe, aus Stalagmiten und Stalaktiten zusammengewachsene Kalksäule Spina in Gola, die das Gewölbe mit dem Boden der Grotte verbindet – die größte und wohl eindrucksvollste Europas. April–Okt. tgl. geführte Besichtigungen von 9–13 und 15–18 Uhr, im Winter nur nach Absprache, Dorgali, Ispignoli, www.dorgali.it

Vogelpark Parco degli Uccelli. Der 20 Hektar große Vogelpark beheimatet mehr als 200 exotische Vogelarten: Kraniche und Marabus, Elstern, Flamingos und viele Papageien, aber auch Hirsche, Emus, sardische Esel und Wildpferde aus der Giara. Der Park liegt bei Macomer, 3 km nördlich von Scano, Richtung Suni. April–Okt. 9.30–13 und 16.30–20 Uhr, Mo geschl., Località Codiles, Scano Montiferro (OR), Tel. 078 53 25 82, www.parcodegliuccelli.it

Wildpferde im Parco della Giara. Ab Gesturi, Tuili und Genoni führen Straßen auf die Hochebene. Wanderungen von 30 bis 60 Minuten reichen dann aus, um eine der Wildpferdeherden zu sehen. Cooperativa Sa Jara Manna, Barumini, Tel. 07 09 36 81 70, www.sajaramanna.it

Spiel, Spaß und Abenteuer

BluFan Parco Acquatico. Großes Badeparadies mit spektakulären Wasserattraktionen und Pools. Juli–Sept. tgl. 10–18.30 Uhr, S.S. 195 km 24,650,

Wasser, Sand und Steine: Den schönsten Spielplatz bietet oft die Natur.

Sarroch, Pula, Tel. 07 09 05 91 07,
http://blufan.net

Laguna di Nora. Ein erlebnisreicher Tag
mitten in Sardiniens Natur: mehrere
große Aquarien mit Meerestieren sowie
zahlreiche Angebote mitten in einem
wunderbaren Öko-System. Juni–Aug.
tgl. 10–20 Uhr, Sept. tgl. 10–19 Uhr, Laguna di Nora, Pula, Tel. 07 09 20 95 44,
www.lagunadinora.it

Sea Aquarium Cala Gonone. 2010
eröffnetes Meeresaquarium mit einer
Mischung aus Unterhaltung, Spaß und
Vermittlung von Wissen über die Unterwasserwelt vor der Küste von Sardinien.
März Sa, So 10–17 Uhr, April, Okt. Mi–
So 10–17 Uhr, Mai–Juli, Sept. tgl. 10–
17 Uhr, Aug. tgl. 10–19 Uhr, Via La Favo-
rita, Cala Gonone, Dorgali, Tel. 07 84 92
00 52, www.acquariocalagonone.it

Spaßbad Aqua Fantasy. 500 m^2 große
Lagune mit lustigen Wasserspielen spe-
ziell für jüngere Besucher und mit zahlreichen Wasserspiel-Attraktionen. Juni–
Sept. tgl. 10–18.30 Uhr, Isola Rossa,
Olbia Tempio, Tel. 079 68 50 27,
www.aquafantasy.it

**Spiel und Abenteuerpark Le Ragna-
tella.** Der erste Freizeitpark auf Sardinien
wurde 2008 gegründet und befindet sich
in einem Pinienwald von 38 000 m^2 Größe. Kletterpark für Kinder aller Alters-
stufen, Erwachsene und auch für Menschen mit Behinderungen. April–Juni,
Sept., Okt. So und feiertags ab 10 Uhr,
Juli, Aug. tgl. ab 10 Uhr, Località Le

Immer spannend: Tiere beobachten

Bombarde, Alghero, Tel. 079 93 03 38,
www.parco-avventura.net

Wasserpark Aqua Dream. Großer
Fantasy Aquapark mit vielen Spaßange-
boten für Groß und Klein. Juni–Sept. tgl.
10.30–18 Uhr, Località Crucitta, Arzachena, Tel. 078 99 95 11, www.aquadream.it

Water Paradise Sorso. Fröhlicher und
aufregender Wasserpark, eine perfekte
Mischung aus Spaß und Erholung für
alle Altersgruppen. Juni–Sept. tgl. 10–
19 Uhr, Strada Provinciale 81, Porto
Torres, Castelsardo, Tel. 079 36 70 16,
www.waterparadise.it

Water Park Village Diverland. Der
größte Aquapark Sardiniens bei Cagliari
bietet großartige Gelegenheiten, sport-
lich aktiv zu sein, ohne dass der Spaß zu
kurz kommt. Juni, Sept. tgl. 10–18 Uhr,
Juli, Aug. tgl. 9.30–18 Uhr, Località Cruxi
Lillius, Quartucciu Cagliari, Tel. 07 08
29 90 12, www.diverland.it

Kleiner Sprachführer

Allgemein

Guten Tag. Buongiorno
Hallo! Ciao!
Auf Wiedersehen.
   Arrivederci.
Wie geht es Ihnen/Dir?
   Come sta/stai?
Danke, gut. Bene, grazie.
Ja Sì
Nein No
Bitte ... Per favore ...
Danke Grazie
Gern. Con piacere.
Wie bitte? Come dice?
Ich verstehe nicht. Non
   capisco.
Ich heiße ... Mi chiamo ...
**Ich spreche kein Ita-
   lienisch.** Non parlo
   l'italiano.
Sprechen Sie ...? Parla ...?
Wie viel Uhr ist es?
   Che ore sono?

Unterwegs

links a sinistra
rechts a destra
geradeaus diritto
nah vicino
fern lontano
Gibt es in der Nähe ...?
   C'è ... qui vicino?
**Entschuldigung, wo
   ist ...?** Scusi, dov'è ...?
Fahrplan orario
Fahrschein biglietto
Fähre traghetto
geöffnet aperto/a

geschlossen chiuso
die Touristeninformation
   l'ufficio di turismo
der Bahnhof la stazione
der Hafen il porto
die Haltestelle la fermata
Abfahrt la partenza
Ankunft l'arrivo
Hin- und Rückfahrt
   andata e ritorno
Parkplatz parcheggio
der Flughafen l'aeroporto
das Museum I museo
die Kirche la chiesa
das Rathaus il municipio
der Bauernhof l'agri-
   turismo
der Platz la piazza
das Hotel l'albergo
die Polizei a polizia
der Arzt il medico
der Strand la spiaggia
Hilfe! Aiuto!

Übernachten

**Ich habe ein Zimmer
   reserviert.** Ho riservato
   una camera.
**Haben Sie ein freies
   Zimmer?** C'è una
   camera libera?
**Ich suche ein Zimmer für
   ... Personen.** Cerco una
   camera per ... persone.
das Einzelzimmer la
   camera singola
das Doppelzimmer la
   camera doppia
mit Bad con bagno

mit Frühstück con prima
   colazione
mit Halbpension a mezza
   pensione
für eine Nacht per una
   notte
für eine Woche per una
   settimana
das Gepäck la valigia

Essen und Trinken

**Haben Sie einen Tisch
   für ... Personen?**
   Avete una tavola per
   ... persone?
**Reservieren Sie bitte für
   20 Uhr einen Tisch für
   4 Personen.** Per favore,
   ci riservi un tavolo per
   quattro persone per le
   ore venti.
Ist dieser Tisch noch frei?
   È libero questo tavolo?
Herr Ober! Cameriere!
Fräulein! Cameriera!
Die Speisekarte, bitte!
   La lista, per favore!
Ich bin Vegetarier. Sono
   vegetariano/a.
Ich möchte ... Desidero ...
Guten Appetit! Buon
   appetito!
Die Rechnung bitte.
   Il conto, per favore.
Das ist für Sie. Questo
   è per lei.
das Tagesmenü il menu
   a prezzo fisso

das **Frühstück** la colazione
das **Mittagessen** il pranzo
das **Abendessen** la cena
die **Vorspeise** l'antipasto
der **erste Gang** il primo
die **Hauptspeise** il secondo
die **Beilage** il contorno
die **Nachspeise** il dolce
das **Gedeck** il coperto
die **Weinkarte** la lista dei vini
das **Glas** la bicchiere
die **Flasche** la bottiglia
die **Tasse** la tazza
das **Messer** il coltello
die **Gabel** la forchetta
der **Löffel** il cucchiaio
der **Teller** il piatto
die **Serviette** il tovagliolo
das **Mineralwasser mit/ ohne Kohlensäure** l'aqua minerale gassata/naturale
der **Orangen-/Zitronensaft** il succo d'arancia/di limone
der **Tee** il tè
das **Bier** la birra
der **Weißwein** il vino bianco
der **Rotwein** il vino rosso
der **Essig** l'aceto
der **Knoblauch** l'aglio
gebacken al forno
gegrillt alla griglia
die **Butter** il burro

die **Zwiebel** la cipolla
die **Bohnen** i fagioli
der **Käse** il formaggio
die **Erdbeere** la fragola
das **Obst** la frutta
die **Pilze** i funghi
das **Eis** il gelato
der **Salat** l'insalata
die **Milch** il latte
die **Suppe** la zuppa
das **Öl** l'olio
das **Brot** il pane
der **Pfeffer** il pepe
der **Salz** il sale
das **Fleisch** la carne
das **Steak** la bistecca
das **Huhn** il pollo
das **Kalb** il vitello
die **Leber** il fegato
das **Würstchen** la salsiccia
gekochter/geräucherter Schinken prosciutto cotto/crudo
der **Fisch** il pesce
der **Tintenfisch** i calamari
die **Seezunge** la sogliola
der **Thunfisch** il tonno
die **Muscheln** le vongole
die **Garnelen** i gamberi
die **Meeresfrüchte** i frutti di mare
der **Spinat** i spinaci
der **Kuchen** la torta
das **Ei** l'uovo
die **Kartoffeln** le patate
der **Reis** il riso
die **Tomate** il pomodoro
der **Zucker** lo zucchero

Einkaufen

das **Geschäft** il negozio
der **Markt** il mercato
der **Supermarkt** il supermercato
die **Bäckerei** il panificio
die **Apotheke** la farmacia
Ich hätte gerne ... Vorrei ...
Wie viel kostet das? Quanto costa?
Das gefällt mir (nicht). (Non) mi piace.
Ich nehme es. Lo prendo.
teuer caro/a
billig a buon mercato
die **Größe** la taglia
bezahlen pagare
das **Geld** i soldi
die **Kreditkarte** la carta di credito
der **Geldautomat** il bancomat

Zahlen

0 uno
2 due
3 tre
4 quattro
5 cinque
6 sei
7 sette
8 otto
9 nove
10 dieci
100 cento
1000 mille
1/4 un quarto
1/2 un mezzo

Register

Impressum

Verantwortlich: Claudia Hohdorf, Ulrich Jahn
Lektorat: Beate Martin
Korrektorat: Rosemarie Elsner
Layout: kreativsatz Nadine Thiel
Umschlaggestaltung: ZERO Werbeagentur;
Umsetzung: Frank Duffek
Repro: LUDWIG:media
Kartografie: Kartographie Huber, Heike Block
Herstellung: Bettina Schippel
Printed in Slovenia by Florjancic

Sind Sie mit diesem Titel zufrieden?
Dann würden wir uns über Ihre Weiter-
empfehlung freuen.

Erzählen Sie es im Freundeskreis, berichten
Sie Ihrem Buchhändler, oder bewerten Sie
bei Onlinekauf.

Und wenn Sie Kritik, Korrekturen,
Aktualisierungen haben, freuen wir uns
über Ihre Nachricht an Bruckmann Verlag,
Postfach 40 02 09, D-80702 München oder
per E-Mail an lektorat@verlagshaus.de.

Unser komplettes Programm finden Sie unter

 www.bruckmann.de

Alle Angaben dieses Werkes wurden von den
Autoren sorgfältig recherchiert und auf den
neuesten Stand gebracht sowie vom Verlag
geprüft. Für die Richtigkeit der Angaben kann
jedoch keine Haftung übernommen werden.

Dank
Autor und Fotograf bedanken sich bei den Mit-
arbeitern von ENIT, besonders bei Frau Christine
Hübner, bei Sonja Erhard-Sworowski vom Sar-
dinienspezialisten »www.oscarreisen.de«, bei
Frieder Bechtel von »billiger-mietwagen.de« und
bei Familie Zeni. Sie hatten immer ein offenes
Ohr für unsere Wünsche und haben uns bei der
Organisation der Reise sehr geholfen. Danke.

Bildnachweis:
Alle Bilder des Innentitels und des Umschlags
stammen von Udo Bernhart außer:
Herbert Taschler 7 u., 17, 26 u., 33, 51, 91, 139 u.,
147, 148 u., 171, 182 u.; 185, 187 o., 187 u., 188,
189 u., 190, 191, 192 u., 193, 194, 195 u., 196 o.,
196 Mi., 197, 198,199, 200 o., 200 u., 202 (3),
203, 206, 208, 209 (3), 217, 235 u., 237 (2),
240 (2), 241; Picture Alliance/ZB/Euroluftbild 30;
sardinien.com 84 u., 189 o.; Shutterstock/Alessio
Orru 68; Shutterstock/Michelangelo Gratton
280; Shutterstock/Stefano Garau 283; Shutter-
stock/Nick Fox 214 Mi.; Shutterstock/sarininka
234; Shutterstock/Antonio S 146 u., 148 o.; Shut-
terstock/CoolR 212; Shutterstock/Pawel Kaz-
mierczak 97; Shutterstock/Elisa Locci 146 u., 235
o.; Shutterstock/Francesco Maltinti 26 Mi.; Shut-
terstock/Isantilli 223; Shutetrstock/marmo81
136 o.; Shutterstock/Maxvan23 85; Shutterstock/
Pecold 161; Shutterstock/Andrew Skinner 160 u.;
Wikimedia Commons 136 u., 138 o., 182 Mi.; Wikimedia Commons/Gianni Careddu 20 u., 138 u.,
150, 201, 244; Wikimedia Commons/Cuglieri-
pesca 184 u.; Wikimedia Commons/Daygum
166 o.; Wikimedia Commons/J. M. Garg 172 o.;
Wikimedia Commons/Sailko 195 o.; Wikipedia/
Angelo Perria 184 o.; Wikipedia/Liberianto 187
Mi.; Wikipedia/Gianderiu 189 Mi.; Wikipedia/To-
bias Helfrich 213; Wikipedia/Angelo Perria 274;
www.antiquariumarborense.it 167;
www.casagramscighilarza.org 186

Umschlagvorderseite:
Oben: Blütendetail
Mitte rechts: Caterina Ruzittu auf Ihrem
Weingut Vigne Surrau in Arzachena
Unten: Capriccioli an der Costa Smeralda
(LOOK-foto/Konrad Wothe)
Umschlagrückseite:
Links: Antonietta Marotto und ihr Mann Nata-
lino Costantino Pedde aus Tonare mit einem
Torrone aus eigener Herstellung.
Rechts: Trekkingtour im Gennargentu National
Park Cala Luna
Klappe vorne: Straßencafe in Alghero
(huber-images.de/Carassale Matteo)

Die Deutsche Nationalbibliothek verzeichnet
diese Publikation in der Deutschen Nationalbib-
liografie; detaillierte bibliografische Daten sind
im Internet über http://dnb.d-nb.de abrufbar.

2. überarbeitete Auflage
© 2017, 2015 Bruckmann Verlag GmbH, München
ISBN 978-3-7343-1110-9